Franz Josef Dölger

Die Eucharistie nach Inschriften frühchristlicher Zeit

Literaricon

Franz Josef Dölger

Die Eucharistie nach Inschriften frühchristlicher Zeit

ISBN/EAN: 9783965067639

Auflage: 1

Erscheinungsjahr: 2023

Erscheinungsort: Treuchtlingen, Deutschland

© Literaricon Verlag UG (haftungsbeschränkt)

www.literaricon.com

Printed in Germany

Cover: Master of the Dresden Prayer Book, Das letzte Abendmahl, Abb. gemeinfrei

DIE EUCHARISTIE
NACH INSCHRIFTEN
FRÜHCHRISTLICHER ZEIT

VON

DR. FRANZ JOSEPH DÖLGER

PROFESSOR DER CHRISTLICHEN ARCHÄOLOGIE
UND DER KIRCHENGESCHICHTE DES ALTERTUMS
AN DER UNIVERSITÄT MÜNSTER

MÜNSTER IN WESTF. 1922
VERLAG DER ASCHENDORFFSCHEN VERLAGSBUCHHANDLUNG

IMPRIMATUR.

Monasterii, die 14. Martii 1922.

Nr. 1714

Dr. Hasenkamp,
Vicarius Eppi Gnlis.

DRUCK DER ASCHENDORFFSCHEN BUCHDRUCKEREI, MÜNSTER i. W.

ALBERT EHRHARD
SEBASTIAN MERKLE

DEN LEHRERN DER KIRCHENGESCHICHTE AN
DEN UNIVERSITÄTEN BONN UND WÜRZBURG

ZUM

60. GEBURTSTAGE

IN LIEBER ERINNERUNG AN DIE HEIMATUNIVERSITÄT WÜRZBURG
UND IHR KENNWORT

VERITATI

Vorwort

„Die Eucharistie nach Inschriften frühchristlicher Zeit" ist der Schlußteil meines gleichzeitig erscheinenden Buches „Der heilige Fisch in den antiken Religionen und im Christentum". Wenn dieser Sonderdruck die lange bezweifelte Bedeutung der Religionsgeschichte für die Kunde des christlichen Altertums beweist, dann hat er seinen Zweck erfüllt. Um einen Einblick in die Werkstätte zu gewähren, in der die hier vorgelegten Ergebnisse erzielt wurden, habe ich aus dem größeren Werke das von hilfreicher Hand gefertigte Register beigefügt, aus dessen führenden Stichworten die neuen Aufgaben klar zutage treten. Die beigegebenen vier Abbildungen sind den 104 Tafeln entnommen, die als Frucht vierzehnjähriger archäologischer Arbeit in *IXΘΥC* III vereinigt sind.

Münster i. W., 8. April 1922.

Fr. J. Dölger.

Vorwort des Hauptwerkes

Im 6. Jahrhundert v. Chr. sprach Xenophanes von Kolophon in seiner Naturphilosophie auch von Fischversteinerungen auf den Inseln Paros und Malta sowie von ähnlichen Gebilden in den Steinbrüchen von Syrakus[1]. Die wissenschaftliche Freude an diesen eigenartigen Erscheinungen blieb, und so wanderten noch im 2. Jahrhundert n. Chr. die Naturforscher in die nordafrikanischen Berge Gaetuliens, um versteinerte Fische zu suchen[2]. Diese Leseerinnerung wurde in mir lebendig, als ich am 28. Mai 1915 in Brilon bei einem bis dahin mir unbekannten Herrn, Oberlehrer Josef RÜTHER, einkehrte. Mein Blick fiel alsbald auf eine Schieferplatte, auf der sich im schönsten Goldglanze ein bis zur kleinsten Schuppe scharf gezeichneter Fisch abhob: eine 19 cm lange Fischversteinerung aus dem Harz[3]. Mein Freund PAUL SIMON kam auf den *IXΘΥC* zu sprechen — und zu meiner Überraschung und ebenso großen Freude schenkte mir Herr Rüther den versteinerten Fisch. Er ist mir zum Sinnbild geworden für die Geschichte des christlichen

---

[1] Bei Hippolyt von Rom, Elenchos I 14 § 5 (GCS: Hippolyt III 17 Z. 26 — 18 Z. 2 WENDLAND).

[2] Apuleius von Madaura, Apologia 41 S. 48 Z. 9—11 HELM.

[3] Eine Abbildung, die leider die Farbe nicht wiedergibt, siehe auf Tafel CII.

Fischsymbols. Es „wird gelehrt, daß drei, je älter sie werden, um so mehr an Kraft zunehmen, und zwar: der Fisch, die Schlange und das Schwein" [1]. Vom christlichen Fischsymbol läßt sich dies nicht behaupten: es war einmal ein Sinnbild voll frischen Lebens, seit dem 6. Jahrhundert jedoch war es mit seiner Lebenskraft vorbei — nur halbversteinert ist es uns erhalten geblieben. Die wissenschaftliche Forschung wußte nicht viel damit anzufangen, da sie es versäumte, den *IXΘΥC* aus der gesamten Umwelt der antik-heidnischen, jüdischen und christlichen Kultur zu verstehen. So mußten denn die Darstellungen an das Gemälde in der Lesche zu Delphi erinnern, in dem Polygnotos den Abstieg des Odysseus zum Hades vor Augen führte: die Fische im Acheron waren dabei so zart gemalt, daß man glaubte, eher Schattenbilder von Fischen als wirkliche Fische zu sehen [2].

Dem fast zum Schatten gewordenen *IXΘΥC* für das wissenschaftliche Verständnis unserer Zeit wieder frisches Leben zu geben, war das Ziel meines Buches. Als die geeignetste Form, dieses Ziel zu erreichen, erschien mir der Versuch einer Kultgeschichte im Sinne der Auseinandersetzung von Antike und Christentum. Es war eine schwere Arbeit, die ich hier in Angriff nahm. Doch fand ich mich mit den Schwierigkeiten ab, es war ja „der heilige Fisch", um den ich mich mühte — und dieser war der Mühe wert. „Nur ein gemeiner Fisch hat keine Gräten" sagt schon Demokrit [3]. Je größer die Hemmnisse aller Art, desto ungetrübter ist die Freude, sie überwunden zu haben: eine Lebenserfahrung, zu deren Verdeutlichung Aristoteles [4] hinwies auf das Distichon, das Simonides einem Olympiasieger widmete:

$$\Pi\varrho\acute{o}\sigma\vartheta\varepsilon\ \mu\grave{\varepsilon}\nu\ \grave{\alpha}\mu\varphi'\ \mathring{\omega}\mu o\iota\sigma\iota\nu\ \mathring{\varepsilon}\chi\omega\nu\ \tau\varrho\alpha\chi\varepsilon\tilde{\iota}\alpha\nu\ \mathring{\alpha}\sigma\iota\lambda\lambda\alpha\nu$$
$$\grave{\iota}\chi\vartheta\tilde{\upsilon}\varsigma\ \grave{\varepsilon}\xi\ \text{"}A\varrho\gamma o\upsilon\varsigma\ \varepsilon\grave{\iota}\varsigma\ T\varepsilon\gamma\acute{\varepsilon}\alpha\nu\ \mathring{\varepsilon}\varphi\varepsilon\varrho o\nu \cdot$$

ein Wort, das ich mit Rücksicht auf meine Untersuchungen über die Aberkiosinschrift wohl also umformen darf:

$$\Pi\varrho\acute{o}\sigma\vartheta\varepsilon\ \mu\grave{\varepsilon}\nu\ \grave{\alpha}\mu\varphi'\ \mathring{\omega}\mu o\iota\sigma\iota\nu\ \mathring{\varepsilon}\chi\omega\nu\ \tau\varrho\alpha\chi\varepsilon\tilde{\iota}\alpha\nu\ \mathring{\alpha}\sigma\iota\lambda\lambda\alpha\nu$$
$$IX\Theta YN\ \grave{\varepsilon}\kappa\ \text{'}P\acute{\omega}\mu\eta\varsigma\ \varepsilon\grave{\iota}\varsigma\ \text{'}A\sigma\acute{\iota}\alpha\nu\ \mathring{\varepsilon}\varphi\varepsilon\varrho o\nu.$$

*   *

---

[1] Babylonischer Talmud, Aboda zara II 3. 4. 5 fol. 30b. (VII 901 GOLDSCHMIDT).

[2] Pausanias X 28, 1 (III 179 Z. 3 f. SPIRO).

[3] Plutarch, Quaestionum convivalium II 10, 2 (IV 91 BERNARDAKIS): „»ἐν γὰρ ξυνῷ ἰχθύι ἄκανθαι οὐκ ἔνεισιν« ὥς φησιν ὁ Δημόκριτος."

[4] Aristoteles, Ars rhetorica I 7 S. 41 Z. 26 f. ROEMER. Vgl. ebenda I 9 S. 50 Z. 4 ROEMER.

Der Stoff wuchs mir unter den Händen. Der im Jahre 1910 als Supplement der Römischen Quartalschrift veröffentlichte erste *IXΘΥC*-Band[1] erstrebte hauptsächlich eine Sammlung und Erklärung der bis dahin bekannt gewordenen Denkmäler mit *IXΘΥC* als Kürzung[2] der Namen Ἰησοῦς Χριστὸς Θεοῦ Υἱὸς Σωτήρ. Die damals als „fest in Arbeit" befindlich angekündigte Fortsetzung sollte eine Zusammenfassung der christlichen Fischdenkmäler in Plastik, Malerei und Kleinkunst, eine Art „Christliche Antike" bringen. Dieser Teil lag zunächst zum Drucke bereit; doch schien mir das Fundament noch nicht fest genug. Studien über den Totenkult brachten stärkere Unterlagen, und so wurde ein völlig neues, in sich abgeschlossenes Buch geschrieben: die Kultgeschichte des Fisches, die ich hiemit als *IXΘΥC* II mit dem ergänzenden Tafelband *IXΘΥC* III der Öffentlichkeit übergebe. Das Korpus der Fischdenkmäler konnte hier noch kein Plätzchen finden und mußte als umfangreicher *IXΘΥC* IV zurückgestellt werden. So muß ich denn mich und andere trösten mit dem antiken Sprichwort, das „*ἀποκείμενον ἰχϑύν*" sagte und damit die weise Lehre verband, daß wir von dem, was wir heute besitzen, auch etwas für die Zukunft versparen und bereits am heutigen Tag an den kommenden denken. So bleib' denn ein Stück auch dem kommenden Gast[3].

„Den Fisch schwimmen zu lehren"[4] war nicht meine Aufgabe, auch nicht mein Wille. Gleichwohl mußte manches Selbstverständliche gesagt werden, da die Religionsgeschichte der Gegenwart noch kein einheitliches Gebilde echter Wissenschaft ist. Will man aus dem Buche eine Nutzanwendung für den religionsgeschichtlichen Forschungsbetrieb ziehen, so mag sie neben der schon von H. Usener erhobenen nachdrücklichen „Forderung von Wissen und Schulung"[5] in der Mahnung liegen, Vorsicht walten zu lassen bei

---

1) F. J. Dölger, *IXΘΥC*. Das Fischsymbol in frühchristlicher Zeit. I. Band: Religionsgeschichtliche und epigraphische Untersuchungen. Zugleich ein Beitrag zur ältesten Christologie und Sakramentenlehre. Rom 1910. In Kommission der Herderschen Verlagshandlung zu Freiburg i. B. — Der Band ist seit 10 Jahren vergriffen. Eine Neuauflage, die unaufhörlich gewünscht wird, wäre nur denkbar, wenn ein *ΕΥΕΡΓΕΤΗΣ* die Kosten trüge.

2) Die Seiten 151—422 sind der Kürzung gewidmet.

3) Plutarch, Quaestionum convivalium VII 4, 6 (IV 267 Bernardakis).

4) Suidas s. *ἰχϑυάᾳ* S. 545 Bekker: „»*ἰχϑὺν νήχεσϑαι διδάσκεις*«, *ἐπὶ τῶν διδασκόντων ἃ ἐπίστανται.*"

5) H. Usener, Götternamen (Bonn 1896) 253 f.

Dingen, deren kulturellen Hintergrund wir im Dämmerlicht der
Forschung erst in schwachen Umrissen zu erkennen beginnen.

Die Methode des Buches ist die denkbar einfachste, sie ist
dem Stoffe angepaßt; denn man fängt nicht Fische mit goldener
Angel, sondern mit eisernem Haken [1].

*   *

Drei Freunde P. Odo Casel O. S. B.-Maria Laach, P. Anselm
Manser O. S. B.-Beuron und Prof. Paul Simon-Paderborn halfen
beim Fischzug wacker mit von Anfang bis Ende und warfen vom
Nachen manch nichtsnutzigen Fisch.

Die Freude, mit der die Apostel nach dem reichen Fischzug
ihre 153 Fische zählten (Joh. 21, 11), nahm sich P. Otto Faller S. J.
zum Vorbild, um die an Land gebrachten Fische zu sortieren und
ihre Namen aufzuschreiben in dem ausführlichen Register am
Schlusse dieses Buches. Seiner zähen Ausdauer verdanken es
Mediziner und Zoologen, Archäologen und Religionshistoriker, Phi-
lologen und Theologen, wenn sie auf den vielen Blättern des
Bandes nun mühelos finden, was ihren Zwecken entspricht......

Soviel Freundlichkeit ist noch keinem meiner Bücher wider-
fahren als *IXΘΥC* II. Was ich der bereitwilligen Auskunft der
Gelehrten des In- und Auslandes verdanke, ist jeweils im Buche
vermerkt. Dank auch dem Verleger für die vornehme Ausstattung
und für sein freundliches Entgegenkommen, als ich die vereinbarte
Bogenzahl weit überschritt. Die Katakombenstiftung in Valkenburg-
Holland hat in hochherziger Weise den Beginn des Druckes ermög-
licht, darum trägt das Widmungsblatt ihren Namen.

Münster i. W., 12. März 1922.

Fr. J. Dölger.

---

[1] Vgl. Sueton, Divus Augustus 25, 4 S. 65 Z. 4 ff. Ihm. Hier erfahren
wir, daß Augustus vor allen seinen Unternehmungen Einsatz und Aussicht auf
Erfolg genau abwog *„nam minima commoda non minimo sectantes discrimine
similes aiebat esse aureo hamo piscantibus, cuius abrupti damnum nulla cap-
tura pensari posset.“* Nero dachte anders, denn er fischte mit golddurchwirktem
Netz. Sueton, Nero 30, 9.

Inhaltsübersicht

Tafel XLVIII, XLIX, L, LXXII aus *IXΘΥC* III.

Die Seitenzahlen des Hauptwerkes stehen in Klammern an der Innenseite des Sonderdruckes.

Erklärung der Abkürzungen

AAA	= Acta apostolorum apocrypha.
ARW	= Archiv f. Religionswissenschaft.
BKV	= Bibliothek der Kirchenväter.
CIG	= Corpus inscriptionum graecarum.
CIL	= Corpus inscriptionum latinarum
CIS	= Corpus inscriptionum semiticarum.
CSEL	= Corpus scriptorum ecclesiasticorum latinorum.
DACL	= Dictionnaire d'archéologie chrétienne et de liturgie.
GCS	= Die griechischen christlichen Schriftsteller der ersten drei Jahrhunderte.
IG	= Inscriptiones graecae.
KG	= Kirchengeschichte.
LF	= Liturgiegeschichtl. Forschungen
MEL	= Monumenta ecclesiae liturgica.
PA	= Patres apostolici.
PG	= Patrologia graeca.
PL	= Patrologia latina.
RE	= Realenzyklopädie.
ROSCHER	= Lexikon der griechischen und römischen Mythologie.
RQS	= Römische Quartalschrift.
RVV	= Religionsgeschichtliche Versuche und Vorarbeiten.
TU	= Texte und Untersuchungen.
TU NF	= Texte und Untersuchungen. Neue Folge.
ZDMG	= Zeitschrift der Deutschen Morgenländischen Gesellschaft.

Inhaltsübersicht von *IXΘΥC* II.

Einleitung

Mit dem Überschreiten der Grenzen Palästinas sah sich das Christentum ganz anderen Hemmnissen gegenüber, als sie seiner Werbekraft auf dem Boden des Judentums entgegengetreten waren. Auch jetzt setzte die Mission zunächst beim Judentum der Diaspora ein, aber zugleich galt es den Kampf aufzunehmen mit den heidnischen Kulten. Von dem Aufeinanderprallen der beiden religiösen Gegner hat uns die Apostelgeschichte einige Beispiele aufbewahrt, wie die Szene in Lystra, wo die Heiden dem Barnabas und Paulus als den vermeintlich vom Himmel gestiegenen Göttern Zeus und Hermes opfern wollen (Apg. 14, 10 ff.), den Aufstand des Silberschmiedes Demetrius, der durch die Paulinische Predigt in Ephesus die Fabrikation seiner Artemistempelchen bedroht sah (Apg. 19, 24 ff.), die Beschwörung des Wahrsagegeistes Python in Philippi (Apg. 16, 16 ff.), die Rede über den Altar „des unbekannten Gottes" in Athen (Apg. 17, 18 ff.)[1]. Daß solche Fälle sich viel häufiger ereigneten, als die kurzen, nur auf Paulus bezüglichen Berichte vermuten lassen, liegt auf der Hand. Die heidnischen Kulte, besonders die Mysterienkulte des Morgenlandes, besaßen noch Kraft genug, um sich nicht allzu rasch vernichten zu lassen, ihre mit dem Volkstum verwachsenen Riten übten ihren Reiz sogar noch auf neubekehrte Christen aus. Wie uns der Kolosserbrief lehrt, war in Phrygien die Gefahr stark, daß Neubekehrte wieder den einheimischen Mysterienkulten zu verfallen drohten[2]. Diese Gefahr bestand nicht nur in Kolossä; auch brauchen wir nicht anzunehmen, daß nur ungebildete Leute von den Mysterien gefesselt wurden. Auch Gebildete glaubten mitunter das Christentum mit der Theologie und dem Ritual der Mysterien vereinbar, wofür uns die von

---

[1] Vgl. zu den einschlägigen Texten besonders die mit der Antike Fühlung haltende Arbeit von A. WIKENHAUSER, Die Apostelgeschichte und ihr Geschichtswert (Münster i. W. 1921) 362 ff.

[2] Vgl. dazu M. DIBELIUS, Die Isisweihe bei Apuleius und verwandte Initiationsriten (Heidelberg 1917) 28 ff.

Hippolyt von Rom überlieferte Naassenertheologie [1] das klassische
Beispiel bietet.

Das sinnlich Faßbare, der Kult, der überkommene Brauch
war es vor allem, der seine Anziehungskraft auf die Massen
äußerte, weshalb die führenden Männer gerade auf diese Auseinandersetzung von Christentum und Heidentum ihr Augenmerk
lenken mußten [2]. Wir sind noch lange nicht genügend unterrichtet,
um diesen Geisteskampf der Religionen richtig einzuschätzen. Eine
Religionsgeschichte, die nicht nur die alten in der Literatur auf-
gespeicherten Texte verwertet, sondern auch unter Berücksichtigung
des ungeheueren Denkmälermaterials an die angedeutete Frage
herantritt, wird uns hier noch vieles zu sagen haben. Ein Beispiel
soll auf den folgenden Blättern zur Darstellung kommen.

Wie wir aus der Geschichte des Urchristentums wissen, war
Antiochien, die Hauptstadt Syriens, der wichtigste Ausgangspunkt
für die Heidenmission. In der zweiten Hälfte des zweiten Jahrhunderts bringt die sog. Epistola apostolorum für diese Tatsache
sogar einen Schriftbeweis durch ein sonst nicht belegtes Agraphon,
das mit der Einstellung auf Paulus also lautet: „Siehe von Syrien
aus werde ich anfangen zusammenzurufen ein neues Jerusalem,
und Sion werde ich mir bezwingen und es wird gefangen werden,
und der Ort, der kinderlos ist, wird Sohn und Tochter meines
Vaters und meine Braut genannt werden" [3]. In Syrien traf das
Christentum mit einem heidnischen Kulte zusammen, der dem
Fremden so auffällig erschien, daß er sogar für den Spott der griechisch-römischen Welt den Stoff abgeben mußte. In Syrien verehrte man die Lebensgöttin Atargatis, tagtäglich legten die Priester
auf den Tisch der Göttin Fische nieder, um sie dann selbst (im
Opfermahl) zu verzehren; das Volk, das keine Fische genießen
durfte, brachte als Weihegaben Fische aus Gold und Silber. Vergoldete Fische bildeten die heiligen Schutzbilder syrischer Häuser.
Heilige Seen neben den Tempeln mit unantastbaren, den Göttern
geweihten Fischen sind für Syrien und ganz Kleinasien bezeugt.

---

[1] Hippolyt, Elenchos V S. 77 ff. WENDLAND.

[2] Origenes. In lib. Iesu Nave Homilia VII 4 (XI 67 LOMMATZSCH): *„Sed
et illi, qui verbi causa, cum Christiani sint, solemnitates gentium celebrant,
anathema in ecclesias introducunt."*

[3] C. SCHMIDT, Gespräche Jesu mit seinen Jüngern nach seiner Auferstehung
(TU 3. Reihe 13. Bd. [Leipzig 1919] 101).

Die Göttin, die man in Syrien mit einem Fischopfer ehrte, nannte
man in der Sprache des Landes Atargatis. In anderen Gegenden
trug die entsprechende Göttergestalt andere Namen, aber der Kult
war der gleiche. Im westlichen Kleinasien hieß sie Artemis oder
Artemis-Anaïtis, in Bithynien und jenseits des Hellespont nannte
man sie Bendis. Auch ihr legte man einen Fisch als heiliges Opfer
auf den Tisch-Altar. Am syrischen Ausgangspunkt wie an der
kleinasiatischen Westküste, in Thrakien bis an die Grenzen Griechen-
lands kannte man ein Fischopfer an die Göttin des Himmels, der
Erde und des Totenreiches. Daß man heilige Fische in Ägypten
verehrte, daß man in der phönizischen Siedelung Karthago der
Himmelskönigin Tanit ein Fischopfer brachte und den punischen
Saturn damit versöhnte, daß man in Rom den Blitzgott Summanus
und den Feuergott Volkanus mit einer Fischspende günstig stimmte,
sei nur nebenbei erwähnt. Wichtiger ist es, daß man nach
griechischem Brauche den Göttern des Himmels keine Fische
opfern durfte, aber um so mehr der Totengöttin ein Fischopfer
brachte. Besonders gedachte man der Toten, indem man für sie
ein Fischopfer verbrannte. Solche Fischopfer für die Toten sind
uns reichlich bezeugt durch Inschriften, Literatur und Denkmäler
von 2000 v. Chr. an bis in die christliche Zeit hinein. Wir kennen
sie für Babylon und das Reich der Hetiter, für Kleinasien, Maze-
donien und die griechischen Inseln, für das punisch-lateinische
Afrika, für Gallien, Italien, Dalmatien und die Donauländer. Es
drängt sich von selbst die Frage auf: Wie setzte sich das frühe
Christentum mit den geschilderten Kulterscheinungen der Antike
auseinander?

Assyrischer Siegelzylinder mit Fischopfer.
Sammlung Fr. Sarre-Berlin.

§ 1.

Der Fisch als Sinnbild der Eucharistie nach der literarischen Bezeugung.

> „'Εν πολλοῖς γὰρ τοῖς μαργαρίταις τοῖς μικροῖς ὁ εἷς,
> ἐν δὲ πολλῇ τῇ τῶν ἰχθύων ἄγρᾳ ὁ κάλλιχθυς."
> [Klemens von Alexandrien,
> Stromata I 1 § 16, 3].

„Unter vielen (kleinen) Perlen findet sich die e i n e (große), bei einem reichen Fang (gewöhnlicher) Fische der Schönfisch." Dies aus der Lebenserfahrung der Fischer entnommene Sprichwort gewinnt erst seine rechte Feierlichkeit, wenn man beachtet, daß „Schönfisch" nur ein anderer Name ist für den Anthias[1], der sonst als der „heilige Fisch" bezeichnet wurde[2]. Wir müßten also, um für die Gegenwart voll verständlich zu sein, das Sprichwort so ausprägen: „Unter vielen kleinen Perlen findet sich e i n e große, bei einem reichen Fang gewöhnlicher Fische ein heiliger." Diese Worte des K l e m e n s v o n A l e x a n d r i e n möchte ich als Leitwort nehmen, wenn wir uns nunmehr nach den Ausführungen über den Fisch in den antiken Religionen dem Christentum zuwenden.

Auch die Christen des zweiten Jahrhunderts hatten ihr Fischmysterium. Für sie war Jesus der *IXΘΥC* in dem doppelten Sinne: Jesus ist „Fisch" und Jesus ist *IXΘΥC* = 'Ιησοῦς Χριστὸς Θεοῦ Υἱὸς Σωτήρ. Die zweite Deutung darf nach meinen Ausführungen über „*IXΘΥC* als Kürzung" im ersten Bande meiner Untersuchungen als angenommen gelten. Aber auch die erste Ausdeutung ist vorhanden, selbst wenn wir von der umstrittenen Aberkiosinschrift für jetzt noch absehen wollten. Wenn T e r t u l l i a n den Satz niederschreibt: „*Nos pisciculi secundum IXΘΥN nostrum Jesum Christum in aqua nascimur*"[3], so ist mit der Hervorhebung des griechischen *IXΘΥC* der Gedanke an die Kürzung nahegelegt; aber damit ist der Inhalt nicht erschöpft. Die Christen sind nämlich als *pisciculi*, als „Fischlein" mit dem *IXΘΥC* Jesus Christus verglichen, und dieser Vergleich setzt im Geiste Tertullians die Bezeichnung Jesu als „Fisch"

---

[1] A t h e n a i o s VII 16, 17 (II 124 Z. 1. 24; 125 Z. 4 KAIBEL). — O p p i a n, Halieutika I 185 S. 44 LEHRS. Zum Schönfisch vgl. noch oben S. 251 den Text des Babylonischen Talmud, der „Schönfisch" und „Heiligfisch" auseinanderhält. Auch D o r i o n will in seinem Fischbuch zwei Arten darunter verstehen, aber die Volksauffassung, die für ein Sprichwort maßgebend ist, faßte die beiden zusammen.

[2] Vgl. oben S. 412.

[3] T e r t u l l i a n, De baptismo 1 S. 2 Z. 6 f. LUPTON.

und als „großer Fisch" voraus[1]. Die Frage ist nun, wie es zur Bezeichnung Jesu als Fisch kommen konnte. Zur Beantwortung dieser Frage muß zunächst der Inhalt der Fischsymbolik (abgesehen von der sog. Akrostichis oder Kürzung) festgestellt werden. Von ganz persönlichen allegorischen Auslegungen des Fisches sehe ich natürlich ab; nur der Fisch als Sinnbild Christi steht zur Erörterung.

Als Sinnbild der Eucharistie ist der Fisch im vierten und fünften Jahrhundert völlig geläufig. Von dem „einen Fisch, der die gesamte Menschheit mit seinem Fleische nährt" ist die Rede im **Religionsgespräch der Sassaniden**[2]. Im Abendlande spricht **Augustinus** von Christus als dem Fische aus der Tiefe, den die Menschheit genieße an dem von Gott im Angesichte der Gläubigen bereiteten Tische[3]. Die *mensa* im Angesichte der Gläubigen (Ps. 22, 5) ist für Augustinus der Tisch der Eucharistie[4]. Einige Kapitel später spricht er von der Feier der Geheimnisse, in welche die eingeweiht werden, die die göttliche Barmherzigkeit in vielen Wassern aufsucht, und unmittelbar daneben von „der Feier, in der jener Fisch ausgespendet wird, den aus der Tiefe erhoben die fromme (gläubige) Erde genießt"[5]. Die Worte sind ohne jede weitere Erklärung niedergeschrieben, sie setzen daher im christlichen Leserkreis die Symbolik Fisch = Eucharistie um 400 als selbstverständlich voraus[6]. Das gleiche ist anzunehmen, wenn Augustinus mit Bezug auf Joh. 21, 9 und den Fisch über dem Kohlenfeuer das oft nachgeschriebene Wortspiel gebraucht: *Piscis assus Christus est passus*. Unmittelbar schließt Augustinus an: „Er selbst ist auch das Brot, das vom Himmel herabgekommen ist. Ihm wird die Kirche einverleibt zur Teilnahme an der ewigen Seligkeit"[7]. Das Wortspiel bezieht sich zunächst auf das Kreuzesleiden Jesu. Die Bezugnahme auf die Eucharistie ist aber auch hier nahegelegt durch

---

[1]) Dies hätte V. SCHULTZE, *ΙΧΘΥΣ* (Greifswald 1912) 8 nicht bestreiten sollen.

[2]) Siehe oben S. 253 f., 255.

[3]) Vgl. oben S. 35 A. 1.   [4]) So auch Ambrosius, De mysteriis 8, 43.

[5]) Der volle Text, oben S. 35 A. 1 schon gestreift, lautet: Confessiones XIII 23 § 34 (Vom Menschen als Herrn der Schöpfung): „*Iudicat enim: et approbat quod recte, improbat autem quod perperam invenerit; sive in ea solemnitate sacramentorum quibus initiantur, quos pervestigat in aquis multis misericordia tua; sive in eâ qua ille piscis exhibetur, quem levatum de profundo terra pia comedit.*"

[6]) H. ACHELIS, Das Symbol des Fisches und die Fischdenkmäler der römischen Katakomben (Marburg 1888) 31. — C. R. MOREY, The Origin of the Fish-Symbol (The Princeton Theological Review 8 [1910] 415).

[7]) Augustinus, In Joh. evang. tract. 123 (Migne PL 35, 1966).

Dölger, Eucharistie. 2

die folgende Bezeichnung Jesu als des Brotes vom Himmel. Auch
Paulinus von Nola spricht diese Symbolik des Fisches aus in
einem Trostbriefe, den er nach dem Tode der Paulina († 397) an
deren Gemahl Pammachius richtete[1]. Auch Chrysologus, Bischof
von Ravenna (433—450) darf wohl als Zeuge des eucharistischen
Fischsymbols bezeichnet werden. An die Gleichnisrede Jesu: „Wird
jemand (seinem Sohne) statt des Fisches eine Schlange geben?"[2]
anschließend sagt Chrysologus: „Fisch war auch Christus, aus der
Tiefe des Jordans erhoben, der auf die Kohlen der Leiden gelegt,
nach seiner Auferstehung den Seinen, das ist den Jüngern, damals
lebenspendende Speise gewährte; aber den Juden wird jener Fisch
zur Schlange verwandelt..."[3]. Da Chrysologus unmittelbar vorher

---

[1] Paulinus, Epistula XIII, 11 (CSEL 29, 93 Z. 7—11 HARTEL): Von einer
Armenspeisung bei St. Peter in Rom: „*Video congregatos ita distincte per accu-
bitus ordinari et profluis omnes saturari cibis, ut ante oculos evangelicae bene-
dictionis ubertas eorumque populorum imago versetur, quos quinque panibus
et duobus piscibus panis ipse verus et aquae vivae piscis Christus
explevit...*" In *piscis aquae vivae* hört man die alte Symbolik $ἰχϑὺς$ $ἀπὸ$ $πηγῆς$
d. i. im Gegensatz zum Schlammfisch den Fisch des reinen, klaren Quellwassers. Was
ich *IXΘΥC* I 68 zu diesem Texte im Zusammenhang mit der Logosepiklese bei
der Taufwasserweihe sagte, ist zu eng; dies hat C. R. MOREY, The Origin of the
Fish-Symbol (The Princeton Theological Review 8 [1910] 412) gut erkannt. Der
Vergleich mit der Volksspeisung durch Brot und Fische löst die Gegenüberstellung
„wahres Brot" und „Fisch des lebendigen Wassers" (im Anschluß an Joh. 4, 10?) aus.
Diese Zusammenfassung mit *panis ipse verus* läßt auch beim „Fisch" die Beziehung
auf die Eucharistie erkennen.

[2] Zu dem Worte Jesu vgl. das antike Sprichwort bei Zenobios, Centuria I 88 und Diogenianos, Centuria I 76 und Gregor von Cypern, Centuria I 53 S. 29, 193, 354 LEUTSCH-SCHNEIDEWIN: „$'Αντὶ$ $πέρκης$ $σκορπίον$" das
erklärt wird durch „$ἐπὶ$ $τῶν$ $τὰ$ $χείρω$ $αἱρουμένων$ $ἀντὶ$ $βελτιόνων$". $Πέρκη$ ist der
Flußbarsch, der auch in dem antiken Sprichwort „$ἕπεται$ $πέρκη$ $μελανούρῳ$" bei
Athenaios VII 110 (II 203 Z. 4 KAIBEL) genannt wird. Ob $σκορπίος$ neben $πέρκη$
den Landskorpion oder den Fisch $σκορπίος$ meint, lasse ich dahingestellt. Jedenfalls ist der Gegensatz $πέρκη$ — $σκορπίος$ neben den Gegensätzen bei Luk. 11, 11 :
Brot — Stein, Fisch — Schlange, Ei — Skorpion beachtenswert. Es wäre möglich,
daß Christus an ein volkstümliches Wort anknüpfte.

[3] Chrysologus, Sermo 55 (Migne PL 52, 354): „*Adiecit aliam similitudinem. »Numquid pro pisce serpentem dabit illi?«* (Luk. 11, 11.) *Erat et piscis
Christus, Jordanis levatus ex alveo, qui carbonibus impositus passionum, post
resurrectionem suis, id est discipulis, escam praebuit tunc vitalem; sed Iudaeis
in serpentem piscis iste commutatur, dicente Domino: »Sicut Moyses exaltavit
serpentem in eremo, ita exaltari oportet filium hominis«.* (Joh. 3, 14.) *Iudaei
in serpente videbant Christum, quia impius oculus Deum videre non potest; non
potest videre pietatem.*" Zur Beurteilung des Textes vgl. besonders H. ACHELIS,
Das Symbol des Fisches (Marburg 1888) 39f. und C. R. MOREY, The Origin
of the Fish-Symbol (The Princeton Theological Review 8 [1910] 421—423).

von dem Brote des Gleichnisses zu dem „vom Himmel herab-
gestiegenen Brot" (Joh. 6) übergeht, so liegt es nahe auch in dem
folgenden Text, den Fisch, der für die Jünger zur *esca vitalis*
wird, als Sinnbild der Eucharistie aufzufassen.

Um 440 nennt [P r o s p e r] im Anschluß an Tobias 6, 2 ff.
Christus den großen Fisch, aus dessen Herz usw. wir täglich erleuchtet
und genährt werden[1]. Die Bezugnahme auf die tägliche Kommu-
nion[2] ist hier kaum zu verkennen[3]. Es ist beachtenswert, daß die
Symbolik Fisch = Eucharistie mit Bezug auf die gleiche Tobiasstelle
auch in der S c h r i f t v o n d e n d r e i e r l e i F r ü c h t e n des christlichen
Lebens vorgetragen wird; denn hier wird das zum Genuß bestimmte
Fleisch des Fisches ein Sinnbild Christi genannt[4]. Zu diesem neuen
Zeugnis kommt nun noch ein weiterer Text, dessen Sinn erst durch
eine glückliche Beobachtung von E. B i c k e l erschlossen wurde.

---

[1] [Prosper], De promissionibus et praedictionibus II, 39 n. 90 (Migne
PL 51, 816): Nachdem die Vertreibung des Dämons Asmodäus und die Heilung
des greisen Tobias berichtet ist: „*Hoc egit piscis magnus ex passione sua Christus
purgans Mariam, a qua expulit septem daemonia; ... His igitur possessa, cum
sint posteriora eius deteriora prioribus, piscis nostri liberatur medicina, quia ubi
abundavit delictum, superabundavit et gratia. Qui tributum pro se et pro Petro,
et caecato lumen reddidit Paulo, satians ex se ipso in littore discipulos, et toti
se offerens mundo IXΘΥΝ. Namque latine piscem sacris litteris maiores nostri
hoc interpretati sunt, ex Sibyllinis versibus colligentes, quod est, Jesus Christus
Filius Dei Salvator, piscis in sua passione decoctus, cuius ex interioribus reme-
diis quotidie illuminamur et pascimur.*" *Remedium* erinnert an die alte Eucha-
ristiebezeichnung φάρμακον τῆς ἀθανασίας. Zu „*toti se offerens mundo IXΘΥΝ*"
vgl. das Religionsgespräch oben S. 254 A. 1. Zur Akrostichispartie IXΘΥC I 66.
In unserem [Prosper] glaubt D. F r a n s e s, Die Werke des hl. Quodvultdeus, Bischofs
von Karthago (München 1920) 37 mit Sicherheit Quodvultdeus zu erkennen.

[2] Daß die tägliche Kommunion in Afrika und im Abendlande üblich war,
bezeugt C y p r i a n, De dominica oratione 18 (CSEL III 1, 280 Z. 10 ff. H a r t e l):
„*Hunc autem panem dari nobis cottidie postulamus, ne qui in Christo sumus
et eucharistiam eius cottidie ad cibum salutis accipimus intercedente aliquo
graviore delicto, dum abstenti et non communicantes a caelesti pane prohi-
bemur, a Christi corpore separemur ...*" Die gleiche Praxis scheint mir O r i -
g e n e s für Alexandrien zu bezeugen. Vgl. In Genes. homilia X 3 (GCS: Orig. VI
97 Z. 8 f. B a e h r e n s): Origenes klagt über die Christen, die nur an Feiertagen zur
Kirche kommen, dies sei jüdisch: „*Christiani omni die carnes agni comedunt, id
est carnes verbi cotidie sumunt. »Pascha enim nostrum immolatus est Christus«.*"
— Von späteren Stellen sei besonders hervorgehoben für römische Praxis Vita
Melaniae LXII S. 36 R a m p o l l a. Wie Augustinus im Jahre 400 in seinem Brief
an Januarius Ep. 54, 2. 4 (CSEL 34, 160. 162 G o l d b a c h e r) anmerkt, war die
Übung verschieden.

[3] H. A c h e l i s, Das Symbol des Fisches (Marburg 1888) 44 hätte dies nicht
bestreiten sollen.   [4] Vgl. oben S. 33 A. 4.

2 *

Hieronymus hält dem Jovinianus seinen Abfall vom echten Mönchsleben also vor: „Er brüstet sich zwar noch Mönch zu sein. Nachdem er aber aufgehört hat, ein gewöhnliches (geringes) Gewand zu tragen, barfuß zu gehen und sich mit der einfachen Kost von Wasser und Brot zu begnügen, vielmehr jetzt weiße Kleider trägt, auf weiße Hautfarbe etwas hält, süßen Wein bevorzugt und fein zubereitete Fleischsorten und die (ausgesuchten) Tunken (eines Schlemmers) wie Apicius und Paxamus, zu den Bädern, Fischbäckereien und feinen Küchen geht, so ist es völlig klar, daß er die Erde dem Himmel, die Laster den Tugenden, den Fisch *Acipenser* Christus vorzieht und die Purpurfarbe (des Fisches) für ein Himmelreich erachtet"[1]. Wie BICKEL bereits erkannt hat, wird diese Auslassung erst dadurch verständlich, daß Hieronymus „die Fischdelikatesse dem *IXΘΥC*, dem mystischen Ausdruck der durch das hl. Abendmahl mit dem Herrn hergestellten Gemeinschaft gegenüberstellt"[2]. Die Grundlage ist die geläufige Symbolik Fisch = Eucharistie.

Da die Schrift von den dreierlei Früchten des christlichen Lebens vielleicht der ersten Hälfte des vierten Jahrhunderts zugehören wird[3], so hätten wir darin für das Abendland das älteste Zeugnis für den Fisch als Sinnbild der Eucharistie. Das bereits von Hermas und Polykarp[4] zitierte Tobiasbuch, das von der anonymen Schrift als Ausgangspunkt des Vergleichs gebraucht wurde, gab aber auch einen starken Reiz, die eucharistische Fischsymbolik aufzugreifen. Ein anderer Afrikaner [Prosper] hat ja mit dem Wort *remedium* den Vergleich unmittelbar ausgesprochen[5]. Der Fisch aus dem Tigris ist der Beschreibung nach — er fällt den jungen Tobias an — ein mächtiger Fisch, die Vulgata nennt ihn ausdrücklich *immanis*.

---

[1] Hieronymus, Adv. Jovinianum I 40 nach der Rezension von E. BICKEL, Zum christlichen Fischsymbol (Rhein. Mus. 69 [1914] 417—419): „*Nam cum monachum esse se iactitet et post sordidam tunicam et nudos pedes et cibarium panem et aquae potum ad candidas vestes et nitidum cutem, ad mulsum et elaboratas carnes, ad iura Apicii et Paxami, ad balneas quoque ac fricticulas et popinas se conferat, manifestissimum est quod terram caelo, vitia virtutibus, accipienserem praeferat Christo, et purpuram coloris eius putet regna caelorum.*" Die handschriftliche Überlieferung bot *accipiens aerem* bzw. *accipiens aera*, wofür VALLARSI und MIGNE *ventrem* setzten. Über den Fisch *acipenser* wird *IXΘΥC* IV berichten.

[2] E. BICKEL a. a. O. 419.

[3] Vgl. M. HEER, Ps.-Cyprian vom Lohn der Frommen und das Evangelium Justins (RQS 28 [1914] 119).

[4] Siehe den Index bei FUNK PA.   [5] Vgl. oben S. 451 A. 1.

Das Fleisch dient dem Engel und Tobias zur Speise (6, 6). Der durch Verbrennung von Herz und Leber erzeugte Rauch vertreibt Dämonen (6, 8. 17 f.; 8, 2 f.) und die Galle gibt als Salbe kranken Augen die Sehkraft wieder[1] (6, 9; 11, 3. 7. 10 f.). Der Fisch ist also ein großes Heilmittel. Da andrerseits bei Ignatius von Antiochien am Anfang des zweiten Jahrhunderts die Eucharistie als das große „Heilmittel der Unsterblichkeit" bezeichnet wurde, so ist die Möglichkeit, daß das eucharistische Fischsymbol schon sehr frühe durch die homiletische Verwendung des Tobiastextes beeinflußt wurde, keine geringe.

Aber auch der Johanneische Bericht vom Mahle am See Tiberias (Joh. 21, 9 ff.) darf berücksichtigt werden. Wir wissen ja z. B. wie stark die Vorstellung des Auferstandenen die Liturgie der Marcioniten beeinflußt hat[2]. Es ist möglich, daß die besondere Betonung der Fischspeise an dieser Stelle nicht nur die Bevorzugung des Fisches im Privatleben der Marcioniten beeinflußt hat[3], sondern auch die Symbolik Fisch = Eucharistie gestärkt hat.

Zu den literarischen Zeugen des eucharistischen Fischsymbols muß auch der Verfasser der Aberkiosvita (Ausgang des 4. Jahrh.) gezählt werden, da er den *IXΘΥC* der Aberkiosinschrift als christliches Sinnbild verstand.

---

[1] Vgl. C. RITTERSHUSIUS zu Oppian Halieutika I 185: Vom Fisch *Callionymus: „eiusque fel singulariter extollunt medici, ut quod aciem oculorum exacuat, et suffusionum initia digerat. Unde coniicit Fr. Vallesius De sacra philosoph. c. 42 huius piscis felle sanatum Tobiam virum sanctum, qui stercore hirundinis fuerat excaecatus."* — Zum Fisch als Heilmittel vgl. Apuleius, Apologia 40 S. 46 Z. 10 HELM und A. ABT, Die Apologie des Apuleius von Madaura und die antike Zauberei (RVV IV 2 [Gießen 1908] 229).

[2] Darauf nimmt Johannes Chrysostomus Bezug in seinem Matthäuskommentar, Homilie 82, 2 (Migne PG 58, 739 f.). Nachdem Chrysostomus vorher Marcion, Valentin und Manes genannt, kommt er auf Matth. 26, 29 zu sprechen: „Von jetzt an werde ich nicht mehr trinken von dem Gewächse des Weinstocks bis zu jenem Tage, da ich es als ein neues mit euch trinke im Reiche meines Vaters." Chrysostomus deutet dies auf ein Trinken Jesu nach seiner Auferstehung im Kreise seiner Jünger. „Und warum trank er aber nach seiner Auferstehung nicht Wasser sondern Wein? Um eine andere böse Irrlehre mit der Wurzel auszurotten. Es gibt nämlich Leute, die bei den Mysterien Wasser nehmen . . ." Im Hintergrund ist die Marcionitische Behauptung erkenntlich, daß ja Jesus nach der Auferstehung seinen eigenen Worten gemäß keinen Wein getrunken habe, weshalb auch sie zur Eucharistiefeier keinen Wein gebrauchen. Vgl. dazu die ähnliche Begründung oben S. 259. Zur Marcionitischen Eucharistiefeier mit Wasser vgl. A. HARNACK, Marcion (Leipzig 1921) 182; 286*; 302*. Die Chrysostomusstelle ist dort nicht ausgebeutet.   [3] Siehe oben S. 259.

§ 2.

Die Grabinschrift des Aberkios von Hieropolis
und ihr religiöser Hintergrund.

Im Lateranensischen Museum zu Rom steht auf einem neuzeitlichen Sockel ein aus zwei Stücken zusammengesetzter Marmorblock von ungefähr 50 cm Höhe und 35 cm Dicke. Auf dem Sockel liest man die neue Inschrift[1]:

FRAGMENTVM · TITVLI · SEPVLCRALIS
EX · ASIA · ADVECTVM
IN · QVO · ABERCIVS · HIEROPOL · EPISC · SAEC · II
VNIVERSAE · ECCLESIAE · CONSENSVM
IN · VNAM · FIDEM · TESTATVR

———

ABDVL-HAMID · IMP · TVRCARVM
DONO · MISIT · LEONI · XIII · P · M
ANNO · MDCCCXCII

Diese Inschrift läßt ermessen, welche Bedeutung dem Marmorblock beigemessen wurde, da der türkische Sultan Abdul-Hamid ihn dem Papste Leo XIII. zu seinem goldenen Bischofsjubiläum als Ehrengabe übersandte. Die 18 griechischen Halbzeilen, die auf dem Blocke zu lesen sind, sind der Rest der berühmt gewordenen Grabinschrift des Aberkios von Hieropolis in *Phrygia Salutaris*. Der Text war längst bekannt aus einem anonymen Legendenschreiber, der gegen Ende des vierten Jahrhunderts die Vita eines Bischofs Aberkios von Hierapolis schrieb. Aberkios wird darin als berühmter Wundertäter geschildert. Um den Ruhm des Bischofs besonders hervorzuheben, wird auch eine Episode eingeschaltet, die ihn mit dem kaiserlichen Hofe in Rom in Verbindung bringt. Danach wurde die Tochter des Kaisers Mark Aurel und seiner Gemahlin Faustina von Besessenheit befallen. Alle Heilungsversuche der Heiden mißlingen. Der Dämon ruft vielmehr aus dem Mädchen: „Wenn nicht Aberkios, der Bischof der Christen der Stadt Hierapolis in Klein-Phrygien kommt, werde ich nicht aus diesem Geschöpfe herausgehen"[2]. Der Kaiser läßt Aberkios kommen. Bei

---

[1]) O. MARUCCHI, Nuove osservazioni sulla iscrizione di Abercio (Nuovo Bullettino di archeologia cristiana 1 [1895] 20).
[2]) Vita Abercii 46 S. 35 Z. 3—5 NISSEN.

der Ankunft des Bischofs weilt der Kaiser zur Abwehr eines Barbareneinfalls am Rhein; nur die Kaiserin ist in Rom. Aberkios treibt den Dämon aus der Prinzessin aus und befiehlt ihm, einen Altar von Rom nach Hierapolis zu tragen, was dieser unter Ächzen vollführt[1]. Aberkios erhält im Traume von Christus den Auftrag, auch nach Syrien zu gehen. Er kommt nach Antiochien, Apameia, Seleukia und anderen Städten Syriens und kehrt von da nach Hierapolis zurück. Da ihm von Christus im Traume der Tod vorausgesagt ist, denkt er an die Errichtung seines Grabes. „Er ließ sich ein quadratisches Grab errichten und den Altar, den nach seinem Befehl der Dämon aus Rom herbeigebracht hatte, stellte er auf das Grab, nachdem er auf ihn eine von Gott eingegebene Inschrift hatte einschreiben lassen, die den Würdigen Christi verständlich und nützlich, den Ungläubigen aber unverständlich ist"[2]. Es folgt die Inschrift, von der wir zu reden haben. Der Metaphrast der Vita fügt noch bei, daß die Zeit der Inschrift etwas von ihrer Genauigkeit genommen habe[3]. Die stark legendenhafte Einkleidung ließ ein gewisses Mißtrauen auch der überlieferten Grabinschrift gegenüber aufkommen. Da fand W. M. Ramsay im Jahre 1881 zu Hieropolis, einer Stadt von *Phrygia Salutaris,* in der Nähe des heutigen Synnada folgende Grabinschrift des Alexander aus Hieropolis vom Jahre 216 n. Chr.

<Ἐ>κλεκτῆς πό<λε>ως ὁ πολεί<της τ>οῦτ᾽ ἐποίη<σα>
  <ἵ>ν᾽ ἔχω φανερ<ῶς> σώματος ἔνϑα ϑέσιν.
οὔνομα Ἀλέξανδρος Ἀντ<ω>νίου μαϑητὴς ποιμένος ἁγνοῦ.
  οὐ μέντοι τύμβῳ τις ἐμῷ ἕτερόν τινα ϑήσει·
5 εἰ δ᾽ οὖν, Ῥωμαίων ταμείῳ ϑήσει δισχείλια <χ>ρυσᾶ
καὶ χρηστῇ πατρίδι Ἱεροπόλει <χ>είλια <χ>ρυσᾶ·
  ἐγράφη ἔτει τ΄ μηνὶ ς΄ ζόντος.
εἰρήνη παράγουσιν καὶ μνῃσκομένοις περὶ ἡ<μ>ῶν.

L. Duchesne[4] und G. B. de Rossi[5] erkannten sofort, daß diese Grabinschrift fast die gleichen Verse enthält, die bei der Grab-

---

[1]) Vita Abercii 63 S. 45 Z. 2 ff. Nissen.

[2]) Vita Abercii 76 S. 53 Z. 2—7 Nissen.

[3]) S. 122 Z. 16—19 Nissen: „Τὰ μὲν δὴ τοῦ ἐπιγράμματος ὧδέ πως ἐπὶ λέξεως εἶχεν, ὅτι μὴ ὁ χρόνος ὑφεῖλε κατ᾽ ὀλίγον τῆς ἀκριβείας καὶ ἡμαρτημένως ἔχειν τὴν γραφὴν παρεσκεύασεν."

[4]) L. Duchesne, Bulletin critique 1882, p 135. 136.

[5]) G. B. de Rossi, Bullettino di archeologia cristiana 1882, p 77—82. Weiteres bei de Rossi, Inscriptiones II 1, XIV.

inschrift der Aberkiosvita am Anfang und Schlusse des Gedichtes
stehen. Zur neuen Überraschung fand W. RAMSAY auf einer zweiten Forschungsreise im Jahre 1883 bei der gleichen Stadt Hieropolis die beiden oben genannten Fragmente der Aberkiosinschrift,
die die Angaben des Legendenschreibers auf das herrlichste bestätigten. Ein großes Rätsel war damit gelöst. Der Legendenschreiber
sprach von einem Bischof Aberkios von Hierapolis, worunter man
das größere Hierapolis in der Nähe von Laodicea am Lykus verstand. Dieses Hierapolis lag nämlich wegen der Nennung im Kolosserbrief 4, 13 im nächsten Gesichtskreis der Forscher, es war
bekannt durch Philippus und seine weissagenden Töchter, die dort
begraben lagen[1], sowie durch den Bischof Papias von Hierapolis,
den Vertreter des Chiliasmus[2] und den Bischof Claudius Apollinarius
von Hierapolis, den Bekämpfer des Montanismus[3]. Schon durch
die Darstellung der Reisewege in der Vita hätte man auf die andere,
weniger berühmte und kleinere Stadt Hieropolis bei Synnada aufmerksam werden können, wie dies nachträglich TH. ZAHN trefflich
zur Darstellung brachte[4]. Tatsächlich aber wurde erst die Aufmerksamkeit auf dieses Hieropolis gelenkt durch die Funde Ramsays.
Anstatt nach Hierapolis, wo man Aberkios in der Bischofsliste nicht
gut unterbringen konnte, war er nunmehr durch das deutlich geschriebene Ἱερόπολις der Inschrift seiner richtigen Stadt zugewiesen.

Das kleinere Stück der Aberkiosinschrift, für unsere Untersuchung das wertvollste, weil es die Partie mit dem *IXΘΥC* enthält, war mit dem Gepäck Ramsays nach England gewandert. Da
der Sultan das größere dem Papste zum Geschenke machte, sandte
der englische Gelehrte auch das kleinere nach Rom, wo es im
Lateranmuseum mit dem anderen Bruchstück in der oben genannten
Weise vereint ist. Die gewaltige Literatur, die an den Fund anknüpfte, hat H. LECLERCQ gebucht[5], so daß ich hier auf seine Zusammenstellung verweisen kann. Ich gebe zunächst die Texte, um
dann Kritik und Kommentar daran anzuschließen.

---

[1] Polykrates von Ephesus bei Eusebius KG III 31, 3; Gaios bei Euse-
sebius KG III 31, 4 (GCS: Euseb. II 1, 264 Z. 13ff.; 266 Z. 3ff. SCHWARTZ).

[2] Eusebius KG III 36, 2 (GCS: Eus. II 1, 274 Z. 16 SCHWARTZ).

[3] Eusebius KG IV 26, 1 (GCS: Eus. II 1, 380 Z. 22 SCHWARTZ).

[4] TH. ZAHN, Avercius Marcellus von Hieropolis (Forschungen zur Geschichte
des neutest. Kanons V 1 [Erlangen und Leipzig 1893]) 61 f.

[5] H. LECLERCQ, Abercius DACL I 1, 85—87.

Um die Überlieferung der Inschrift graphisch zur Darstellung zu bringen, gebe ich den Text der Legende in gewöhnlichem Druck, die Abschrift der Alexandrosstele sowie die noch vorhandenen oder aus ihren Überresten erkennbaren Buchstaben auf dem Original der Aberkiosstele in Majuskeln. Dabei ist zu beachten, daß die Verschiedenheit der Buchstabenformen der Alexandros- und Aberkiosstele im Drucke leider nicht zur Geltung kommen kann.

$\dot{\varepsilon}ΚΛΕΚΤΗΣ$ $ΠΟΛ\varepsilonΩΣ$ $Ο$ $ΠΟΛΕΙ$της $τΟΥΤ$ $ΕΠΟΙΗ$σα
$ζῶν$ $ΐΝ$ $ΕΧΩ$ καιρῷ $ΣΩΜΑΤΟΣ$ $ΕΝΘΑ$ $ΘΕΣΙΝ$
$ΟΥΝΟΜΑ$ ἀβέρκιος ὅ ὢν $ΜΑΘΗΤΗΣ$ $ΠΟΙΜΕΝΟΣ$ $ΑΓΝΟΥ$
ὃς βόσκει προβάτων ἀγέλας ὄρεσιν πεδίοις τε
5 ὀφθαλμοὺς ὃς ἔχει μεγάλους πάντη καθορῶντας
οὗτος γάρ μ' ἐδίδαξε . . . γράμματα πιστά
$ΕΙΣ$ $ΡΩΜΗ$ν ὃς ἔπεμψεν $ΕΜΕΝ$ $ΒΑΣΙΛ$είαν ἀθρῆσαι
$ΚΑΙ$ $ΒΑΣΙΛΙΣΣ$αν ἰδεῖν χρυσόσ$ΤΟΛΟΝ$ $ΧΡ$υσοπέδιλον
$ΛΑΟΝ$ $Δ$ $ΕΙΔΟΝ$ ἐκεῖ λαμπρὰν $ΣΦΡΑΓΕΙΔΑΝ$ Εχοντα
10 $ΚΑΙ$ $ΣΥΡΙΗΣ$ $ΠΕ$δον εἶδα $ΚΑΙ$ $ΑΣΤΕΑ$ $ΠΑ$ντα Νισῖβιν
$ΕΥΦΡΑΤΗΝ$ $ΔΙΑ$βὰς πάν$ΤΗ$ $Δ$ $ΕΣΧΟΝ$ $ΣΥΝΟ$μίλους
$ΠΑΥΛΟΝ$ $ΕΧΩΝ$ $ΕΠΟ$χον $ΠΙΣΤΙΣ$ πάντη δὲ προῆγε
$ΚΑΙ$ $ΠΑΡΕΘΗΚΕ$ τροφὴν $ΠΑΝΤΗ$ $ΙΧΘΥΝ$ ἀπὸ πηγῆς
$ΠΑΝΜΕΓΕΘΗ$ $ΚΑΘ$αρὸν ὃν $ΕΔΡΑΞΑΤΟ$ $ΠΑΡΘ$ένος ἀγνή
15 $ΚΑΙ$ $ΤΟΥΤΟΝ$ $ΕΠΕ$δωκε φίλ$ΟΙΣ$ $ΕΣΘ$ειν διὰ παντός
οἶνον χρηστὸν ἔχουσα κέρασμα διδοῦσα μετ' ἄρτου
ταῦτα παρεστὼς εἶπον ἀβέρκιος ὧδε γραφῆναι
ἑβδομηκοστὸν ἔτος καὶ δεύτερον ἦγον ἀληθῶς
ταῦθ' ὁ νοῶν εὔξαιτο ὑπὲρ ἀβερκίου πᾶς ὁ συνῳδός
20 $ΟΥ$ $ΜΕΝΤΟΙ$ $ΤΥΜΒΩ$ $ΤΙΣ$ $ΕΜΩ$ $ΕΤΕΡΟΝ$ $ΤΙΝΑ$ $ΘΗΣΕΙ$
$ΕΙ$ $Δ$ $ΟΥΝ$ $ΡΩΜΑΙΩΝ$ $ΤΑΜΕΙΩ$ $ΘΗΣΕΙ$ $ΔΙΣΧΕΙΛΙΑ$ $ΧΡΥΣΑ$
$ΚΑΙ$ $ΧΡΗΣΤΗ$ $ΠΑΤΡΙΔΙ$ $ΙΕΡΟΠΟΛΕΙ$ $ΧΕΙΛΙΑ$ $ΧΡΥΣΑ$

Über die Verteilung der Verse auf dem Original der Inschrift wurden die verschiedensten Hypothesen vorgetragen. Für den Inhalt und seine Deutung sind sie jedoch belanglos, wir können daher darauf verzichten, uns hier mit ihnen auseinanderzusetzen.

Da der Kommentar zu den einzelnen Versen über die strittigen Lesarten des Steines unterrichtet, brauche ich hier diesbezügliche Bemerkungen nicht anzufügen. Ich gebe gleich die Wiederherstellung des Textes mit dem kritischen Apparat und die Übersetzung.

Ἐκλεκτῆς πόλεως ὁ πολείτης τοῦτ' ἐποίησα
ζῶν, ἵν' ἔχω καιρῷ σώματος ἔνθα θέσιν.
οὔνομ' Ἀβέρκιος ὁ ὢν μαθητὴς ποιμένος ἁγνοῦ,
ὃς βόσκει προβάτων ἀγέλας ὄρεσι πεδίοις τε,
5 ὀφθαλμοὺς ὃς ἔχει μεγάλους πάντῃ καθορῶντας.
οὗτος γάρ μ' ἐδίδαξε.... γράμματα πιστά·
εἰς Ῥώμην ὃς ἔπεμψεν ἐμὲν βασιλείαν ἀθρῆσαι
καὶ βασίλισσαν ἰδεῖν χρυσόστολον χρυσοπέδιλον·
λαὸν δ' εἶδον ἐκεῖ λαμπρὰν σφραγεῖδαν ἔχοντα.
10 καὶ Συρίης πέδον εἶδα καὶ ἄστεα πάντα, Νισῖβιν,
Εὐφράτην διαβάς. πάντῃ δ' ἔσχον συνομίλους
Παῦλον ἔχων ἔποχον. πίστις πάντῃ δὲ προῆγε
καὶ παρέθηκε τροφὴν πάντῃ ἰχθὺν ἀπὸ πηγῆς
παμμεγέθη καθαρόν, ὃν ἐδράξατο παρθένος ἁγνὴ·
15 καὶ τοῦτον ἐπέδωκε φίλοις ἔσθειν διὰ παντὸς
οἶνον χρηστὸν ἔχουσα κέρασμα διδοῦσα μετ' ἄρτου.
ταῦτα παρεστὼς εἶπον Ἀβέρκιος ὧδε γραφῆναι,
ἑβδομηκοστὸν ἔτος καὶ δεύτερον ἦγον ἀληθῶς.
ταῦθ' ὁ νοῶν εὔξαιτο ὑπὲρ Ἀβερκίου πᾶς ὁ συνῳδός.
20 οὐ μέντοι τύμβῳ τις ἐμῷ ἕτερόν τινα θήσει.
εἰ δ' οὖν, Ῥωμαίων ταμείῳ θήσει δισχίλια χρυσᾶ
καὶ χρηστῇ πατρίδι Ἱεροπόλει χίλια χρυσᾶ.

Kürzungen: A der Grabstein des Alexandros nach dem photographierten Ab-
klatsch in Mélanges d'archéologie et d'histoire 15 (1895) Pl. I; V die griechische Vita nach S. Abercii vita ed. TH. NISSEN (Lipsiae 1912); R die russische
Überlieferung nach W. LÜDTKE-TH. NISSEN, Die Grabschrift des Aberkios
(Leipzig-Berlin 1910).

2 καιρῷ V | φανερ[ῶς] A | καὶ ὣς? R | φανερῶς TH. ZAHN, G. FICKER | ἔνθα A
und alle Herausgeber | ἐνθάδε V   3 οὔνομα A | τοὔνομα V | ὁ ὢν V und DIE-
TERICH | ὢν, ὁ PITRA und alle anderen Herausgeber, um das Metrum herzustellen.
Das ὁ ὢν ist aber zu gut bezeugt, wir werden uns damit abzufinden haben. Es
hat den Anschein, als ob eine frühere Inschrift mit einem dem Metrum besser
entsprechenden Namen hier kopiert wäre.   4 ὄρεσι V | ὄρεσιν des Metrums
wegen LIGHTFOOT | πεδίοις: πόαις? R   5 πάντῃ καθαρεύοντας V | πάντα κα-
θορόωντας einige Hss. von V   6 Zur Ergänzung der Lücke wurde vorgeschlagen:
τὰ ζωῆς PITRA | λόγους καὶ HALLOIX, ZAHN | θεοῦ τὰ F. BECKER | τὰ Ῥώμης NISSEN
nach R, der „römische" bietet. | Vielleicht τὰ ἱερὰ, der Hiatus wäre wohl nicht
schlimmer als Ilias I 147 ὄφρ' ἡμῖν ἑκάεργον-ἱλάσσεαι ἱερὰ ῥέξας; auch die beiden Adjektive bei γράμματα (asyndetisch) machen keine Schwierigkeit, da τὰ ἱερὰ
γράμματα = hl. Schrift wie ein Wort wirkt DÖLGER | ἀληθῆ oder ἀληθῶς O. CASEL,
was ebenfalls recht sinngemäß wäre.   7 βασιλείαν V BOISSONADE | regna R
| [τὴν] βασίλειαν PITRA, DUCHENSE, WILPERT | βασίληαν = βασίλειαν (Apposition

1 Als Bürger einer auserlesenen Stadt hab' ich dies (Grabmal) errichtet,

2 da ich noch lebte, damit ich rechtzeitig eine (Ruhe-)Stätte des Leibes hier habe.

3 Mein Name ist Aberkios, der Schüler des heiligen Hirten,

4 der Schafherden weidet auf Bergen und Ebenen,

5 der große Augen hat, die überall (alles) durchdringen.

6 Dieser hat mich gelehrt . . . . verläßliches Wissen.

7 Nach Rom hin sandte er mich, ein Reich zu schauen,

8 und eine Königin zu sehen im Goldgewand und goldenen Schuhen.

9 Ein Volk aber sah ich dort mit glänzendem Siegel.

10 Auch Syriens Ebene sah ich und die Städte all, Nisibis (auch),

11 nachdem ich den Euphrat überschritten. Überall warb ich mir Sinnesgenossen,

12 Paulus hatt' ich ja (bei mir) auf dem Wagen, überall zog (mir) der Glaube voran

13 und setzte (mir) vor als Speise an jeglichem Ort einen Fisch von der Quelle,

14 überaus groß (und) rein, den gefangen eine reine Jungfrau.

15 Und diesen gab er den Freunden zum Mahle immerdar,

16 spendend süßen Wein, Mischwein bietend mit Brot.

17 Dieses zu schreiben befahl ich, Aberkios, nebenanstehend.

18 Das zweiundsiebzigste Jahr (schon) hab' ich wirklich durchlebt.

19 Wer dies versteht, jeder (Glaubens-)Genosse, sprech ein Gebet für Aberkios.

20 Doch niemand soll in mein Grab (mir) legen einen anderen noch.

21 Wagt's einer dennoch, so zahl' er der Kasse der Römer 2000 Münzen in Gold,

22 und der lieben Heimat Hieropolis zahl' er 1000 Münzen in Gold.

---

zu *Ρώμην*) LIGHTFOOT, DE ROSSI | *βασιλῆαν* = *βασιλέα* RAMSAY, DIETERICH | *βασιλῆ ἀναθρῆσαι* ZAHN, HARNACK, DE SANCTIS   8 *σφραγῖδα* V *σφραγεῖδ' ἀνέχοντα* DE SANCTIS   10 *πέδων* = *παίδων* einige Hss. von V und R | *διῄειν*? NISSEN nach R | *Νισῖβιν* V; als Glossem erklärt und getilgt von BRINKMANN und ROBERT 11 *συνομίλους* LIGHTFOOT, DE ROSSI, NISSEN; der letzte in Übereinstimmung mit R: *collocutores* | *συνομηγύρους* V | *συνοπάδους* RAMSAY | *συνοδίτην* ZAHN, DE SANCTIS | *συνοδίτας* ROBERT, DIETERICH   12 *Παῦλον δὲ ἔσωθεν* V | *ἔχων ἔποχον* KIRCHHOFF, ROBERT, DIETERICH | *ἐπ' ὀχῶν* HIRSCHFELD | *ἐγὼν ἐπόμην* ZAHN zugunsten der beiden vorgenannten aufgegeben | *ἔχων ἐπόμην* RAMSAY, DE SANCTIS | *ἐπόπτην* HILGENFELD | *Νῆστις* statt *πίστις* nur DIETERICH. In der russischen Überlieferung ist *πίστις* nicht wiedergegeben   15 *ἐσθίειν* V *ἔσθειν* alle Herausgeber   16 *οἶνου χρηστοῦ ἔχουσα κέρασμα* R | *ἤγον*: *ἄγων* einige Hss.   18 *ἀληθῶς*: *ἀριθμόν* R 19 *ταῦτα ὁ νοῶν* V | „der seiende hier" R | *εὖξαι* V | *εὖξαιτο* einige Hss ; ob man den Imperativ wählt (ZAHN) oder den Optativ (DE ROSSI), das Metrum wird doch nicht erreicht   19 *ὑπὲρ Ἀβερκίου*: *ὑπὲρ μοῦ* LIGHTFOOT   20 *τινα θήσει* A | *ἐπάνω θήσει* V | *ἐπιθήσει* LIGHTFOOT | *ἐπάνω θήσειε* DIETERICH.

Wer ist der hier genannte Aberkios? Die Bestimmung der Persönlichkeit ist von der religionsgeschichtlichen Forschung mit der Deutung der Grabschrift verkettet worden — und zwar mit Recht. Ein Heide wird seinen Kult in der Grabschrift andeuten — ein Christ jedoch Formeln gebrauchen, die seiner Religion entsprechen. Bis jetzt kennen wir nur eine geschichtlich faßbare Persönlichkeit, die nach Ort und Zeit in Frage kommen könnte. Bei Eusebius[1] hören wir von einem leider nicht mit Namen genannten Schriftsteller, der im Jahre 192/193 eine Schrift gegen den Montanismus schrieb. In dem von Eusebius aufbewahrten Bruchstück wird in der Einleitung ein „geliebter Avirkios Markellos" angeredet, der in dringender Mahnung die Schrift veranlaßt habe[2]. Avirkios Markellos war danach ein Christ in einflußreicher, überragender Stellung. Innerhalb der Schrift wird ein $\sigma\nu\mu\pi\rho\varepsilon\sigma\beta\acute{\nu}\tau\varepsilon\rho\sigma\varsigma$ Zotikos von Otrus genannt. Demnach war der nicht genannte Antimontanist selbst Presbyter von Otrus, oder — wenn man $\pi\rho\varepsilon\sigma\beta\acute{\nu}\tau\varepsilon\rho\sigma\varsigma$ nach vielfachem Sprachgebrauch hier mit Bischof übersetzen darf — ein Bischof, vielleicht in der Nähe von Otrus. Otrus[3] liegt in *Phrygia Salutaris* in der nächsten Nachbarschaft von Hieropolis, wo uns fast gleichzeitig mit der Schrift des Anonymus die Grabschrift des Aberkios von Hieropolis begegnet. Danach kann man wenigstens vermuten, daß der von dem Anonymus angeredete Avirkios Markellos und der Aberkios der Inschrift die gleiche Persönlichkeit sein könnten. Dies ist eine Vermutung, die hohe Wahrscheinlichkeit für sich hat, aber man wird sich hüten müssen, sie zur Grundlage zu nehmen, um den religiösen Hintergrund der Grabschrift bestimmen zu wollen.

Besser könnten wir schon über den religiösen Charakter der Aberkiosinschrift urteilen, wenn wir das gegenseitige Abhängigkeitsverhältnis von Alexandros- und Aberkiosstele zu ergründen vermöchten. Die Alexandrosstele gibt uns einen wichtigen Anhaltspunkt dazu. Alexandros ließ nämlich Jahr und Monat einmeißeln, in dem er sich den Grabstein setzen ließ: $\check{\varepsilon}\tau\varepsilon\iota\ \tau'\ \mu\eta\nu\grave{\iota}\ \varsigma'$: „im Jahre 300 Monat 6". Die genaue Prüfung von RAMSAY[4], die

<hr>

1) Eusebius, KG V 16, 3 ff. (GCS: Eus. II 1, 460 ff. SCHWARTZ).

2) Eusebius, KG V 16, 3 (II 1, 460 Z. 7 f. SCHWARTZ): „$\mathring{\alpha}\gamma\alpha\pi\eta\tau\grave{\varepsilon}\ '\!A\nu\acute{\iota}\rho\varkappa\iota\varepsilon$ $M\acute{\alpha}\rho\varkappa\varepsilon\lambda\lambda\varepsilon,\ \mathring{\varepsilon}\pi\iota\tau\alpha\chi\vartheta\varepsilon\grave{\iota}\varsigma\ \mathring{\nu}\pi\grave{\sigma}\ \sigma\sigma\tilde{\nu}\ \sigma\nu\gamma\gamma\rho\acute{\alpha}\psi\alpha\iota\ \tau\iota\nu\grave{\alpha}\ \lambda\acute{\sigma}\gamma\sigma\nu\ldots$" Die Form des Namens $'\!A\beta\acute{\iota}\rho\varkappa\iota\sigma\varsigma$ begegnet öfter; vgl. mehrere christliche Inschriften bei J. B. LIGHTFOOT, The Apostolic Fathers II 1[2] (London 1889) 501.

3) Vgl. dazu W. M. RAMSAY, Les trois villes phrygiennes Brouzos, Hieropolis et Otrous (Bulletin de correspondance hellénique 6 [1882] 503—520).

4) W. M. RAMSAY, Unedited inscriptions of Asia minor (Bulletin de corre-

Photographie des Papierabklatsches bei DUCHESNE[1] sowie die Überprüfung des Originals, die DE SANCTIS[2] vornehmen ließ, lassen nur ein T ohne weiteren Buchstaben erkennen; das Jahr 300 ist damit gesichert. Gemeint ist die Rechnung nach der Sullanischen Ära der Provinz Asia, die mit dem Herbste 85 v. Chr. beginnt[3], sodaß also der 6. Monat des Jahres 300 auf das Jahr 216 n. Chr. bestimmt ist. Eine gegenseitige Abhängigkeit von Aberkios- und Alexandrosinschrift ist allgemein anerkannt. Streit war nur darüber, welche Inschrift die frühere ist. Außer PIOLIN[4] trat nur A. DIETERICH für die Priorität der Alexandrosstele ein[5]; denn ohne diese Annahme mußte seine ganze Ausführung über die vermeintliche Bezugnahme der Aberkiosinschrift auf die Götterhochzeit Elagabals von vornherein zusammensinken. Nach der sachkundigen Entgegnung von DE SANCTIS[6] darf die Alexandrosstele als die Nachahmung erwiesen gelten. Besonders auffallend ist die Ungeschicklichkeit, mit der in der dritten Zeile das Versmaß des Hexameters durch den Einsatz des Namens Ἀλέξανδρος Ἀντωνίου gesprengt wurde; in der zweiten Zeile wurde das dem Metrum entsprechende ζῶν vergessen und deshalb am Schluß von Zeile 7 ζόντος (sic) beigefügt[7]. Vielleicht darf man auch noch die epigraphische Form der Buchstaben anführen: diese zeigt bei der Aberkiosinschrift durchweg die ältere Form des Y mit einem Querbalken unter der Gabelung, ferner das E und Σ, bei der Alexandrosstele dagegen das Sichel-C und das entsprechende ϵ, sowie in der zweiten Hälfte der Inschrift auch $\sqsubset$-Sigma[8]. Die Aberkiosinschrift ist also vor 216 n. Chr. eingemeißelt worden. Wenn diese Feststellung auch nicht gerade von ausschlagebender Bedeutung ist, um die Inschrift dem

---

spondance hellénique VII [1883] 327 f.): *„I examined the date very carefully, and felt convinced that it was simply ἔτει τ'."*

[1) Mélanges d'archéologie et d'histoire 15 (1895) Pl. I.

[2) G. DE SANCTIS, Die Grabschrift des Aberkios (Z. f. kath. Th. 21 [1897] 678).

[3) Vgl. KUBITSCHEK, Aera bei PAULY-WISSOWA RE I 1, 638. Nach der gleichen Aera ist oben S. 397 die Inschrift aus Thyateira bestimmt; allerdings ist 305 in 205 zu korrigieren.

[4) D. PIOLIN in Le Monde 14. Sept. 1883 nach J. B. PITRA in Analecta sacra II (1884) XXVII n. 1.

[5) A. DIETERICH, Die Grabschrift des Aberkios (Leipzig 1896) 16 ff.

[6) G. DE SANCTIS, Die Grabschrift des Aberkios (Z. f. kath. Th. 21 [1897] 676).

[7) Dies hatte auch W. M. RAMSAY, Bulletin de Correspondance Hellénique VII (1883) 328 schon gemeint. DE SANCTIS hat 676 R.s Worte mißverstanden.

[8) Von orthographischen Fehlern begegnet bei der Alexandrosstele nur ζοντος. Das oft behauptete μυσκομένοις (ohne η) und χειαια (statt χειλια) steht nicht da.

Kreise einer bestimmten Religion zuzuschreiben, so ist sie doch von Wichtigkeit[1]. Alexandros bringt nämlich am Schluß seiner Grabschrift die Formel: $εἰρήνη$ $παράγουσιν$ $καὶ$ $μνησκομένοις$ $περὶ$ $ἡμῶν$. Den ersten Teil dieses Wunsches liest man auf der Grabschrift eines anderen phrygischen Christen in der Form: $εἰρήνη$ $τοῖς$ $παράγουσιν$ $πᾶσιν$ $ἀπὸ$ $τοῦ$ $θεοῦ$[2]. Wir haben also eine christliche Formel vor uns, die in ihrem christlichen Charakter noch durch die Bitte um das Gebet für den Toten unterstrichen wird. Das Gebet für die Toten ist für das Christentum Kleinasiens im zweiten Jahrhundert so kennzeichnend, daß z. B. nach den Paulusakten Tryphaina an Thekla die Bitte richtet, für ihre verstorbene Tochter zu beten, „damit sie lebe in Ewigkeit"[3]. Wenn nun die Alexandrosinschrift christlich ist, dann nahm Alexandros auch das Wortgefüge $μαθήτης$ $ποιμένος$ $ἁγνοῦ$ christlich, d. h. er hat seine Grundlage, die Aberkiosinschrift, als Ausdruck der christlichen Religion verstanden. Das ist ein neuer Indizienbeweis für den christlichen Charakter der Aberkiosinschrift. Volle Beweiskraft erkenne ich aber diesem Beweise nicht zu, da ja immerhin ein Christ eine antik-heidnische Vorlage in seinem Sinne verwendet haben könnte.

Nach diesen Vorbemerkungen möchte ich zum Verständnis die eigentliche Inschrift ohne die der allgemeinen Kultur entstammende Schlußformel[4] der Verse 20—22 mit kurzem Kommentar und

---

[1]) C. WEYMAN (Historisches Jahrbuch der Görresgesellschaft 17 [1896] 905) meinte, wenn es nicht gelänge, die Behauptung Dieterichs, daß die Aberkiosgrabschrift später sei als die Alexandrosstele, zu widerlegen, „so werde man die Inschrift im Museum des Lateran, laut welcher Aberkios auf seinem Stein *universae ecclesiae consensum in unam fidem testatur* um ein großes Fragezeichen bereichern müssen." Solche Bedeutung messe ich dieser Chronologie nicht bei.

[2]) CIG Nr. 9266. Vgl. dazu TH. ZAHN, Eine altchristliche Grabschrift und ihre jüngsten Ausleger (Neue kirchl. Zeitschr. 6 [1895] 869) sowie F. CUMONT, L'inscription d'Abercius (Revue de l'Instruction publique en Belgique 40[1897] 92 A.1).

[3]) Acta Pauli et Theclae 28. 29 (AAA I 256 LIPSIUS): (Die verstorbene Tochter der Tryphaina „$κατ᾽$ $ὄναρ$ $εἶπεν$ $αὐτῇ$ $Μῆτερ,$ $τὴν$ $ξένην$ $τὴν$ $ἔρημον$ $Θέκλαν$ $ἔξεις$ $εἰς$ $τὸν$ $ἐμὸν$ $τόπον,$ $ἵνα$ $εὔξηται$ $ὑπὲρ$ $ἐμοῦ$ $καὶ$ $μετατεθῶ$ $εἰς$ $τὸν$ $τῶν$ $δικαίων$ $τόπον$." Tryphaina zu Thekla: „$πρόσευξαι$ $ὑπὲρ$ $τοῦ$ $τέκνου$ $μου,$ $ἵνα$ $ζήσεται$ $εἰς$ $τοὺς$ $αἰῶνας$." Vgl. ferner J. P. KIRSCH, Die Lehre von der Gemeinschaft der Heiligen im christl. Altertum (Mainz 1900) 32 ff. 101 ff.

[4]) Daß auch Christen solche Formeln des Grabschutzes anwandten, ist für Archäologen bekannt genug. Eine ganze Reihe Beispiele hat L. DUCHESNE in Mélanges d'archéologie 15 (1895) 168 f. angemerkt. Gute Beispiele finden sich noch bei E. DIEHL, Lateinische altchristliche Inschriften[2] (Bonn 1913) Nr. 234 und 237. Aus Nr. 242 ersieht man, daß erst um 358 die Sitte einsetzte, im Falle der Beisetzung eines anderen in ein gestiftetes Grab, die Geldbuße an die Kirche zu zahlen.

kritischer Überprüfung hier vorlegen. Man muß ohne Voreinge-
nommenheit an die Prüfung eines solchen Denkmals herantreten.
Man darf nicht immer gleich Christliches sehen, wo antike Kultur
und Religion zur Erklärung ausreicht. Es ist auch im Auge zu
behalten, daß die Antike Formeln kannte, die ein christlicher Ar-
chäologe, der nicht in den antiken Religionen Umschau gehalten hat,
leicht für christliches Eigengut ansprechen möchte. Als Beispiel
diene die Inschrift auf einem Altar in Indjikler (Saittai in Lydien),
die der Zeit um 200 n. Chr., also ungefähr der Zeit der Aberkiosinschrift zugehört. Sie lautet: „Εἷς θεὸς ἐν οὐρανοῖς μέγας Μὴν
Οὐράνιος, μεγάλη δύναμις τοῦ ἀθανάτου θεοῦ"[1]. Man streiche den
Namen des Gottes — und jeder Christ konnte die Formel sich zu
eigen machen. Vorsicht ist die beste Methode der Religionsgeschichte. Sie soll auch hier geübt werden.

1. *Als Bürger einer erlesenen Stadt hab' ich dies (Grabmal) errichtet,*
2. *da ich noch lebte, damit ich rechtzeitig eine (Ruhe-)Stätte des
Leibes hier habe.* An und für sich braucht ἐκλεκτῆς πόλεως ὁ
πολείτης weiter nichts zu sein als eine profane Bezeichnung, wie
sich etwa der Martyrer Papylos als πολίτης Θυατείρων dem Richter
vorstellt[2]. Das Wort ἐκλεκτῆς würde dann wahrscheinlich auf den
Namen von Ἱερόπολις als der „heiligen Stadt"[3] Bezug nehmen.
Diese Annahme liegt am nächsten, da die beiden Zeilen, wie die
Distichonform nahelegt, aus einer geläufigen hieropolitanischen
Formel entnommen zu sein scheinen. Wenn Aberkios am Schluß
seine Vaterstadt χρηστή nennt, so ist das völlig aus dem gleichen
Empfinden wie ἐκλεκτή gesprochen. Ein Gegensatz zwischen „der
auserwählten Stadt" und der „lieben Vaterstadt Hieropolis", wie
ihn C. M. Kaufmann immer wieder konstruiert[4], läßt sich nicht
erweisen, ebensowenig wie die eschatologische Deutung der Inschrift, die er vorschlägt. Daß die Christen sich als Himmelsbürger
fühlen konnten, ist seit Phil. 3, 20; Hebr. 14, 14 klar; bezeichnet
doch ein ägyptischer Christ in einem von Eusebius aufbewahrten

---

1) J. Keil und A. v. Premerstein, Bericht über eine zweite Reise in Lydien
[Denkschr. d. k. Ak. d. Wiss. in Wien. Philos.-hist. Klasse 54 (1911) 2. Abh.
S. 110 Nr. 211 Abb. 66.

2) Martyrium des Karpos, Papylos usw. 25 S. 15 Gebhardt.

3) Zu heilig und erwählt vgl. Sirach 49, 6 ἐκλεκτὴν πόλιν ἁγιάσματος. Zu
ἐκλεκτή-θαυμαστή (καλλίστη) Origenes, Jeremiahomilien XII 1 S. 86 Klostermann.

4) C. M. Kaufmann, Die sepulcralen Jenseitsdenkmäler der Antike und des
Urchristentums (Mainz 1900) 81. — Handbuch der altchristlichen Epigraphik (Freiburg i. B. 1917) 173.

Martyrerverhör das himmlische Jerusalem als seine Vaterstadt [1]. Um solche Sprechweise in unserer Inschrift aber anzunehmen, bedürfte es eines Beweises. Ein solcher wurde bisher nicht erbracht.

3. *Schüler des heiligen Hirten.* Der Hirt erscheint hier zwar ohne Namen, der dem uneingeweihten Leser unbekannt bleibt, im Geiste des Aberkios ist er ein ganz bestimmter. Christus oder Attis, ein christlicher Bischof oder ein Vereinsleiter irgendwelcher Mysterien? Die volle Entscheidung kann erst am Schlusse gegeben werden. Am zuversichtlichsten war bisher in der Ausdeutung A. DIETERICH: „Ein anderer als Attis kann ja nun der heilige Hirt nicht mehr sein: Attis der Hirt und der Sonnengott" [2]. Trotz der Sicherheit der Behauptung wage ich einige Zweifel zu hegen. Dieterich [3] verweist auf Tertullian, Ad nationes I 10: *Cybela pastorem suspirat.* Dort steht jedoch noch etwas mehr: „*Cybela pastorem suspirat fastidiosum non erubescentibus vobis*" [4]. „*Cur Idaeae masculus amputatur, si nullus illi fastidiosior adulescens libidinis frustratae dolore castratus est?*" [5] Konnte Attis „der heilige Hirte" genannt worden sein? Was annähernd in Betracht kommen könnte, ist eine Bemerkung bei dem Kirchengeschichtschreiber Sokrates im fünften Jahrhundert [6]. Danach hätten die Einwohner von Rhodus in einem Unglück das Orakel befragt und die Antwort erhalten, sie sollten den phrygischen Attis verehren:

„Ἄττιν ἱλάσκεσθαι, θεὸν μέγαν, ἁγνὸν Ἄδωνιν,

Εὔβιον, ὀλβιόδωρον, ἐϋπλόκαμον, Διόνυσον."

Sokrates fügt bei: „Das Orakel sagt, Attis, der sich aus Liebesraserei selbst entmannte, sei Adonis und Dionysos." Da also Attis hier mit dem ἁγνὸς Ἄδωνις gleichgesetzt wurde, so wäre es an sich wohl denkbar, daß Attis auch einmal das Beiwort ἁγνός erhalten hätte. Da Attis ferner Hirte war, so wäre dann die Benennung ποιμὴν ἁγνός nicht mehr so weit abliegend, zumal in dem früher [7] angeführten Attishymnus eine Gleichung mit dem als ποιμήν

---

[1] Eusebius, De mart. Palaest. 11, 11 (GCS: Eus. II 2, 938 SCHWARTZ). Dazu F. J. DÖLGER, Sol Salutis 172. Τῶν ἐπουρανίων πολίτης als Bezeichnung des Martyrers Theodoros in einer Inschrift von Amasia (um 500) in Studia Pontica III (Bruxelles 1910) 124 Nr. 101.

[2] A. DIETERICH, Die Grabschrift des Aberkios (Leipzig 1896) 20 A. 1.

[3] A. DIETERICH a. a. O. 35.

[4] Tertullian, Ad nationes I 10 (CSEL 20, 80 Z. 4 REIFFERSCHEID-WISSOWA). Vgl. Apologeticum XV 2 S. 53 RAUSCHEN [2].

[5] Tertullian, Ad nationes II 7 (CSEL 20, 107 f. REIFFERSCHEID-WISSOWA).

[6] Sokrates KG III 23.   [7] Siehe oben S. 246.

λευκῶν ἀστρῶν bezeichneten, reinen Sonnengott ausgesprochen wurde. Aber die Benennung ποιμὴν ἁγνός ist, soweit ich weiß, für Attis bis heute nicht bekannt. Das einzige Zeugnis vermutete man bisher in der Aberkios- und Alexandrosgrabschrift, aber ihr heidnischer Charakter war stets bestritten. Machen wir die Probe mit Christus. Da paßt zunächst der ποιμὴν ἁγνός auf den „gerechtesten und allein fehllosen und sündenlosen Christus“, wie Justinus sagt [1]. Wie I Petr. 2, 22 bezeugt, wurde auf Jesus der Text bei Isaias 53, 9 angewendet, „daß er keine Sünde tat und kein Falsch in seinem Munde war“ [2]. Christus ist nach der Auffassung des Altertums der reine und keusche, dem die Geschlechtslust ferne blieb [3]. Er ist der ἁγνός schlechthin. Er ist wie Klemens von Alexandrien sagt, „der heilige Gott Jesus“ [4]. Er ist zudem ὁ ποιμὴν ὁ καλός (Joh. 10, 11. 14) oder auch ὁ ἀγαθὸς ποιμήν [5]. Von dem verklärten Christus-Logos wissen wir bestimmt, daß er im zweiten Jahrhundert als „heiliger Hirte“ gefeiert wurde. Im Hymnus am Schlusse des Paedagogs von Klemens von Alexandrien stehen die Anrufungen [6]: ποιμὴν ἀρνῶν βασιλικῶν (4), ποιμήν, ἀροτήρ (19), ἡγοῦ προ-

---

[1] Justinus, Dialog 110, 6 S. 227 GOODSPEED. Vgl. noch Klemens von Alexandrien, Paedagog III 12 § 93, 3 (I 287 Z. 9 STÄHLIN): „μόνος γὰρ ἀναμάρτητος αὐτὸς ὁ λόγος.“

[2] Man vgl. dazu die christlich überarbeiteten Testamente der zwölf Patriarchen IV Juda 24 (II 477 KAUTZSCH): „und es wird aufstehen ein Mensch aus meinem Samen wie die Sonne der Gerechtigkeit, welcher wandelt mit den Menschenkindern in Sanftmut und Gerechtigkeit, und keine Sünde wird an ihm gefunden werden.“ A. JACOBY, Ἀνατολὴ ἐξ ὕψους [Z. f. n. W. 20 (1921) 208 f.] meint: „die Sündlosigkeit des Messias ist, wie Charles richtig bemerkt, durch Test. Levi 18, 9: ἐπὶ τῆς ἱερωσύνης αὐτοῦ ἐκλείψει ἡ ἁμαρτία κτλ. und Ps. Salom. 17, 41: καὶ αὐτὸς καθαρὸς ἀπὸ ἁμαρτίας τοῦ ἄρχειν λαοῦ μεγάλου als jüdische Anschauung bezeugt.“ — Vgl. dazu Origenes, In Leviticum Homilia II 3; III 1; XII 3 (VI 293 Z. 21; S. 300 Z. 12; S. 459 Z. 3 BAEHRENS), In Leviticum Homilia XII 4 (VI 460 Z. 19 f. BAEHRENS): „solus vero Iesus Dominus meus in hanc generationem mundus ingressus est.“

[3] Origenes, In Leviticum homilia IX 2 (VI 420 Z. 13—17 BAEHRENS): „Si ergo adspicias Salvatorem nostrum suscepisse quidem corpus et in corpore positum egisse humanos actus, id est vescendi et bibendi et cetera similia, hoc autem solum opus non egisse, quod ad pudenda corporis pertinet, carnemque eius neque nuptiis neque filiorum procreationi patuisse, invenies . . .“ Ebenso [Justinus], De resurrectione 3 S. 221 OTTO. Es liegt mir ferne, alles zusammenzusuchen; ich nehme nur, was mir gerade an Zetteln zur Hand ist.

[4] Klemens von Alexandrien, Paedagog I 7 § 55, 2 (I 123 STÄHLIN).

[5] Klemens von Alexandrien, Protreptikos XI 116, 1 (I 81 STÄHLIN).

[6] Klemens von Alexandrien, Paedagog (I 291 f. STÄHLIN).

βάτων | *λογικῶν ποιμὴν ἅγι᾿, ἡγοῦ* (29—30). Der Angerufene ist Jesus-Logos, er wird dreimal Hirte genannt und einmal „heiliger Hirte". Hingewiesen sei auch auf eine aus den christlichen Katakomben Roms stammende Grabplatte im Museo Kircheriano [1], die links von einem Hirten ein *Π* mit eingeschriebenem *A* zeigt, was mit hoher Wahrscheinlichkeit als *ποιμὴν ἀγνός* oder *π. ἅγιος* gelesen werden darf. Da wir bis heute nur von Christus die Formel „heiliger Hirte", zudem in einem Hymnus kennen, haben wir methodisch das Recht, von diesem Standpunkt aus die Inschrift zu überprüfen. *Μαθητής* war im zweiten Jahrhundert ein feierliches Wort der christlichen Sprache, es wurde in Anlehnung an Luk. 14, 27 geradezu zum Namen des vollen Nachfolgers Jesu, des Martyrers [2]. Aber auch der Begriff Christ = „Schüler Jesu Christi des einzigen Lehrers" war im Anschluß an Apg. 11, 26 damals noch geläufig [3], und in diesem Sinne paßt *μαθητής* zur christlichen Deutung, und zwar auch zum „Hirten". Wem diese Zusammenstellung fremdartig vorkommt, der möge sich daran erinnern, daß im Bußstreit die Vertreter der milderen Richtung sich auf das Hirtengleichnis vom verlorenen Schaf und auf die Bilder des guten Hirten beriefen, die auf dem Boden ihrer Becher dargestellt waren, worauf der strenge Tertullian sagte: „*at ego eius pastoris scripturas haurio, qui non potest frangi*" [4]. Tertullian meint strenge Texte des Evangeliums, die er dem Hirtenbild und den zugrunde liegenden Texten des Evangeliums entgegensetzt.

4. *Der Schafherden weidet auf Bergen und Ebenen* ist für den Nichteingeweihten ein Bild aus dem Hirtenleben des Alltags. Die Worte sind aber nicht „nur ein dichterischer Ausdruck für überall", wie WILPERT meinte [5]. Es liegt ein tieferer Gedanke zugrunde. Dem Christen war es aus der homiletischen Verwertung des Hirtengleichnisses bei Matth. 18, 12 deutlich, daß Christus gemeint sei. Bei Luk. 15, 4 heißt es, der Hirte lasse die 99 Schafe in der Wüste (*ἐρήμῳ*), um das eine verlorene zu suchen; bei Matth. aber heißt es, er lasse die 99 in den Bergen (*ἐπὶ τὰ ὄρη*). In der erbauenden Exegese wurden die Berge vom Himmel verstanden

---

[1] Abb. bei J. WILPERT, Fractio panis (Freiburg 1895) 109 Fig. 18.

[2] Vgl. W. BAUER zu Ignatius, Ad. Eph. 1, 2 (H. LIETZMANNS Handbuch zum Neuen Testament. Ergänzungsband [Tübingen 1920] 198).

[3] Ignatius von Antiochien, Ad Magn. 9, 1; 10, 1 (PA I² 238 FUNK).

[4] Tertullian, De pudicitia 10 (CSEL 20, 240 Z. 19 f. REIFFERSCHEID-WISSOWA) lesen *scripturam . . . quae*, was dem *eius* nicht gerecht wird.

[5] J. WILPERT, Fractio panis (Freiburg i. B. 1895) 109.

und die Ebene von der Erde, die auf den Bergen gehüteten Schafe waren dementsprechend die Engel im Himmel, das verirrte Schaf in der Ebene die Menschheit. Diese Auslegung gehörte zum festen Bestand der Exegese in Alexandrien [1] und in Antiochien [2], sie war aber auch in Kleinasien heimisch und zwar schon vor der Aberkiosinschrift. Irenäus ist dafür ein vollgültiger Zeuge [3] und bei Methodius von Olympus hallt die überlieferte Auslegung deutlich wider [4]. Es ist in der Inschrift nicht von dem auf Erden weilenden „guten Hirten" Jesus die Rede, sondern von dem verklärten, im Himmel thronenden Λόγος-Ποιμήν, der die Engel im Himmel regiert, aber auch als Hirte die Kirche des Erdkreises lenkt [5]. Daß die Vor-

---

[1] Origenes, In Genesim Homilia IX 3 (GCS: Orig. VI 92 Z. 5 ff. BAEHRENS): „... *necesse habuit »pastor bonus«, relictis in supernis nonaginta novem, descendere ad terras et unam ovem, quae perierat, quaerere inventamque eam et humeris revectam, ad supernum perfectionis ovile revocare.*" — Origenes, In Genes. Homilia XIII 2 (VI 114 Z. 18—22 BAEHRENS): „(Von Christus) *venientem tollere maceriam, id est peccatum, quod inter nos separat ac Deum, maceriam quae est media inter nos et coelestes virtutes, ut faciat »utraque unum«* (Eph. 2, 14) *et ovem, quae erraverat, »humeris suis« reportet ad montes et restituat ad alias »nonaginta novem, quae non erraverant«.*" — Dazu den Text In Genes. Homilia II 5 (VI 34 Z. 12 ff. BAEHRENS) wiedergegeben in F. J. DÖLGER, Sol Salutis: LF 4/5 (Münster i. W. 1920) 59 A. 5. Ferner Origenes, In Jesu Nave Homilia VII 6 (XI 71 LOMMATZSCH).

[2] Cyprian von Antiochien, Confessio 16 S. CCCVI der Venediger Maurinerausgabe: „*ἐνενήκοντα ἐννέα πρόβατα ἐν οὐρανοῖς κατέλειπε, δηλαδὴ τὰ ἐπουράνια τάγματα, καὶ πρὸς ἓν κατελήλυθε τὸ ἀπολωλός.*" Bei T. ZAHN, Cyprian von Antiochien und die deutsche Faustsage (Erlangen 1882) 58 = II 21.

[3] Irenaeus, Adversus haereses III 20, 3 (II 105 HARVEY): „... *et hunc partum Deum esse nobiscum, et descendere in ea quae sunt deorsum terrae, quaerentem ovem quae perierat, quod quidem erat proprium ipsius plasma, et ascendere in altitudinem, offerentem et commendantem Patri eum hominem qui fuerat inventus.*" Vgl. III 22, 2; III 27 (II 124, 130 HARVEY). Vgl. noch Irenaeus, Erweis der apostolischen Verkündigung 33 S. 19 MEKERTTSCHIAN-MINASSIANTZ [2]: „Denn der Herr ist gekommen, um das verlorene Schaf wieder zu suchen, und das Verlorene war der Mensch."

[4] Methodius, Symposion III 6 § 64 S. 32 f. BONWETSCH: „*ἀπεικονιστέον γὰρ τὰ μὲν ὄρη τοῖς οὐρανοῖς, τὰ δὲ ἐνενήκοντα πρόβατα καὶ ἐννέα ταῖς δυνάμεσι καὶ »ταῖς ἀρχαῖς καὶ ταῖς ἐξουσίαις«* (Eph. 3, 10. Kol. 1, 16), *ἃς καταλέλοιπεν ἀναζητῆσαι κατελθὼν τὸ ἀπολωλὸς ὁ στρατηγὸς καὶ ποιμήν.*" Zu diesem besonders deutlichen Texte vgl. noch Symposion III 6 § 63 S. 32 Z. 10—12 BONWETSCH: „(Vom Logos) *ὁ »ἀρχιστράτηγος« καὶ »ποιμὴν« τῶν κατ᾽ οὐρανόν, ᾧ πάντα πείθονται καὶ ὁμαρτοῦσα τὰ λογικά, καὶ ποιμαίνων εὐτάκτως καὶ ἀριθμῶν τὰ πλήθη τῶν μακαρίων ἀγγέλων ...*"

[5] Vgl. z. B. Martyrium Polycarpi 19, 2 (PA I² 338 Z. 10—12 FUNK): „*εὐλογεῖ τὸν κύριον ἡμῶν Ἰησοῦν Χριστόν, τὸν σωτῆρα τῶν ψυχῶν ἡμῶν καὶ κυβερνήτην τῶν σωμάτων ἡμῶν καὶ ποιμένα τῆς κατὰ τὴν οἰκουμένην κα-*

stellung vom *Λόγος-Ποιμήν* bereits im hellenistischen Judentum grundgelegt ist, habe ich früher schon hervorgehoben [1].

Da also der Hirte, der Schafe weidet auf Bergen und Ebenen, aus der christlichen Sprache der Zeit restlos verständlich ist, so besteht weiter kein Anlaß, mit Religionshistorikern zu streiten, die darin Attis [2] erkennen wollten oder den Schafhirten zum Vereinsleiter machten [3]. Der Hirte ist Christus-Logos, den schon das Urchristentum den „Erzhirten" (I Petr. 5, 4) und den „großen Hirten" (Hebr. 13, 20) genannt hat. Dieser in überragender Größe aufgefaßte Hirte gehörte bereits im zweiten Jahrhundert in die Jenseits- und Paradiesesvorstellung des Christentums [4]. Von diesem gar großen Hirten im Himmel konnte natürlich auch gesagt werden:

5. *Der große Augen hat, die alles überblicken.* Wenn solche

ϑολικῆς ἐκκλησίας." Grundgelegt ist solche Sprache in I Petr. 2, 25: „ἀλλὰ ἐπεστράφητε νῦν ἐπὶ τὸν ποιμένα καὶ ἐπίσκοπον τῶν ψυχῶν ὑμῶν." Hebr. 13, 20: „ὁ ἀναγαγὼν ἐκ νεκρῶν τὸν ποιμένα τῶν προβάτων τὸν μέγαν . . ." I. Petr. 5, 4: „καὶ φανερωθέντος τοῦ ἀρχιποιμένος . . ." Man beachte, daß so mit den Christen Bithyniens und Asiens in der Heimat der Aberkiosinschrift gesprochen wird.

[1]) **Philo von Alexandrien**, De agricultura 50 (II 105 WENDLAND). Den Text bei DÖLGER, *IXΘYC* I 137.

[2]) In dem von Hippolyt überlieferten Attishymnus (siehe oben S. 246 A. 2) wird Attis zwar gepriesen als ποιμὴν λευκῶν ἄστρων, aber das Hüten „der Schafe auf Bergen" im Stile der Inschrift erklärt dies nicht. Aber einen Hirten mit dem verlorenen Schaf und den 12 Aposteln, einen Hirten mit der Strahlenkrone, der zugleich ῾Ο ὤν und *IXΘYC* genannt wird, zeigt die bei DÖLGER, *IXΘYC* I 268 Nr. 41 Fig. 35 abgebildete Gemme. Vgl. dort auch 263 Nr. 36; 327 Nr. 52; 327 Nr. 53; 328 Nr. 54; 334 Nr. 66, wo überall der Hirte Christus und *IXΘYC* zusammengestellt ist.

[3]) So E. MAASS, Orpheus (München 1895) 183.

[4]) **Passio Perpetuae** 4, 8. 9. 10 S. 68 f. GEBHARDT. Den uns noch zweimal beschäftigenden Text gebe ich in der doppelten Überlieferung:

„Et vidi spatium immensum horti, et in medio sedentem hominem canum in habitu pastoris, g r a n d e m, oves mulgentem: et circumstantes candidati milia multa. Et levavit caput et aspexit me et dixit mihi: Bene venisti, tegnon. Et clamavit me, et de caseo quod mulgebat dedit mihi quasi buccellam; et ego accepi iunctis manibus et manducavi; et universi circumstantes dixerunt: Amen. Et ad sonum vocis experrecta sum, commanducans adhuc dulce nescio quid."	„Καὶ εἶδον ἐκεῖ κῆπον μέγιστον, καὶ ἐν μέσῳ τοῦ κήπου ἄνθρωπον πολιὸν καθεζόμενον ποιμένος σχῆμα ἔχοντα, ὑ π ε ρ μ ε γ έ ϑ η, ὃς ἤμελγεν τὰ πρόβατα· περιειστήκεισαν δὲ αὐτῷ πολλαὶ χιλιάδες λευχειμονούντων. Ἐπάρας δὲ τὴν κεφαλὴν ἐθεάσατό με καὶ εἶπεν· Καλῶς ἐλήλυθας τέκνον. Καὶ ἐκάλεσέν με, καὶ ἐκ τοῦ τυροῦ οὗ ἤμελγεν ἔδωκέν μοι ὡσεὶ ψωμίον· καὶ ἔλαβον ζεύξασα τὰς χεῖράς μου καὶ ἔφαγον· καὶ εἶπαν πάντες οἱ παρεστῶτες· Ἀμήν. Καὶ πρὸς τὸν ἦχον τῆς φωνῆς ἐξυπνίσθην, ἔτι τί ποτε μασωμένη γλυκύ."

Sprache vielen Gelehrten unverständlich blieb, so lag dies nicht an der Inschrift und in den klaren Texten des christlichen Altertums. Es ist ein Bild, das völlig im Bereiche der antiken Phantasie liegen mußte, wenn einmal das Hirtenbild gebraucht wurde. So sagt einmal Origenes von dem Vorsteher der Kirche: „Du bist das Auge an Christi (mystischem) Leibe, deshalb doch wohl, damit du alles ringsum überschauest, alles ringsum beobachtest, auch das, was kommen könnte, vorhersiehst. Du bist ein Hirte, du siehst die Schäflein des Herrn, die Gefahr nicht ahnend zum Abgrund treiben...“[1] Man wird also in der Rede von Christus, dem „Meister-Hirten“ wie Origenes einmal sagt[2], eine ähnliche Ausdrucksweise voraussetzen dürfen, zumal ja jetzt der Logos-Hirte so klar erwiesen ist. Philo von Alexandrien, der sonst von dem Logos-Hirten redet[3], sagt einmal: „Soviel wie die Sonne bei ihrem Auf- und Niedergange (mit ihrem Lichte) umgrenzt, so ist auch der Logos Gottes außerordentlich scharfblickend, so daß er alles zu überschauen imstande ist“[4]. Genau in diesem Sinne sprachen die christlichen Theologen des zweiten Jahrhunderts von dem Logos, der ganz Auge ist, alles sieht, dem $λόγος$ $παντεπόπτης$[5], dem scharfsichtigen, der bis in die Tiefen des Herzens blickt[6]. Dieser allesüberschauende Logos wird von Klemens von Alexandrien der Lehrer genannt[7], und noch deutlicher spricht Origenes von Christus als dem *magister pastor*[8], so daß auch das letzte Bedenken gegen eine Formel wie „Schüler des heiligen Hirten“ fallen dürfte.

---

[1]) Origenes, In lib. Iesu Nave Homilia VII 6 (XI 71 LOMMATZSCH).

[2]) Origenes, In lib. Iesu Nave Homilia VII 6 (XI 71 LOMMATZSCH): Den Seelenhirten anredend: *„Sic immemor es dominici sacramenti, ut, quum ille derelictis nonaginta novem in coelestibus, propter unam oviculam, quae erraverat, ad terram descenderit, et inventam vectaverit humeris suis ad coelum, nos in nullo prorsus in curandis oviculis magistri pastoris sequamur exemplum?“*

[3]) Vgl. oben S. 468 A. 1.

[4]) Philo, Legum allegoria III 171 (I 150 Z. 23 COHN): „$ὁ$ $τοῦ$ $θεοῦ$ $λόγος$ $ὀξυδερκέστατός$ $ἐστιν$, $ὡς$ $πάντα$ $ἐφορᾶν$ $εἶναι$ $ἱκανός$.“

[5]) Vgl. die Stellensammlung bei F. J. DÖLGER, Die Sonne der Gerechtigkeit: LF 2 (Münster i. W. 1918) 107 f.

[6]) Klemens von Alexandrien, Paedagog I 3 § 9, 2 (I 95 Z. 16 STÄHLIN): „$ὀξὺ$ $δὲ$ $[ὁ]$ $βλέπων$ $καὶ$ $διορῶν$ $τὰ$ $ἐγκάρδια$ $λόγος$.“ Vgl. auch Paedagog II 12 § 118, 5 (I 228 Z. 6 ff. STÄHLIN): „$τὸν$ $διαυγῆ$ $καὶ$ $καθαρὸν$ $Ἰησοῦν$, $τὸν$ $ἐν$ $σαρκὶ$ $ἐπόπτην$ $ὀφθαλμόν$, $τὸν$ $λόγον$ $τὸν$ $διαφανῆ$ ...“

[7]) Klemens von Alexandrien, Paedagog III 12 § 101, 3 (I 291 Z. 14 STÄHLIN): „$τῷ$ $διδασκαλικῷ$ $καὶ$ $πανεπισκόπῳ$ $λόγῳ$.“

[8]) Vgl. oben S. 469 A. 2. Die Übersetzung Rufins umfaßt sowohl den Sinn des griechischen $διδάσκαλος$-$ποιμήν$ als auch des $ἀρχιποιμήν$.

6. *Dieser hat mich gelehrt . . . . ., verläßliches Wissen.*
Sind wir ganz von selbst in die Geheimnissprache hineingekommen,
so müssen wir auf dieser Linie bleiben. Da gibt uns der nächste
Vers ein neues Rätsel auf, da offenbar nach *ἐδίδαξεν* ein Wort
ausgefallen ist. Nun scheint die russische Überlieferung neue Aus-
blicke zu eröffnen [1], denn hier steht nach der Übersetzung von
W. Lüdtke [2]: *et idem docet literas romanas et fideles*, wofür F. Nissen
als Vorlage annahm *οὗτος γάρ (με ἐδίδαξεν?) τὰ ῾Ρώμης γράμματα
πιστά* [3]. Im Banne von A. Dieterich wies Nissen auf die Bedeutung
der *γράμματα* (zumal der fremdländischen) in Zaubertexten hin und
wollte nun auch hier Zauberzeichen erkennen [4]. Damit wäre der
Weg zur Lösung gründlich verbaut. Auch F. Pfister, der in der
Richtung von Nissen weitersuchte, konnte eine befriedigende Lösung
nicht finden. Pf. wies auf die drei Namen der römischen Hauptstadt: *Roma, Flora* und *῎Ερως* hin und wollte die letzte, geheimnis-
vollste Bezeichnung in *τὰ ῾Ρώμης γράμματα* enthalten finden. Er
erklärt dementsprechend: „Aberkios hat also von seinem Lehrer,
der ihn in die Mysterien einweihte, den hier gebräuchlichen Ge-
heimnamen *τὰ ῾Ρώμης γράμματα*, wie es in der Inschrift heißt, d. h.
das *ὄνομα τελεστικόν*, wie Johannes Lydus sagt, erfahren. Daran
reiht sich seine Sendung an, von welcher der nächste Vers spricht:
εἰς ῾Ρώμην ὃς ἔπεμψέν με. Die *γράμματα* sind also, wie Dieterich
(Aberkios S. 34, 2) sagt, die Zeichen des großen Gottesnamens, die
alles wirken und die Welt beherrschen können, die nur dem Adepten
überliefert und sonst streng geheim gehalten werden. Durch die
slavische Version werden sie uns genauer bezeichnet“ [5]. Allein
τὰ ῾Ρώμης γράμματα ist nur eine Konjektur Nissens — sie darf
nicht zum Ausgangspunkt der Untersuchung gemacht werden; der
russische Text hat nur „römische Buchstaben“, diese müßten erklärt werden.

---

[1] Th. Nissen (W. Lüdtke und Th. Nissen, Die Grabschrift des Aberkios
[Leipzig und Berlin 1910] 34) warnte, „daß jemand in der nicht zur Ruhe kommenden Diskussion über die Grabschrift fürderhin urteile, ohne zu der handschriftlichen
Überlieferung und ihren Problemen Stellung genommen zu haben.“ Der berech-
tigten Warnung komme ich hiermit nach, betone aber, daß die Berücksichtigung
der frühchristlichen und antiken Literatur zum Verständnis des Textes und seiner
sinngemäßen Wiederherstellung nicht minder dringlich ist.

[2] A. a. O. 11. [3] A. a. O. 40.

[4] A. a. O. 48 f.

[5] F. Pfister, Zur Grabschrift des Aberkios (Berliner Philol. Wochenschrift
33 [1913] 30).

Unter der Voraussetzung, daß „römische γράμματα" auf dem Stein wirklich genannt waren — das Fehlen von εἰς Ῥώμην beim Russen ist allerdings höchst auffällig und merkwürdig —, bedeutet dies für den Außenstehenden nichts anderes als „römische Sprache", wie man sonst von τὰ Ῥωμαίων μαθήματα sprach [1] oder von λόγοι ῥωμαϊκοί [2]. Für den Eingeweihten bedeuteten die ῥωμαϊκὰ γράμματα πιστά natürlich etwas anderes. Diesen mystischen Sinn zu erfahren, muß unbedingt die kleinasiatische Symbolik herangezogen werden. Sie liegt vor im Traumbuch des Artemidoros aus Ephesos, der in der Zeit der Antonine, also etwa in der Zeit der Aberkiosinschrift in Daldis in Lydien lebte. Hier heißt es: „Ich kenne jemand, dem schien es (im Traume), daß er römische Buchstaben (Ῥωμαϊκὰ γράμματα) lerne; er wurde zum Sklaven gemacht; denn kein Sklave wird im Griechischen ausgebildet" [3]. Der heilige Hirte machte Aberkios zu seinem Sklaven. Diese Ausdrucksweise ist durchaus im Gedanken des Orientalen, der sein Verhältnis zur Gottheit im Sinne der Sklavenschaft erfaßte — das Christentum hat die Ausdrucksweise beibehalten [4]. Das Beiwort πιστά würde bei der angenommenen Deutung das „natürliche Wissen" in ein höheres Gebiet hinaufheben, in das Gebiet des Religiösen. Nun erhebt sich aber das schwere Bedenken, daß die griechische Überlieferung nichts von einem Worte wie τὰ Ῥώμης oder ῥωμαϊκά hat (entweder ist das hier fehlende Wort durch einen bösen Zufall in der führenden Handschrift ausgefallen oder der Vitenschreiber hat das Wort bereits unleserlich vorgefunden). Andererseits kann man hier dem Russen nicht mit Vertrauen entgegenkommen, weil er das heute noch deutlich lesbare Wort εἰς Ῥώμην in der nächsten Zeile ausgelassen hat. Dies ist kaum anders erklärlich, als daß er nach εἰς Ῥώμην eine Gedankenpause machte und diese Wortgruppe mit der voraus-

---

[1] Eusebius KG VI 30 (GCS: Eus. II 2, 584 Z. 15 f. SCHWARTZ): „τὰ Ἑλλήνων καὶ τὰ Ῥωμαίων μαθήματα."

[2] Palladios, Historia Lausiaca 36 S. 108 Z. 7 f. BUTLER: „(Von Hieronymus) „ἀρετῇ λόγων ῥωμαϊκῶν κεκοσμημένος."

[3] Artemidoros, Oneirokritika I 53 S. 50 Z. 24—26 HERCHER: „οἶδα δέ τινα, ὃς ἔδοξε Ῥωμαϊκὰ γράμματα μανθάνειν. εἰς δοῦλον κατεκρίθη· οὐδὲ γὰρ ἐν δοῦλος Ἑλληνιστί διδάσκεται."

[4] Vgl. dazu F. J. DÖLGER, Sphragis (Paderborn 1911) 46—59: Der Gottessklave. Die Στίγματα Ἰησοῦ bei Paulus. Das Material könnte beträchtlich vermehrt werden. Zu I Kor. 7, 22: „ὁ γὰρ ἐν κυρίῳ κληθεὶς δοῦλος ἀπελεύθερος κυρίου ἐστίν· ὁμοίως ὁ ἐλεύθερος κληθεὶς δοῦλός ἐστιν Χριστοῦ" möchte ich nur eine Parallele anführen aus Apuleius, Metam. XI 15 S. 278 Z. 2 f. HELM: „Nam cum coeperis deae servire, tunc magis senties fructum tuae libertatis."

gehenden Zeile verband. Dies war dadurch möglich, daß *εἰς Ῥώμην* im 5. Jahrhundert schon vielfach statt *ἐν Ῥώμῃ* gebraucht wurde [1].

Doch wozu uns mit der bedeutend überschätzten, in der Überlieferung unseres Verses verdächtigen russischen Überlieferung weiterhin abmühen, wenn sich die *γράμματα πιστά* in der von uns entwickelten Linie ohne Vergewaltigung von Text und Wortbedeutung erklären lassen? *Γράμματα πιστά* ist „verläßliche Wissenschaft“, eine Lehre, der man vertrauen darf. Hingewiesen sei auf einen Text aus Kleinasien, der fast gleichzeitig ist mit der Aberkiosinschrift. Der Bischof Melito von Sardes in Lydien († vor 190) spricht in seinem nur bruchstückweise erhaltenen Buch über die Taufe [2] von dem Untertauchen von Sonne, Mond und Sternen im Ozean. Die Erklärung leitet er ein mit dem Wort: „*τὸ δὲ πῶς λούονται μυστικῶς, παρ' ἐμοῦ μάθε πιστῶς*“ [3]. Das klingt völlig an antike Mysteriensprache an, die genau so über ihre Geheimnisse sprechen konnte [4]. Hier ist es jedoch ein christlicher Bischof, der seine Lehre vorträgt, aber dabei die Sprache seiner Zeit redet. Der Hexameterschluß heißt „von mir lerne in verlässiger Weise“. Der Bischof bezeichnet also seine christliche Lehre als (*γράμματα*) *πιστά*. Die Lehre des „heiligen Hirten“ ist es natürlich nicht minder, auch seine *γράμματα* werden als *πιστά* bezeichnet; daß dies Beiwort auf die christliche Lehre (*πίστις*) abzielt, ist kaum noch eigens zu betonen. Daß man sich in der Lehre so sicher fühlte lag darin, daß man sich auf die Schrift stützte, in der man Gottes Wort erkannte. Von dieser Schrift sagte man, daß sie wahr und verläßlich sei. So formulierte bereits 100 Jahre vor der Aberkios-Inschrift Klemens von Rom den Tatbestand [5]. Die verläßliche Schrift aber wird bereits von dem Apostel Paulus als *ἱερὰ γράμματα* [6]

---

[1]) Vgl. DÖLGER, *ΙΧΘΥϹ* I 221.

[2]) Übersetzung und Kommentar dieser Schrift bei F J. DÖLGER, Sol Salutis: LF 4/5 (Münster i. W. 1920) 264—267.

[3]) Melito, *Περὶ λουτροῦ* 2 S. 311 GOODSPEED.

[4]) Vgl. dazu Klemens von Alexandrien, Stromata I 1 § 13, 4 (II 10 Z. 11f. STÄHLIN): „*τὰ μυστήρια μυστικῶς παραδίδοται.*“ Es ist zu beachten, daß wir bei Melito schon vor Klemens Ähnliches haben. Klemens ist also kaum für sich etwa als Bahnbrecher einer neuartigen Betrachtung des Christentums aufzufassen.

[5]) Klemens von Rom, I Ad Cor. 45, 2 (PA I² 156 Z. 14f. FUNK): „*ἐνεκύψατε εἰς τὰς ἱερὰς γραφάς, τὰς ἀληθεῖς, τὰς διὰ τοῦ πνεύματος τοῦ ἁγίου.*“ Hier haben wir dem Inhalt nach alle drei Worte, die wir für die Aberkiosinschrift suchten.

[6]) Bei Origenes ist *τὰ ἱερὰ γράμματα* (auch *τὰ ἅγια γράμματα*) für hl. Schrift ganz geläufig. Vgl. GCS: Orig. III KLOSTERMANN Register unter *γράμμα*.

als „heilige Schrift" bezeichnet (II Tim. 3, 15). Dies sind die
γράμματα der Aberkiosinschrift und keine Zauberbuchstaben. Wir
brauchen also nicht mehr — wie A. HARNACK meinte [1] — vor einer
Geheimwissenschaft, ihren Zeichen und Ausdrücken, Bildern und
Redeweise „heute völlig unwissend stehen" zu bleiben. Wir können
sogar noch einen Schritt weiter gehen. A. DIETERICH erklärte:
„Das fehlende Wort zu den γράμματα πιστά zu ergänzen, halte ich
— auch nachdem man den Kult kennt — für unmöglich, τὰ ζωῆς,
λόγους καί, alles das ist ganz haltlos. Versuchen läßt sich vieles,
sicher begründen, soviel ich sehe, nichts" [2]. Von einer Unmöglichkeit möchte ich nicht reden, denn der Vers wird vielleicht ge-
lautet haben: „οὗτος γάρ μ᾽ ἐδίδαξε τὰ ἱερὰ γράμματα πιστά." Auch
der Vorschlag von O. CASEL, ἀληθῆ oder ἀληθῶς einzusetzen, ist
sehr beachtenswert.

A. HARNACK meinte, in der Aberkiosinschrift seien von dem
Hirten drei Punkte genannt, die sonst nie bei dem guten Hirten
hervorgehoben würden: „er weidet die Herde [es heißt aber ἀγέλας,
was nicht ohne Bedeutung ist] der Schafe auf Bergen und Fluren
[es heißt jedoch πεδίοις, was sehr zu beachten ist] —, er hat große,
alles überschauende Augen — er hat seine Jünger glaubwürdige
Wissenschaft gelehrt." Diesen drei Punkten fügte HARNACK den
Satz bei: „Solange nicht nachgewiesen ist, daß von Christus als
dem Hirten so gesprochen worden ist . . ., so lange ist man verpflichtet, an einen heidnischen Gott zu denken . . ."[3] Auch A. DIE-
TERICH meinte, daß von Christus, dem guten Hirten, „nachweislich
wenigstens niemals Christen so gesprochen haben" [4]. Der Nachweis ist erbracht — von der auferlegten Verpflichtung, an einen
heidnischen Gott zu denken, ist die Forschung befreit.

7. *„Der mich nach Rom hin sandte, ein Reich zu schauen*
8. *und eine Königin zu sehen im Goldgewand und mit gol-*
denen Schuhen."

Der Reisebericht dieser Zeilen ist die schwierigste Partie der
Inschrift. A. DIETERICH setzte gerade bei der Zeile 7 seine Erklä-
rung ein und geriet dabei in die Irre. Der Stein in seinem jetzigen
Bestand zeigt *BAΣIΛ*; da nach dem *Λ* ein gleichmäßiger Bruch

---

[1]) A. HARNACK, Zur Abercius-Inschrift (TU XII 4 b) 14.
[2]) A. DIETERICH, Die Grabschrift des Aberkios (Leipzig 1896) 34 A. 2.
[3]) A. HARNACK a. a. O. 7.
[4]) A. DIETERICH, Die Grabschrift des Aberkios (Leipzig 1896) 20.

mit den anderen Zeilen vorhanden ist [1], so ist dies der Original-
befund, und die Kopie Ramsays ist in der Tat ein Versehen. Auf
dem Original zeigt die Photographie in der vorausgehenden Zeile
an der Bruchstelle ein deutliches *H*, dessen Schlußstrich Ramsay
(nach der Abb. bei Dieterich) nicht wiedergibt. Dieses klare *H*
scheint für R. nach der nächsten Zeile abgewandert zu sein. Da
nun die griechische Überlieferung $\beta\alpha\sigma\iota\lambda\epsilon\iota\alpha\nu$ und dazu die russische
Übersetzung *regna* bietet, stand im besser erhaltenen Original
BAΣIΛEIAN. Hätte ein *BAΣIΛHA* dagestanden, dann wäre unverständlich, wie die auf der Inschrift aufbauende Aberkiosvita
gerade den Kaiser aus Rom abwesend sein läßt. Es stand also
kein $\beta\alpha\sigma\iota\lambda\epsilon\acute{\upsilon}\varsigma$ in der Inschrift — und damit ist der Untersuchung
Dieterichs das Fundament genommen. Eine Bezugnahme auf die von
Heliogabal in Rom gefeierte Götterhochzeit, bei der der Sonnengott von Emesa der „König" und die *Regina caelestis* von Karthago
die Königin gewesen wäre, ist aus der Inschrift nicht zu erweisen.

Bei *BAΣIΛEIAN* ist die Akzentuierung nicht zu erkennen.
Gegen $\beta\alpha\sigma\iota\lambda\epsilon\iota\alpha$ spricht der Umstand, daß nur bei $\beta\alpha\sigma\iota\lambda\iota\sigma\sigma\alpha$ die
reiche Gewandung hervorgehoben wird, daß ferner die Aberkios-
vita von $\beta\alpha\sigma\iota\lambda\iota\sigma\sigma\alpha$ $\Phi\alpha\upsilon\sigma\tau\tilde{\iota}\nu\alpha$ spricht [2], also erst im zweiten Wort die
Königin suchte. Wir haben demnach mit dem Russen $\beta\alpha\sigma\iota\lambda\epsilon\iota\alpha\nu$ vor-
auszusetzen. Der Text spricht also hier von einem Reiche.
Rom und Königtum war für die damalige Zeit ein Wechselbegriff.
„Wie der Himmel das Haus der Götter ist, so ist Italien die Resi-
denz der Könige" lautet ein antikes Wort bei Artemidoros [3].
„Rom ist dort, wo der König ist", heißt es noch schärfer formuliert
bei Herodian [4]. Das heißt also, wenn der König auch in Sardika
weilt, so ist der Aufenthaltsort Rom. Diese Redeweise mit der
Erörterung der „römischen Buchstaben" zusammengehalten, läßt
uns vermuten, daß auch hinter dem Worte Rom mehr steckt, als
sein Klang verrät. Wir wissen dies noch nicht genau. „Ein Reich"
sollte Aberkios sehen, das aber nicht an das körperliche Rom ge-
knüpft ist, und „eine Königin im Goldgewand und mit goldenen
Schuhen". Sowohl Fickers Deutung der Königin auf die Götter-

---

[1]) J. Wilpert, Fractio panis (Freiburg i. B. 1895) 111.

[2]) Aberkiosvita 59 S. 42 Z. 12 Nissen.

[3]) Artemidoros, Oneirokritika II 68 S. 159 Z. 13 Hercher: „$\H{\omega}\sigma\pi\epsilon\rho\ \gamma\grave{\alpha}\rho$
$\dot{\delta}\ o\dot{\upsilon}\rho\alpha\nu\grave{\delta}\varsigma\ \vartheta\epsilon\tilde{\omega}\nu\ \dot{\epsilon}\sigma\tau\grave{\iota}\nu\ o\tilde{\iota}\kappa o\varsigma,\ o\H{\upsilon}\tau\omega\ \kappa\alpha\grave{\iota}\ \dot{\eta}\ \text{'}I\tau\alpha\lambda\acute{\iota}\alpha\ \beta\alpha\sigma\iota\lambda\acute{\epsilon}\omega\nu.$"

[4]) Herodian, Ab excessu divi Marci I 6, 5 S. 13 Mendelssohn: „(Pompeia-
nus zu Kommodus) . . . $\dot{\epsilon}\kappa\epsilon\tilde{\iota}\ \tau\epsilon\ \dot{\eta}\ \text{'}P\acute{\omega}\mu\eta\ \H{o}\pi o\upsilon\ \pi o\tau\text{'}\ \mathring{\alpha}\nu\ \dot{\delta}\ \beta\alpha\sigma\iota\lambda\epsilon\grave{\upsilon}\varsigma\ \tilde{\H{\eta}}.$"

mutter Kybele als DIETERICHS Hinweis auf die herrlich gekleidete
Statue der Virgo caelestis von Karthago können angesichts des
klaren Hirtenbekenntnisses nicht mehr in Betracht kommen. Aber
auch WILPERTS Deutung auf eine Personifikation der römischen Kirche
als der christlichen Gemeinde Roms scheint mir zu enge. Grundlegend muß sein der Ausdruck „βασίλισσαν χρυσόστολον χρυσοπέδιλον“.
Daß man von einer einzelnen Christengemeinde so gesprochen hätte,
müßte bewiesen werden. Bis jetzt hat niemand den Beweis erbracht. Aber die Gesamtkirche so zu schildern, war in der Zeit
unserer Inschrift geläufig. Eine annähernde Parallele steht im
Hirten des Hermas. Hier erscheint die Kirche als eine Jungfrau,
geschmückt wie eine Braut „ganz in Weiß gekleidet und mit weißen
Schuhen, verschleiert bis zur Stirne“ [1]. Dieser Brautschmuck der
Kirche ist verständlich, da die Kirche nach dem Sprachgebrauch
jener Zeit Braut und Jungfrau ist [2]. Aber weder die Königin noch
die Tracht der Königin im Goldgewand ist damit erklärt. Die Erklärung ist jedoch so einfach wie oben bei dem Hirten; man braucht
nur den vergessenen Kirchenschriftstellern zu ihrem Rechte zu
verhelfen. Gegen Ausgang des zweiten Jahrhunderts schrieb Klemens von Alexandrien bei einer Erörterung der Kleidertracht:
„Und wenn der Logos durch Davids Lied also sagt: »Es erfreuten
dich die Königstöchter in deiner Pracht, es stand die Königin zu
deiner Rechten im golddurchwirkten Gewand, mit goldenen Quasten
behangen« (Ps. 44, 9. 10), so meinte er damit nicht ein (irdisch)
kostbar Kleid, sondern das reine Prachtgewand der Kirche, gewebt
aus dem Glauben derer, die Barmherzigkeit erlangt haben — (der
Kirche), in der der reine Jesus leuchtet wie Gold, und die goldenen
Quasten, das sind die Erwählten“ [3]. Die Deutung der Königin im
Goldgewande auf die Kirche liegt aber schon um die Mitte des

------

1) Hermae Pastor, Visio IV 2, 1 (PA I² 462 FUNK).

2) DÖLGER, *IXΘΥC* I 97 ff.

3) Klemens von Alexandrien, Paedagog II 10 § 110, 2 (GCS: Clem. I
223 Z. 19—25 STÄHLIN): „κἂν ὁ λόγος τοῦτο ψάλλῃ διὰ Δαβὶδ περὶ τοῦ κυρίου
λέγων »εὔφρανάν σε θυγατέρες βασιλέων ἐν τῇ τιμῇ σου· παρέστη ἡ βασίλισσα ἐκ
δεξιῶν σου ἐν ἱματισμῷ διαχρύσῳ καὶ κροσσωτοῖς χρυσοῖς περιβεβλημένη«, οὐκ
ἐσθῆτα τὴν τρυφητικὴν μεμήνυκεν, ἀλλὰ τὸν ἐκ πίστεως συνυφασμένον ἀκήρατον
τῶν ἠλεημένων κόσμον τῆς ἐκκλησίας δεδήλωκεν, ἐν ᾗ ὁ ἄδολος Ἰησοῦς »ὡς
χρυσὸς διαπρέπει, καὶ οἱ κροσσοί, οἱ ἐκλεκτοί, οἱ χρυσοῖ«.“ Vgl. noch Stromata VI
11 § 92, 1 (II 478 Z. 2 ff. STÄHLIN); dazu Stromata V 14 § 98, 4 (II 391 Z. 4 ff.
STÄHLIN), wo „das königliche Gold“, der Hl. Geist, dem Staate der Christen zuge-
schrieben wird.

zweiten Jahrhunderts bei Justin vor [1], wir dürfen sie also in der
mystischen Sprache der Aberkiosinschrift voraussetzen. Wenn Aber-
kios aus seinem poetischen Sprachschatz noch $\chi\varrho\nu\sigma o\pi\acute{\epsilon}\delta\iota\lambda o\varsigma$ [2] hin-
zusetzte, so werden wir ihm dies noch gestatten dürfen, ohne Gefahr
zu laufen, daß ein Nörgler auch für diesen Sprachgebrauch in der
Schilderung der Kirche von uns noch einen Nachweis verlangt. Wie
uns das dem zweiten christlichen Jahrhundert zugehörige 5. Buch
der Sibyllinischen Orakel bekundet, gehörte $\chi\varrho\nu\sigma o\pi\acute{\epsilon}\delta\iota\lambda o\varsigma$ zur Schilderung der Königin [3] und wurde von Aberkios aus dem profanen
Sprachgebrauch zur Kennzeichnung der Königin Kirche übernommen.

9. *Ein Volk sah ich dort mit glänzendem Siegel.* Daß der
Versuch von O. Hirschfeld und A. Dieterich, unter $\lambda a o\nu$ nicht ein
Volk, sondern einen Stein, sei es den Diamanten eines Götterbildes
oder den nach Rom verbrachten Götterstein von Emesa zu verstehen, mißglückt ist, habe ich früher schon dargelegt [4]. Auch die
slavische Überlieferung hat *gentes vero vidi illic lucidum sigillum
habentes.* Wohl spielte man damals, wie uns Theophil von Antiochien bekundet, zwischen „Stein" und „Volk" [5], aber hier kommt ein
Volk in Betracht. Das „glänzende Siegel" ist der sündenfreie Wandel,
wie er durch die Taufe verlangt wurde. Dies nannte man $\sigma\varphi\varrho a$-
$\gamma\tilde{\iota}\delta a$ $\tau\eta\varrho\epsilon\tilde{\iota}\nu$ oder $\beta\acute{a}\pi\tau\iota\sigma\mu a$ $\tau\eta\varrho\epsilon\tilde{\iota}\nu$ oder noch deutlicher $\tau\grave{\eta}\nu$ $\sigma\varphi\varrho a\gamma\tilde{\iota}\delta a$
$\mathring{a}\sigma\pi\iota\lambda o\nu$ $\tau\eta\varrho\epsilon\tilde{\iota}\nu$ [6]. Statt $\mathring{a}\sigma\pi\iota\lambda o\nu$ konnte man auch ein Beiwort wie
$\varkappa a\vartheta a\varrho\acute{o}\varsigma$ und $\lambda a\mu\pi\varrho\acute{o}\varsigma$ gebrauchen, die tatsächlich zu belegen sind [7].

---

1) Justinus, Dialog mit Trypho 63, 4 f. S. 169 Goodspeed.

2) Dem antiken Griechen war das Wort aus Homer bekannt. Odyssee XI
604 (= Hesiod Theog. 952), $"H\varrho\eta\varsigma$ $\chi\varrho\nu\sigma o\pi\epsilon\delta\iota\lambda o\nu$." Vgl. noch das Hekateorakel bei
Porphyrios = Eusebius, Praepar. evang. 5, 13, 3 (I 233 Dindorf):
„$\mu o\varrho\varphi\acute{\eta}$ $\mu o\iota$ $\pi\acute{\epsilon}\lambda\epsilon\tau a\iota$ $\varDelta\eta\mu\acute{\eta}\tau\epsilon\varrho o\varsigma$ $\mathring{a}\gamma\lambda a o\varkappa\acute{a}\varrho\pi o\nu$,
$\epsilon\tilde{\iota}\mu a\sigma\iota$ $\pi a\lambda\lambda\epsilon\acute{\nu}\varkappa o\iota\varsigma$, $\pi\epsilon\varrho\grave{\iota}$ $\pi o\sigma\sigma\grave{\iota}$ $\grave{\delta}\grave{\epsilon}$ $\chi\varrho\nu\sigma o\pi\acute{\epsilon}\delta\iota\lambda o\varsigma$."
Der vergoldete Schuh war übrigens in der Zeit der Inschrift in Kreisen der vor-
nehmen und der weniger vornehmen Welt stark verbreitet. Vgl. z. B. Tertullian, De idololatria 8 (CSEL 20, 37 Z. 18 f. Reifferscheid-Wissowa): „*soccus et
baxa quotidie deauratur. Mercurius et Serapis non quotidie.*" — Lukian, Philopseudes 27 (III 99 Sommerbrodt); Lukian, Oecus 7; Epiktet, Enchiridion 61 (39).

3) Oracula Sibyllina V 434 f. S. 125 Geffcken: „$A\lambda a\tilde{\iota}$ $\sigma o\iota$, $B a\beta\nu\lambda\grave{\omega}\nu$
$\chi\varrho\nu\sigma\acute{o}\vartheta\varrho o\nu\epsilon$, $\chi\varrho\nu\sigma o\pi\acute{\epsilon}\delta\iota\lambda\epsilon$, | $\pi o\nu\lambda\nu\epsilon\tau\grave{\eta}\varsigma$ $\beta a\sigma\acute{\iota}\lambda\epsilon\iota a$ $\mu\acute{o}\nu\eta$ $\varkappa\acute{o}\sigma\mu o\iota o$ $\varkappa\varrho a\tau o\tilde{\nu}\sigma a$."

4) F. J. Dölger, Sphragis (Paderborn 1911) 80—88. Die Sphragis der Aber
kiosinschrift.

5) Theophil, Ad Autolicum III 18.

6) Klemens II ad Cor. 8, 6 (PA I² 194 Funk); vgl. Dölger, Sphragis 86.

7) Martyrium der Agape, Eirene, Chione 2 S. 87 Z. 12 Knopf²: „$\tau o\acute{\nu}\tau\omega\nu$
$\tau o\acute{\iota}\nu\nu\nu$ $\mathring{\eta}$ $\mu\grave{\epsilon}\nu$ $\varkappa a\vartheta a\varrho\grave{o}\nu$ $\varkappa a\grave{\iota}$ $\lambda a\mu\pi\varrho\grave{o}\nu$ $\tau o\tilde{\nu}$ $\beta a\pi\tau\acute{\iota}\sigma\mu a\tau o\varsigma$ $\varphi\nu\lambda\acute{a}\tau\tau o\nu\sigma a$."

Wie es dazu kommen konnte, von einem „leuchtenden Siegel der Gerechtigkeit" zu reden, beweist Klemens von Alexandrien [1]. Das ἐκεῖ wurde meistens (auch von mir) auf Rom bezogen, so daß die römische Christengemeinde damit gekennzeichnet wäre. Vielleicht ist aber auch die Beziehung auf βασιλεία möglich; dann hätten wir an die Bewohner der geistigen βασιλεία zu denken. Es wäre also die Christenheit gemeint, der λαὸς καινός, das neue Volk, wie es bereits bei [Barnabas] heißt [2]. Das Volk gehört notwendig zu Königin und Reich; dies hätte DIETERICH beachten sollen.

10. *Auch Syriens Ebene sah ich und die Städte all, Nisibis (auch)*

11a. *nachdem ich den Euphrat überschritten.* Diese Worte scheinen eine Schwierigkeit nicht zu bergen. Überraschend ist, daß die russische Überlieferung Νίσιβις ausläßt, ein Wort, das bereits BRINKMANN [3] und ROBERT [4] als Glossem erkennen wollten. Dafür hat sie ein Zeitwort *circuivi, adivi,* dem im Original vielleicht ein διῄειν entsprochen haben könnte [5]. Auch bei 11a möchte ich, wie oben bei Rom, den Ausblick auf eine etwaige Allegorie nicht ganz versperren. Der Euphrat ist in der Allegorie des ersten Jahrhunderts, wie sie bei Philo von Alexandrien vorliegt, Sinnbild der Gerechtigkeit [6] und als der große Strom auch Sinnbild der Weisheit und Unsterblichkeit [7]. Solche Symbolik wirkt über die Alexandriner

---

[1] Klemens von Alexandrien, Stromata VI 12 § 104, 1 (GCS: Clem. II 484 STÄHLIN). Von *candor = fides* spricht die Altercatio Simonis Judaei et Theophili Christiani VI 22 S. 30 Z. 19 HARNACK.

[2] [Barnabas] V 7; VII 5 (PA I² 50; 58 FUNK).

[3] BRINKMANN, Quaestionum de dialogis Platoni falso addictis specimen (Diss. Bonn 1888) These 10.

[4] C. ROBERT, Archäologische Nachlese IX. Das Grab des Abercius (Hermes 29 [1894] 423): „Νίσιβιν aber ist asyndetisch hinter ἄστεα πάντα kaum erträglich." Ob damit aber nicht zuviel gesagt wird? Mir will scheinen, daß der Stadt Rom im Westen, Nisibis im Osten entsprechen soll. Die Betonung kann nichts gegen Νίσιβις bringen. Vgl. J. B. LIGHTFOOT, The Apostolic Fathers II² 1 (London 1889) 497: „*In Syriac the word is N'tsībhīn . . . the sheva of the first syllabe being almost inaudible.*" Aberkios konnte die morgenländische Betonung hervorheben wollen, wie bei uns Kundige ja auch *Sōfīa* sagen und nicht *Sofīa.*

[5] LÜDTKE a. a. O. 14 sucht die Verwechslung zu verdeutlichen, indem er die beiden Worte $\frac{\varDelta IHIEIN}{NI\varSigma IBIN}$ untereinander schreibt.

[6] Philo, Legum allegoria I 72 (I 80 Z. 6f. COHN): „καρποφορία καλεῖται ὁ Εὐφράτης, ἔστι δὲ συμβολικῶς ἀρετὴ τετάρτη, δικαιοσύνη, καρποφόρος τῷ ὄντι καὶ εὐφραίνουσα τὴν διάνοιαν." Vgl. I 87 (I 84 Z. 1 COHN). Vgl. noch C. SIEGFRIED, Philo von Alexandria (Jena 1875) 153.

[7] Philo, Quis rerum div. heres. 315. 316 (III 71 Z. 12—22 WENDLAND).

noch bei Ambrosius nach [1]. Auch Syrien hat seine Symbolik. Aber in dieses Gebiet will ich mich nicht verlieren; ich möchte nur, durch Erfahrungen belehrt, vor allzu schnellem Urteil warnen.

11 b. *Überall warb ich mir Sinnesgenossen.* Unter den Ergänzungen kommt wohl nur die von LIGHTFOOT vorgeschlagene und von G. B. DE ROSSI übernommene συνομίλους in Betracht. Sie findet eine gewisse Bestätigung durch die russische Überlieferung, die ein Wort bietet, das W. LÜDTKE auf ein Stammwort mit dem Gedankenwert von *verbum* zurückführt und durch *collocutores* wiedergibt und mit συνομίλους gleichsetzt [2]. In der profanen Sprache bedeutet dies Freund; in der feierlichen Sprache des Kultes aber den Kultgenossen genau so, wie in Zeile 15 von den φίλοι gesprochen wird, denen die Πίστις den geheimnisvollen Fisch darbietet. Einer, mit dem man offen spricht auch über die Geheimnisse des Kultes, kann nur ein Miteingeweihter sein, ein Freund im höchsten d. i. religiösen Sinne. Umgekehrt: wer nicht zu den „Freunden" gehört, vor dem hütet sich der Myste, ein überflüssiges Wort zu sprechen. Wie der Apostel Paulus befiehlt (I Kor. 5, 11), mit einem von der christlichen Gemeinde ausgeschiedenen Sünder nicht einmal zu essen, so befiehlt Johannes (II Joh. 11), einen Irr- und Ungläubigen nicht zu grüßen. Συνομίλους gewinnt damit den gleichen Sinn wie συμμύστης, der Miteingeweihte, ein Wort, das aus dem religiösen Sprachschatz der Antike [3] schon frühzeitig ins Christentum über-

---

[1] C. SIEGFRIED, Philo von Alexandria (Jena 1875) 383.

[2] W. LÜDTKE-TH. NISSEN a. a. O. 15.

[3] W. BAUER (Handbuch zum Neuen Testament: Ergänzungsband: Die apost. Väter II [Tübingen 1920] 211) hat bereits hingewiesen auf DITTENBERGER, Or. inscr. 541: „οἱ τῶν τῆς θεοῦ μυστηρίων συμμύσται." Dazu möchte ich als neuen Beleg anmerken eine Inschrift aus Malko-Tisnowo (Kreis Burgas in Bulgarien), nach G. KAZAROW, Eine neue Inschrift zum griechischen Vereinswesen (Jahrbuch d. kais. deutschen archäol. Instituts 30 [1915] Archäol. Anzeiger S. 88): „... ἱενοῦ ἱερεὺς Βακχίου ⟨τὸν βω⟩|μὸν ἀνέθηκα θεῷ Διὶ Διο⟨νύ⟩|σῳ ὑπὲρ ἑαυτοῦ καὶ τῶν τέ⟨κν⟩|ων μου συνμυστῶν περὶ | σωτηρίας." Zu der Inschrift, die für den Sabazios- und Thrakischen Reiter-Kult von Bedeutung werden kann, vgl. den Ζεὺς Βάκχος von Pergamon CIG 3538 bei L. PRELLER-C. ROBERT, Griechische Mythologie I⁴ (Berlin 1894) 664 A. 2 sowie besonders den unter Orpheus' Namen umlaufenden Vers: „Εἷς Ζεὺς εἷς Ἀίδης εἷς Ἥλιος εἷς Διόνυσος" bei Macrobius, Saturnaliorum I 18 § 18 S. 106 EYSSENHARDT². Siehe dazu an gleicher Stelle den anderen als orphisch bezeichneten Vers Ἥλιος, ὃν Διόνυσον ἐπίκλησιν καλέουσιν. Von der Theologie, daß Zeus und Dionysos die gleiche Gottheit seien, hörte auch Aristides I p 49: „ἤδη δέ τινων ἤκουσα καὶ ἕτερον λόγον ὑπὲρ τούτων ὅτι αὐτὸς ὁ Ζεὺς εἴη ὁ Διόνυσος."

nommen wurde; nennt doch **Ignatius von Antiochien** die Epheser „Miteingeweihte des Paulus"[1]. Etwas Ähnliches wie συμμύσται hat Aberkios gemeint und der Schreiber seiner Vita hat die Inschrift so verstanden, wenn er das jedenfalls zu seiner Zeit schon nicht mehr ganz lesbare Wort συνο ... zu συνομηγύρους = Versammelte (Kultgenossen) ergänzte und dann das merkwürdige Παῦλον ἔσωθεν setzte. Was soll dieser „Paulus drinnen" anders bedeuten, als daß Paulus eben zur Kultgemeinde gehörte. Der Gegensatz ist die bekannte Bezeichnung οἱ ἔξωθεν oder οἱ ἔξω, die Nichtgeweihten, ein Wort, das die Christen aus der Antike übernahmen und ihrerseits nun für die Heiden gebrauchten[2], so daß Konstantin sich aus diesem Sprachgebrauch heraus als ἐπίσκοπος τῶν ἐκτός bezeichnen konnte[3], was natürlich nicht „Bischof der äußeren Angelegenheiten", sondern „Bischof der Heiden" heißt. Aber es stand nicht Παῦλον (δὲ) ἔσωθεν auf dem Stein, denn der noch erhaltene Buchstabenrest meldet Παῦλον ἔχων ἔποχον[4].

---

[1] **Ignatius von Antiochien**, Ad Eph. 12, 2 (PA I² 222 FUNK): „Παύλου συμμύσται." — Die Ausdrucksweise, die hier am Anfang des 2. Jahrh. auftaucht, ist nachmals recht geläufig. W. BAUER a. a. O. 212 hat angemerkt **Origenes**, In Leviticum homilia VII 2 (GCS: Orig. VI 374 Z. 22 BAEHRENS): „*Johannes symmista eius* (sc. *Christi*)." Noch treffender **Origenes**, In lib. Jesu Nave Homilia VII 3 (XI 66 LOMMATZSCH): „*Paulum nobis communiter adhibeamus magistrum. Ipse est enim symmystes Christi, qui nobis possit indicare, quomodo Christus vicerit mundum.*" — **Hippolyt**, *Εἰς τὸν Δανιήλ* II 10 (GCS: Hippol. I 1, 64 Z. 7f. BONWETSCH): Daniel gedenkt seiner Gefährten (Dan. 2, 49) „ἵνα καὶ αὐτοὶ τιμῆς τινος ἀξιωθῶσιν ὡς συμμύσται καὶ θεοσεβεῖς ἄνδρες."

[2] I Kor. 5, 12: „τί γάρ μοι τοὺς ἔξω κρίνειν; οὐχὶ τοὺς ἔσω ὑμεῖς κρίνετε; τοὺς δὲ ἔξω ὁ θεὸς κρινεῖ." — Vgl. Kol. 4, 5; I Thess. 4, 12; I Tim. 3, 7. Die Ausdrucksweise hat sich forterhalten. Vgl. II Klem. 13, 1 (PA I², 200 FUNK); **Gregor von Nazianz**, Oratio XIV 29 (Migne PG 35, 896 C); **Severianus von Gabala** siehe DÖLGER, Sol Salutis: LF 4/5 (Münster 1920) 274 A. 1; **Confessio Cypriani** I 10 S. 150 Z. 19 ZAHN. Die Zusammenhänge mit dem Sprachgebrauch der Antike (Mysterien) zeigt besonders Mark. 4, 11: „ὑμῖν τὸ μυστήριον δέδοται τῆς βασιλείας τοῦ θεοῦ· ἐκείνοις δὲ τοῖς ἔξω ἐν παραβολαῖς τὰ πάντα γίνεται."

[3] **Eusebius**, *Εἰς τὸν βίον Κωνσταντίνου* 24 (GCS: Euseb. I 126 Z. 9—11 HEIKEL): „(Worte Konstantins) ἀλλ᾿ ὑμεῖς μὲν τῶν εἴσω τῆς ἐκκλησίας, ἐγὼ δὲ τῶν ἐκτὸς ὑπὸ τοῦ θεοῦ καθεσταμένος ἐπίσκοπος ἂν εἴη." Das zielt doch wohl auf den Kaisertitel *Pontifex Maximus*.

[4] TH. ZAHN, Eine altchristliche Grabschrift und ihre jüngsten Ausleger (Neue kirchl. Zeitschr. 6 [1895] 867 A. 1) hat angesichts der klaren Lesart EXΩNEΠ seine (Forsch. V 70) vorgetragene Konjektur Παῦλον· ἐγὼν ἐπόμην aufgegeben und neigte ebenfalls der Lesart EΠοχον KIRCHHOFF oder EΠοχῶν HIRSCHFELD zu; seine Lesung πάντῃ δ᾿ ἔσχον συνο(δίτην) Παῦλον hielt er aufrecht. G. DE SANCTIS, Die Grabschrift des Aberkios (Zeitschr. f. kath. Theol. 21 [1897] 687f.) las πάντῃ

12. *Paulus hatt' ich ja (bei mir) auf dem Wagen.* Gegen diese Lesart des Steines kommen die handschriftlichen Überlieferungen nicht auf. Wer ist dieser Paulos? Würde diese Zeile vereinzelt stehen, so könnte man an irgend einen Paulos denken, deren es viele gab. Aber der ganze Zusammenhang ließ viele Gelehrten etwas anderes erkennen. C. Weyman sprach mit Lightfoot die Vermutung aus, „Paulos auf dem Wagen habend" könne heißen, Aberkios sei mit einem Exemplar der Paulusbriefe ausgerüstet gewesen[1]. A. Dieterich erklärte darauf, es gehöre für ihn „zu den Rätseln des Menschenlebens", „daß auch ein so vortrefflicher Philologe wie C. Weyman" dies für möglich halten konnte[2]. Wenn die Briefe des Apostels damals gesammelt vorlagen — das Protokoll der Scilitanischen Martyrer beweist dies[3] —, so wäre doch an und für sich denkbar, daß Aberkios auf seinem Wagen „den Paulos" gelesen hätte, genau so, wie der Kämmerer der äthiopischen Königin auf seinem Wagen „den Propheten Isaias" las[4]. Gegen die Auffassung Weymans spricht jedoch der folgende Halbvers, der Pistis personifiziert als Führerin faßt, dies legt nahe, daß auch Paulos als Person gedacht ist. Aber die Pistis ist kein Lebewesen, sondern ein Bild, so wird auch die Redeweise von Paulus eine bildliche sein können. Dürfen wir überhaupt an den Apostel denken?

„Daß von dem Apostel Paulus in keiner Weise die Rede sein kann, ist von anderen längst hinreichend ausgeführt und bedarf keines Wortes" meinte A. Dieterich in seiner apodiktischen Art[5]. Ähnlich G. Ficker: „Der Sinn mag sein: ich hatte einen Paulus

---

δ' ἔσχον συνοδίτην Παῦλον· ἔχων ἑπόμην." Er setzte also vor ἔχων eine starke Interpunktion und meinte, Aberkios hätte „überall den Paulus als Begleiter gehabt und in Gesellschaft mit Paulus (ἔχων d. i. Παῦλον συνοδίτην) sei er gefolgt (bzw. habe er gearbeitet), während ihm der Glaube vorausgegangen sei". Allein der Aorist ἔσχον steht dem entgegen und daß ἔχων ἑπόμην kein Meisterstück des Stils ist, mußte S. selber zugeben.

[1]) C. Weyman (Historisches Jahrbuch der Görresgesellschaft 16 [1895] 423). Auch O. Bardenhewer, Geschichte der altkirchlichen Literatur I[2] (Freiburg i. B. 1913) 492 meinte: „Nach Rom wie nach Syrien gibt eine Sammlung der Briefe des hl. Paulus Abercius das Geleite."

[2]) A. Dieterich, Die Grabschrift des Aberkios (Leipzig 1896) 49 A. 1.

[3]) Akten der Scilitanischen Martyrer 12 S. 33 Knopf[2]: „*Saturninus proconsul dixit: Quae sunt res in capsa vestra? Speratus dixit: Libri et epistulae Pauli viri iusti.*"

[4]) Apg. 8, 28: „καθήμενος ἐπὶ τοῦ ἅρματος αὐτοῦ καὶ ἀνεγίνωσκεν τὸν προφήτην Ἡσαΐαν."

[5]) A. Dieterich, Die Grabschrift des Aberkios (Leipzig 1896) 49.

zum Reisegefährten. Auf den Heidenapostel deutet nichts"[1]. Im Gegenteil alles. Aberkios fühlt sich als Missionar — nur so wird verständlich „überall warb ich mir Sinnesgenossen ($\sigma\nu\nu o\mu i\lambda o\nu\varsigma$)", nämlich im Westen und im Osten, „wobei ich Paulus auf dem Reisewagen hatte", d. h. zum Begleiter oder vielleicht besser zum Wagenlenker, zum Zielgeber, oder auch zum Vorbild und Beispiel hatte. Aberkios war nach Rom gekommen und hatte dann den Osten bis zum Euphrat durchwandert. Dies sind im allgemeinen die Wege des Apostels Paulus, der ja auch nach Gal. 1, 17 in die arabische Wüste kam und bis nach Rom (ja nach Spanien) gelangte. Seinen missionarischen Wirkungskreis kennzeichnete bereits 100 Jahre vor der Aberkiosinschrift Klemens von Rom mit den Worten: „zum Herold geworden im Morgenland und Abendland, erlangte er den ausgezeichneten Ruhm seines Glaubens, da er Gerechtigkeit lehrte die ganze Welt..."[2] Zu diesem Texte muß noch die sog. Epistola apostolorum gestellt werden, die fast gleichzeitig mit der Aberkiosinschrift unter besonderer Betonung Syrien als den Mittelpunkt der Paulinischen Heidenmission bezeichnet und dafür sogar einen biblischen Beweis durch ein Agraphon zu erbringen sucht[3]. Es bedarf wirklich „keines Wortes", um zu beweisen, daß die Worte bei Klemens und in der Epistola die gleiche Vorstellung enthalten, die in der Aberkiosinschrift zugrunde liegt[4]. Die von Ficker und Dieterich abgelehnte Deutung ist also die richtige. Paulus ist der Apostel.

12b. *Überall zog (mir) der Glaube voran.* Die von A. DIETERICH stark befürwortete und in den Text aufgenommene Lesart $N\tilde{\eta}\sigma\iota\varsigma$[5] hat in dem Befund des Steines keinen Halt. Die kleine Schräglinie, die D. in seiner Abschrift dem ersten Buchstaben gibt, ist nach der Beobachtung von F. CUMONT[6] und R. WÜNSCH[7] ein Fehler des Steins, nicht aber die Arbeit des Lapiciden. Die Folgerungen auf die

---

[1]) G. FICKER, Der heidnische Charakter der Abercius-Grabschrift S. 110.

[2]) Klemens von Rom I Ad Cor. 5, 6 (PA I², 106 FUNK).

[3]) C. SCHMIDT, Gespräche Jesu 101. Siehe oben S. 446.

[4]) Daß sich ein Bischof gerne in den Spuren des Apostels findet, ersieht man bereits aus Ignatius, Ad Ephesios 12, 2 (PA I², 222 FUNK); aber man empfindet den Abstand; vgl. Polycarp, Ad Phil. 3, 1. 2 (PA I², 298 FUNK). — Die Aberkiosvita 70 S. 50 Z. 1. 6; 80 S. 55 Z. 16 NISSEN läßt Aberkios wegen seiner weiten Missionsreisen zu Wasser und zu Land $\iota\sigma\alpha\pi\delta\sigma\tau o\lambda o\varsigma$ nennen.

[5]) A. DIETERICH, Die Grabschrift des Aberkios (Leipzig 1896) 9. 42 ff.

[6]) F. CUMONT in Revue de l'Instruction publique en Belgique 40 (1897) 93.

[7]) H. HEPDING, Attis, seine Mythen und sein Kult (RVV 1 [1903] 85; 188 A. 4).

Wassergöttin Nestis, die den Fisch spendet, fallen also dahin. *ΠΙΣΤΙΣ* stand auf dem Stein [1]. Mit dieser Lesart scheint sich die Wissenschaft allmählich abfinden zu wollen. So erklärte A. v. Domaszewski: „Die Lesung *πίστις* scheint mir den Vorzug zu verdienen, da im Gedicht kein Göttername genannt wird" [2]. Aber den heidnischen Charakter will man trotzdem nicht preisgeben. Ganz in den Bahnen von A. Dieterich deutet Domaszewski die Reise des Aberkios nach Rom als einen Besuch der von Elagabal gefeierten Götterhochzeit und die Reise nach Syrien als einen Besuch der heiligen Stätten der Sonnenreligion. Die *πίστις*, die ihn geleitet hat und die ihm freundliche Aufnahme bei Kultgenossen sicherte, soll die Religion von Emesa sein [3]. Neuestens spricht auch R. Reitzenstein noch von dem phrygischen Charakter der Aberkiosinschrift, in der *Πίστις* als führende Gottheit stehen soll [4]. *Πίστις* könnte von dem Zusammenhang der Inschrift gelöst, auch die Lehre eines antiken Kultes kennzeichnen [5]. Das Wort könnte an und für sich auch eine heidnische Personifikation darstellen, wie auch Paulos der Eingeweihte eines heidnischen Mysterienkultes sein könnte; lautet doch eine Weiheinschrift aus dem Demeterheiligtum von Pergamon: *Πίστει καὶ Ὁμονοίᾳ Λ. Καστρίκιος Παῦλος μύστης κατ᾽ ὄναρ* [6]. In diesem antik-heidnischen Texte, der dem Schriftcharakter nach in Hadrianische Zeit gehören kann, stehen die beiden Worte Paulos und Pistis zusammen und zwar in einem Lande, das von Phrygien nicht allzuweit abliegt. Auch sonst ist in der Antike die

---

[1] Die im Angesichte des Originals überarbeitete und so veröffentlichte Photographie bei J. Wilpert, Fractio panis (Freiburg i. B. 1895) Tafel XVII 2 zeigt vom ersten Schaft des *Π* etwas zuviel. Man muß natürlich, um in der Beurteilung nicht irre zu gehen, mit Wilperts Überarbeitung immer die Photographie vergleichen, die ich nach der für O. Marucchi gefertigten und von ihm freundlich überlassenen und von P. Styger übersandten Photographie auf Tafel L wiedergebe.

[2] A. v. Domaszewski, Die politische Bedeutung der Religion von Emesa (ARW 11 [1908] 227 A. 1). Wiederholt in Abhandlungen zur römischen Religion (Leipzig und Berlin 1909) 201 A. 1.

[3] A. v. Domaszewski a. a. O. 226f.; Abhandlungen 200f.

[4] R. Reitzenstein, Die hellenistischen Mysterienreligionen[2] (Leipzig-Berlin 1920) 94.

[5] Im Martyrium des Karpos, Papylos und der Agathonike S. 15 Gebhardt erklärt der kinderlose Papylos vor dem Richter, daß er viele Kinder habe. Darauf heißt es: „*εἷς δέ τις τῶν ἐκ τοῦ δήμου ἐβόησεν λέγων· κατὰ τὴν πίστιν αὐτοῦ τῶν Χριστιανῶν λέγει τέκνα ἔχειν.*" Danach scheint es, daß man antik auch gesagt hat: „Glaube der Mithrasdiener, der Attismysten usw."

[6] H. Hepding, Athenische Mitteilungen 35 (1910) 460 Nr. 42. Vgl. auch ebenda 459 Nr. 41: „*Ἀρετῆι καὶ Σωφροσύνηι Λ. Καστρίκιος Παῦλος μύστης κατ᾽ ὄναρ.*"

Verehrung der *Πίστις* bekannt. Wir wissen von einem *Πίστις*-Heiligtum in Athen[1], von der Weihung einer Pistis-Statue durch die römischen *Κομπεταλιασταί* auf Delos vom Jahre 97 v. Chr.[2], und eine Münze der epizephyrischen Lokrer zeigt die Bekränzung der *'Ρώμα* durch *Πίστις*, in der wir in diesem Falle die römische Fides zu erkennen haben[3]. In der den Orphischen Hymnen vorausgestellten *εὐχὴ πρὸς Μουσαῖον* wird V. 25 auch die Pistis genannt. Daß sie auch in den Äonenreihen der gnostischen Valentinianer begegnet[4], ist nur natürlich. Man wird die antiken Texte über Pistis noch häufen können[5] und wir haben keinen Grund, davor die Augen zu schließen. Wie ist aber die Pistis der Inschrift zu erklären? Bis zum Halbvers der *πίστις* hat sich alles völlig zwanglos aus der christlichen Kulturwelt erklärt. Wie steht es mit der *πίστις*? *Πίστις* ist in der Literatur des zweiten christlichen Jahrhunderts so stark betont, daß sie z. B. im Hirten des Hermas personifiziert erscheint und als Mutter der personifiziert gedachten Tugenden, der *'Εγκράτεια*, *'Απλότης*, *'Επιστήμη*, *'Ακακία*, *Σεμνότης* und *'Αγάπη* aufgefaßt wird[6]. Polykarp von Smyrna nennt die *πίστις* die Mutter der Christen[7], den gleichen Ausdruck gebraucht der Apologet Justin nach seinem auf einem amtlichen Protokoll beruhenden Gerichtsverhör[8]. Christlich-gnostische Kreise machten *Πίστις* sogar zu einer Bezeichnung Jesu und gebrauchten das Wort in einer Linie mit Logos[9]. Stärker kann man die personifizierte Redeweise nicht zum Ausdruck

---

[1]) Diogenianos, Proverb. 2. 80: „*ἱδρύσαντο γὰρ οἱ 'Αττικοὶ ἱερὸν Πίστεως.*"

[2]) W. DITTENBERGER, Sylloge II[3] Nr. 727: „*Κομπεταλιασταὶ γενόμενοι τὴν Πίστιν θεοῖς ἀνέθηκαν.*"

[3]) L. DEUBNER, Personifikationen bei Roscher III, 2140 und G. WISSOWA, Religion und Kultus der Römer[2] 134.

[4]) Irenaeus, Adversus haereses I 1, 1 (I 11 HARVEY): „*Παράκλητος καὶ Πίστις...*" Ebenso Hippolyt, Elenchos VI 30, 5 S. 157 Z. 20 WENDLAND.

[5]) Vgl. z. B. R. REITZENSTEIN, Die hellenistischen Mysterienreligionen[2] 94.

[6]) Hermas, Pastor, Visio III 8, 3—5 (PA I[2] 448 FUNK); Similitudo IX 15, 2 (PA I[2] 606 FUNK).

[7]) Polykarp, Ad Phil. 3, 2. 3 (PA I[2] 300 FUNK): „*δυνηθήσεσθε οἰκοδομεῖσθαι εἰς τὴν δοθεῖσαν ὑμῖν πίστιν, ἥτις ἐστὶν μήτηρ πάντων ἡμῶν...*"

[8]) Akten des Justinus 4, 8 S. 17 Z. 30 f. KNOPF[2]: „*Οἱ σοὶ γονεῖς ποῦ εἰσιν; ὁ δὲ ἀπεκρίνατο λέγων· 'Ο ἀληθινὸς ἡμῶν πατήρ ἐστιν ὁ Χριστός, καὶ μήτηρ ἡ εἰς αὐτὸν πίστις.*"

[9]) Johannesakten 98, 109 (AAA II 1, 200 Z. 9; 207 Z. 14 BONNET). Vgl. auch Petrusakten 20 (AAA I 68 Z. 14 LIPSIUS). Der Hinweis von A. HARNACK, Zur Aberciusinschrift 13 auf einen obskuren Paulus oder auf eine gnostische Syzygie Paulus-Pistis trägt nur einen „tollen Wirrwarr" in die Inschrift hinein.

bringen. Wenn man den Glauben die Mutter der Christen nennen konnte, wie man von Christus als Vater sprach, wenn man von der *Fides* sagen konnte, daß sie das unsterbliche Kleid uns gewebt hat [1], so ist doch auch eine Redeweise möglich wie „überall zog mir der Glaube voran". Das Bild ist nicht befremdender, als wenn gesagt wird, daß dem Glauben die Liebe voranzieht und die Hoffnung nachfolgt [2]. Chrysologus trug kein Bedenken, das Wort zu prägen: „*dux vitae istius fides est*" [3]. Dem bilderreichen Orientalen dürfen wir wohl Ähnliches zutrauen.

Der Begriff des Führers paßt gewiß auch auf einen Gott, erzählt uns doch Pausanias von einer Ἥρα ὁδηγός [4]. Aber auch von einem Feuer, das vorherziehend (προηγούμενον) dem Thrasybulos bis nach Munichia in stürmisch-dunkler Nacht den Weg zeigte, wußte die Antike zu erzählen [5]. Den Christen aber stand die Feuersäule vor Augen, die den Israeliten beim Auszug aus Ägypten nach Exodus 13, 21. 22 voranzog. Klemens von Alexandrien stellt die Feuersäule dem Feuer des Thrasybulos gegenüber [6]. Der Orientale dachte bei voranziehendem Feuer an das Zeremoniell der Fürsten, denen ein Feuer- oder Lichtträger vorausschritt. Ein gutes Beispiel bieten die Thomasakten: Mygdonia begegnete dem Apostel Thomas und erschrak. „Sie glaubte nämlich, er sei einer von den Fürsten, viel Licht ging nämlich vor ihm her (φῶς γάρ τι πολὺ προηγεῖτο αὐτοῦ)" [7]. Hier haben wir die gleiche Ausdrucksweise, wie sie in unserer Inschrift begegnet; dies ist nicht verwunderlich, denn man sprach ja von dem Glauben als dem Lichte der Welt [8]. Ein merkwürdiger Zufall will es, daß eine ganz ähnliche Rede-

---

[1] Zu dieser Redeweise vgl. z. B. noch Prudentius, Psychomachia 364—366:
„*Post immortalem tunicam quam pollice docto*
Texuit alma Fides, dans impenetrabile tegmen
Pectoribus lotis, dederat quibus ipsa renasci."

[2] Vgl. Polykarp, Ad Phil. 3, 3 (PA I² 300 Funk).

[3] Chrysologus, Sermo 110. Hinweis von C. Weyman in Histor. Jahrbuch 16 (1895) 123.

[4] Pausanias II 11, 2 (I 153 7. 8 Spiro).

[5] Klemens von Alexandrien, Stromata I 24 § 163, 1—3 (GCS: Clem. II 102 Stählin).

[6] Klemens von Alexandrien a. a. O.

[7] Acta Thomae 118 (AAA II 2, 228 Z. 20 Bonnet). Anderes derart wird *Lumen Christi* bringen.

[8] Klemens von Alexandrien, Stromata IV 9 § 80, 3 (GCS: Clem. II 283 Z. 30 f. Stählin): „ἀλλὰ γὰρ ἡ ἡμετέρα πίστις, φῶς οὖσα τοῦ κόσμου, ἐλέγχει τὴν ἀπιστίαν."

weise wie in der Aberkiosinschrift in einer griechischen Inschrift aus der Priszillakatakombe in Rom wiederkehrt. Hier liest man in metrischer Form:

$$Μαρίτιμα \ σεμνὴ \ γλυκερὸν \ φάος \ οὐ \ κατέλειψας$$
$$ἔσχες \ γὰρ \ μετά \ σου \ \text{[Anker mit zwei Fischen]} \ πανάθανατον \ κατὰ \ πάντα,$$
$$εὐσέβεια \ γὰρ \ σὴ \ πάντοτέ \ σε \ προάγει.$$

Hehre Maritima, das süße Licht hast du nicht verlassen,
du erhieltst ja ein durchaus unsterbliches (Licht)[1];
denn deine Frömmigkeit zieht dir überall voran.

In der zweiten Zeile möchte man unter dem unsterblichen Licht Christus vermuten, der ja auch sonst als Licht der Toten in Grabschriften genannt wird[2], aber auch in der Literatur als Licht der Seele erscheint[3]. Doch scheint eine andere Auffassung dem Text

---

[1] G. B. DE ROSSI, Inscriptiones II, 1 p. XXVII meinte zu πανάθανατον: „Quod tametsi construi possit cum versu praecedente et voce φάος (lumen), proprius tamen referendum esse ad IXΘYN fontem spei vitae aeternae, quem appicta symbola graphice designant, I. B. Pitra sagaciter vidit et Kirchhoffius necessarium iudicat »ut sententia sibi constet«.“ J. WILPERT, Principienfragen der christlichen Archäologie (Freiburg i. B. 1889) 71 schreibt dies nach. In Fractio panis (Freiburg i. B. 1895) 86 übersetzt er: „Du hast das süße Licht nicht verlassen; denn du hattest ja bei dir den IXΘYC, den immerdar unsterblichen.“ Nach Wiedergabe des griechischen Textes wird beigefügt: „Diese Worte sind eine große Versuchung, zu vermuten, daß in dem letzten Verse unserer Inschrift der IXΘYC erwähnt war.“ Der Versuchung entgeht man, wenn man philologisch und sinngemäß in der zweiten Zeile φάος ergänzt, was die Flaviainschrift mit ihrem φάος ἄφθιτον ὄντως geradezu aufdrängt. Da die Verse in sich völlig klar sind, ist es nicht nötig, ein dem Gedanken nach fremdes Bild einzuführen. Der „Fisch“ ist keine „Leuchte“. — H. LECLERCQ hat in seiner vielfach recht unzuverlässigen Inschriftensammlung in MEL I 64* Nr. 3284 in der Transskribierung der Inschrift an Stelle des Ankers mit den Fischen $I \cdot X \cdot Θ \cdot Y \cdot C \cdot$ eingesetzt! — S. SCAGLIA O. C. R., Notiones archaeologiae christianae II 1 (Romae 1909) 171 übersetzt: „. . . habebas in omnibus piscem omnino immortalem . . .“ und schreibt wie Wilpert De Rossi aus. Es ist Zeit, gegen diesen sich bildenden unanimis consensus archaeologorum Stellung zu nehmen. Die oben S. 30 A. 2 kundgegebene Erfahrung mahnt zur Vorsicht.

[2] Vgl. die Pektoriosinschrift von Autun, wo Christus genannt wird φῶς τὸ θανόντων. Besonders nahe kommt der Maritimainschrift die Grabschrift des Petronius Probus vom Jahre 393 (Carmina latina epigraphica II 631 Nr. 1347 A Z. 13 f. BÜCHELER):
„Nunc propior Christo sanctorum sede potitus
luce nova frueris, lux tibi Christus adest.“

[3] Cyprian, De dominica oratione 35 (CSEL III 1, 293 Z. 22—24 HARTEL): „Quando enim sine lumine est cui lumen in corde est? Aut quando sol ei et dies non est cui sol et dies Christus est?“

entsprechender. Die Inschrift wendet sich gegen eine antike Grab-schriftformel, die von einem Verlassen des Sonnenlichts sprach[1]; der Christin schreitet ein Licht ins Jenseits voran, ihre *εὐσέβεια*[2]. Dies entspricht durchaus der *πίστις*-Symbolik bei Klemens. Genau in dem Sinne von *εὐσέβεια προάγει* ist *πίστις προῆγεν* in der ge-hobenen Sprache der Aberkiosinschrift gemeint. Dabei mag noch der Gedanke des führenden Lichtes dem Verfasser vorgeschwebt haben, sprach man doch gerade in Kleinasien auch vom Glauben als Sieger, der mit seinem (voran-)leuchtenden Lichte die Ge-spenster des Bösen vom Herzen verscheucht[3]. Der Glaube zog Aberkios voran, darum war er so erfolgreich, daß er viele Sinnes-genossen erwarb. Denn „dies ist der Sieg, der die Welt überwunden hat, unser Glaube“ heißt es schon I Joh. 5, 4. Auch die Formel *πίστις προῆγεν* ist aus der christlichen Geisteswelt völlig verständ-lich und in Übereinstimmung mit den vorher und nachher ent-wickelten Gedanken.

§ 3.

Das Fischmysterium der Aberkiosinschrift
als Symbol der Eucharistie.

13. *Und (der Glaube) setzte vor als Speise an jeglichem Ort*
(den) Fisch von der Quelle,
14. *überaus groß (und) rein, den gefangen eine reine Jungfrau.*

Die Formel *ὃν ἐδράξατο παρθένος ἁγνή* ist zunächst wörtlich aus dem Fischersport entnommen im Sinne: „den eine heilige (reine) Jungfrau gefangen hat“. Nicht ein gewöhnlicher Fischer hat diesen großen reinen Fisch gefangen. Dabei ist die vielfach zutage tretende Verachtung des Fischerstandes im Morgenlande[4] in Rechnung zu

---

[1] F. TH. WELCKER, Sylloge epigrammatum graecorum[2] (Bonnae 1828) 86 Nr. 58 (ein Mysterienpriester): „*νῦν ἔλιπον σεμνόν, γλυκερὸν φάος ἠελίοιο.*“ — 104 Nr. 72: „*. . . ἐκ προλιπὼν γλυκερὸν φάος ἀελίοιο.*“ — 118 Nr. 91: „*κοὐκέτι σοι φάος ἠελίοιο.*“

[2] Zur Definition vgl. Klemens von Alexandrien, Stromata II 9 § 45, 6 (GCS: Clem. II 137 Z. 13 STÄHLIN): „*εὐσέβεια** ἔστι πρᾶξις ἑπομένη καὶ ἀκόλου-θος θεῷ.*“ Sonst ist die antike Fassung *ἐπιστήμη θεῶν θεραπείας*, die bei Klemens, Stromata II 5 § 21, 4 (II 123 STÄHLIN) anklingt. Vgl. die Belege bei STÄHLIN.

[3] Methodius von Olympus, Symposion VIII 4 § 180 S. 85 Z. 10 ff. BONWETSCH: „*νικάτω γὰρ ἡ πίστις πάντῃ, καὶ ἀπωθείσθω τὸ φῶς αὐτῆς τὰ φερό-μενα τοῦ πονηροῦ περὶ τὴν καρδίαν φάσματα.*“

[4] Vgl. die überaus kennzeichnenden Urteile der Kirchenschriftsteller bei F. DIEKAMP, Hippolytos von Theben (Münster i. W. 1898) 115. Besonders stark

stellen. Die Betonung, daß eine reine Jungfrau den Fisch gefangen, läßt den Anschluß dieser Redeweise an antike Kultsprache nicht verkennen. Kultisch reine, noch mehr aber heilige Fische dürfen nur von geheiligten Personen gefangen und angefaßt werden. Pausanias gibt uns ein typisches Beispiel für die Ῥειτοί-Gewässer zwischen Eleusis und Athen, die den beiden Göttinnen von Eleusis, Demeter und Kore, heilig waren. Die darin lebenden Fische zu fangen war darum nur den Priestern gestattet[1]. Der ganze Gedankengang unserer Inschrift zielt nach dem Schlußsatz ταῦθ' ὁ νοῶν darauf ab, daß die Worte etwas anderes bedeuten, als sie im natürlichen Sprachgebrauch sagen: auch der Fischfang bedeutet etwas anderes. Fischfang ist in der Antike Bild für Empfängnis. Einen besonders deutlichen Beleg dafür finde ich im ersten christlichen Jahrhundert bei Philo von Alexandrien, wo von einem συλλαμβάνειν καθάπερ δικτύῳ καὶ θηρεύειν, also von einem „Empfangen wie in einem Netze" die Rede ist[2]. Da nach Tertullian die Bezeichnung Jesu als Fisch im griechischen Osten in der zweiten Hälfte des zweiten Jahrhunderts bekannt war[3], andererseits die jungfräuliche Empfängnis Jesu durch Maria zum urchristlichen Glauben gehörte[4], so ist eine weitere Erörterung nicht mehr nötig.

ist die Verachtung des Fischerstandes ausgeprägt im Johannesbuch der Mandäer am Euphrat. Vgl. M. LIDZBARSKI, Das Johannesbuch der Mandäer. Gießen 1915. Nach S. XVI ist L. der Meinung, daß die Anfänge der mandäischen Religion im Westen liegen und daß sie „ihre wesentliche Ausbildung bei Juden oder judaisierenden Sekten erhalten hat".

[1] Pausanias I 38, 1 (I 102 Z. 1—3 SPIRO): „Λέγονται δὲ οἱ Ῥειτοὶ Κόρης ἱεροὶ καὶ Δήμητρος εἶναι, καὶ τοὺς ἰχθῦς ἐξ αὐτῶν τοῖς ἱερεῦσιν ἔστιν αἱρεῖν μόνοις." Zum Fischopfer in Eleusis vgl. oben S. 317; 318; 334.

[2] Philo, De Cherubim 57 (I 184 Z. 5—11 COHN): „ὅταν ὁ ἐν ἡμῖν νοῦς — κεκλήσθω δὲ Ἀδάμ — ἐντυχὼν αἰσθήσει, παρ' ἣν ζῆν δοκεῖ τὰ ἔμψυχα — καλεῖται δὲ Εὔα —, [συνουσίας ἴσης ὀρεχθεὶς] πλησιάζῃ, ἡ δὲ συλλαμβάνῃ καθάπερ δικτύῳ καὶ θηρεύῃ τὸ ἐκτὸς αἰσθητόν ... συλλαβοῦσα ἐγκύμων τε γίνεται καὶ εὐθὺς ὠδίνει καὶ τίκτει κακῶν ψυχῆς τὸ μέγιστον, οἴησιν."

[3] Tertullian, De baptismo 1 S. 2 LUPTON: „Sed nos pisciculi secundum IXΘΥΝ nostrum Jesum Christum in aqua nascimur."

[4] Für Kleinasien in der Zeit vor der Aberkiosinschrift sei nur verwiesen auf Ignatius von Antiochien, Ad Smyrnaeos 1 (PA I² 276 FUNK): „γεγεννημένον ἀληθῶς ἐκ παρθένου." — Ad Ephesios 19, 1 (PA I² 228 FUNK). Vgl. auch Justin, Dialog 85, 2 S. 197 GOODSPEED: „διὰ παρθένου γεννηθέντος." Zur starken Betonung dieses Glaubens in der alten Beschwörung vgl. z. B. ein religionsgeschichtlich wertvolles Phylakterion der Universitätsbibliothek zu Kristiania, bei S. EITREM und A. FRIDRICHSEN, Ein christliches Amulett auf Papyrus (Kristiania 1921) 3: „ὁ τεχθεὶς ἐκ τῆς ἁγίας παρθένου Μαρίας."

Meine frühere Deutung der $\pi\alpha\varrho\vartheta\acute{\varepsilon}\nu o\varsigma$ $\dot{\alpha}\gamma\nu\acute{\eta}$ auf die Kirche [1] kommt gegen diese vereinfachte und natürlichere Erklärung kaum noch in Betracht. Folgerichtig hat auch die Wortgruppe $\dot{\alpha}\pi\grave{o}$ $\pi\eta\gamma\tilde{\eta}\varsigma$ nicht die Bedeutung Taufe, obschon ich anderwärts $\pi\eta\gamma\acute{\eta}$ = Taufe erweisen konnte. „Fisch von der Quelle" lenkt die Aufmerksamkeit des nichteingeweihten Lesers zunächst auf die heiligen Tempelgewässer und heiligen Quellen mit den heiligen Fischen, die gerade in Kleinasien so häufig bezeugt sind [2]. Der Fisch von der Quelle betont den reinen Fisch, wie er ja noch einmal besonders in dem Beiwort $\varkappa\alpha\vartheta\alpha\varrho\acute{o}\nu$ gekennzeichnet wird. Von nicht reinen Meerschlammfischen, die nur für Opfer an Totenreichsgötter und Tote geeignet sind, haben wir ja genug gehört [3]. Der $i\chi\vartheta\acute{v}\varsigma$ $\dot{\alpha}\pi\grave{o}$ $\pi\eta\gamma\tilde{\eta}\varsigma$ stellt kultisch einen Gegensatz dazu dar. Vielleicht werden wir aber noch weiter gehen müssen und unter $\pi\eta\gamma\acute{\eta}$ das Element „des himmlischen Fisches" verstehen dürfen [4], aus dem der $i\chi\vartheta\acute{v}\varsigma$ „mit der Angel der Gottheit" gefangen wurde, wie es im Religionsgespräch am Sassanidenhof, jedenfalls auf Grund überlieferter Deutung heißt [5]. Wem dies nicht genügt, der könnte noch etwas weiteres beachten. Nach alter, bei Justin und Irenäus vorliegender Theologie ist der Logos die eigentliche Wirkursache der Menschwerdung Christi. Wenn er in der Theologie jener Zeit Quelle genannt wurde, dann könnte auch diese Deutung in Rechnung gestellt werden. Nun bringt die **Doctrina patrum** unter den 187 Namen des Erlösers unter Nr. 148 den Namen $\Pi\eta\gamma\acute{\eta}$ [6]. Die Bezeichnung erscheint schon unter den 27 Namen bei **Eusebius** als „Quelle des Lebens" [7]. Der Name ist aber noch viel älter, denn **Klemens von Alexandrien** spricht von „unserem Heiland, dem Logos, der lebenspendenden Quelle" [8]. Die $\pi\eta\gamma\grave{\eta}$ $\zeta\omega\tilde{\eta}\varsigma$ in Ps. 35, 10 ist demnach schon im 2. Jahrhundert auf Christus angewendet worden [9]. Weiter wären

---

[1] DÖLGER, $IX\Theta Y C$ I 95 ff.

[2] Smyrna oben S. 175 A. 4; Lydien S. 177 A. 2; Quelle des Labrandäischen Zeus S. 177 A. 3. 4; Sura S. 341 A. 8.   [3] Siehe oben S. 328 ff.

[4] So bereits völlig richtig TH. ZAHN, Avercius Marcellus von Hieropolis (Forschungen zur Geschichte des neut. Kanons V 81).

[5] Vgl. oben S. 254 A. 1.

[6] **Doctrina patrum** 38 S. 290 DIEKAMP.

[7] **Eusebius**, De ecclesiastica theologia I 20 § 100 (GCS: Euseb. IV 96 Z. 30 KLOSTERMANN).

[8] **Klemens von Alexandrien**, Protreptikos X § 110, 3 (GCS: Clem. I 78 Z. 22 STÄHLIN): „$\sigma\omega\tau\grave{\eta}\varrho$ $\dot{\eta}\mu\tilde{\omega}\nu$ $\lambda\acute{o}\gamma o\varsigma$, $\pi\eta\gamma\grave{\eta}$ $\zeta\omega o\pi o\iota\acute{o}\varsigma$."

[9] Der Name „Quelle" für den Logos wird noch älter sein. Vgl. die Belege bei A. JACOBY, $\dot{}A\nu\alpha\tauo\lambda\grave{\eta}$ $\dot{\varepsilon}\xi$ $\ddot{v}\psi o v\varsigma$ [Z. f. n. W. 20 (1921) 210 und 214].

noch die Spekulationen über die Trinität zu beachten, in denen Gott Vater als *fons,* der Sohn als *flumen* und der Hl. Geist als *rivus* bezeichnet wurde, wie uns Tertullian in seiner Schrift gegen den kleinasiatischen Praxeas bekundet[1]. Gott als $\pi\eta\gamma\acute{\eta}$ würde dem $\grave{\iota}\chi\vartheta\acute{\upsilon}\varsigma$ $\grave{\alpha}\pi\grave{o}$ $\pi\eta\gamma\tilde{\eta}\varsigma$ noch besser gerecht wie der Logos als $\pi\eta\gamma\acute{\eta}$. Mir kommt es aber vor, als ob wir mit einer so genau präzisierten Deutung der $\pi\eta\gamma\acute{\eta}$ auf den Logos dem ursprünglichen Sinn des Textes etwas mehr zumuteten als notwendig wäre. Der Fisch von der Quelle betont wie $\varkappa\alpha\vartheta\alpha\varrho\acute{o}\varsigma$ die Reinheit, die durch die $\pi\alpha\varrho\vartheta\acute{\epsilon}\nu o\varsigma$ $\grave{\alpha}\gamma\nu\acute{\eta}$, die den Fisch fängt, noch einmal unterstrichen wird.

„Der sehr große Fisch" konnte für den Nichtgeweihten das ausgesuchte Exemplar der feinen Tafel sein, wie dies die herausgebildete Sitte der römisch-griechischen Kultur damals verlangte[2]. Ein Verehrer der syrischen Atargatis, deren Kult ja bis an die Inseln des westlichen Kleinasien reichte, mochte beim Lesen der Inschrift sich an die Opferfische erinnern, die der Göttin auf den Altar gelegt und dann von den Priestern gegessen wurden[3]. Auch im Kulte der Thrakischen Reiter wurde der Göttin Artemis-Bendis ein großer Fisch als Opfer dargebracht und, wie die einschlägigen Denkmäler bekunden[4], im (anschließenden) Mysterienmahl verzehrt. Wenn wir von unserer Kenntnis des syrischen Kultes ausgehen dürfen, handelte es sich dabei um eine wirkliche Fischspeise, die geopfert und gegessen wurde. Daß der Fisch in diesen Kulten eine Gottheit gesinnbildet hätte, wissen wir bis heute nicht. Aber aus der christlichen Vorstellung jener Zeit ist uns „der sehr große, reine Fisch, den eine reine Jungfrau gefangen hat", völlig bekannt. Für den Getauften war es Christus; Tertullian fand diese Bezeichnung für griechischen Kulturbereich bereits vor[5], da er die Christen als kleine Fischchen *(pisciculi)* in Vergleich setzt zu dem

---

[1] Tertullian, Adversus Praxean 8 (CSEL 47, 239 Z. 7—9 KROYMANN): *„Tertius enim est spiritus a deo et filio, sicut tertius a radice fructus e frutice et tertius a fonte rivus ex flumine et tertius a sole apex ex radio."* Vgl. noch die Nachwirkung bei Prudentius, Apotheosis 78 ff. S. 87 DRESSEL:
> *„Visibilis de fonte Deus, non ipse Dei fons*
> *visibilis, cerni potis est, qui nascitur, at non*
> *innatus cerni potis est."*

[2] Darüber bei der Behandlung der Mahlszenen in *ΙΧΘΥC* IV. Bd.

[3] Vgl. oben S. 184 A. 2.

[4] Siehe oben S. 426, Gruppe IV.

[5] Tertullian, De baptismo 1 S. 2 LUPTON. Siehe oben S. 487 A. 3.

*IX*Θ*YC* Jesus Christus [1]. Der Vergleich fordert notwendig als Voraussetzung die Bezeichnung Christi als ἰχϑὺς μέγας oder παυμεγέϑης. Es scheint mir kein Zufall zu sein, daß Tertullian die Schrift über die Taufe, in der die Bezeichnung Jesu als *IX*Θ*YC* vorkommt, zuerst in weiterer Ausführung griechisch herausgegeben hatte [2]. Da Tertullian in der gleichen Schrift auf die in Kleinasien verfaßten griechischen Paulusakten Bezug nimmt [3], ist es für mich wahrscheinlich, daß er auch sonst noch auf die griechisch-christliche Literatur Kleinasiens Rücksicht nimmt und zwar gerade in dem Satz, der uns das griechische *IX*Θ*YC* in dem lateinischen Buch beschert. Nun wissen wir von einer griechischen Schrift, die den gleichen Titel trägt, wie das Buch Tertullians, ich meine Περὶ λουτροῦ des Bischofs Melito von Sardes [4]. Bei diesem christlichen Schriftsteller Kleinasiens, den Tertullian gut kannte und wegen seines deklamatorischen Stils bespöttelte [5], wird schon das Wort vom „großen Fisch Christus" gestanden haben.

Nur I. SCHEFTELOWITZ bringt es fertig, den „großen Fisch" der Aberkiosinschrift mit der jüdischen Vorstellung vom Leviathan in Verbindung zu bringen und den Leviathan als einen reinen Fisch zu erweisen [6]. Aber der Leviathan ist ein Ungeheuer, das man sogar Schlange und Drache nannte und in christlichen Kreisen des zweiten Jahrhunderts als Sinnbild des Teufels auffaßte [7]. Zum

---

[1]) V. SCHULTZE, *IX*Θ*YC* (Greifswald 1912) 8 verkennt diese Seite des Textes, wenn er meint, hier sei wohl die Kürzung als bekannt und verstanden vorausgesetzt, von dem Bilde selbst sei nicht die Rede. Vgl. dagegen F. J. DÖLGER, Zum altchristlichen Fischsymbol (Theologische Revue 13 [1914] 21).

[2]) Tertullian, De baptismo 15 S. 42 Z. 9 f. LUPTON: *„Sed de isto plenius iam nobis in Graeco digestum est."*

[3]) Tertullian, De baptismo 17 S. 48 f. LUPTON.

[4]) Vgl. zu dieser Schrift DÖLGER, Sol Salutis 264—267.

[5]) Vgl. DÖLGER, Sol Salutis 264 A. 2.

[6]) I. SCHEFTELOWITZ, Das Fischsymbol im Judentum und Christentum (ARW 14 [1911] 1—53 ff., besonders S. 7).

[7]) Im Buche Job 40, 25—41, 26 wird Gottes furchtbare Macht zum Ausdruck gebracht durch den Hinweis auf eines seiner Geschöpfe, den Leviathan, den man nicht wie einen Fisch mit der Angel fangen kann und nicht mit einer Binse zum Markte trägt, den man nicht behandelt wie ein Spielzeug usw. Der Leviathan ist also ein gefährliches Wesen, ein Wesen, das Furcht und Schrecken bereitet. „Auf seinem Nacken lagert Kraft und vor ihm her springt die Angst" (41, 14). Bei Job 3, 8 ist Leviathan der Drache (LXX = μέγα κῆτος), den die Beschwörer reizen. Vgl. Ps. 104, 26, wo das hebräische Leviathan von der LXX (Ps. 103, 26) mit δράκων wiedergegeben wird. Der Leviathan ist die gottfeindliche Schlange, die im Messiasreich von Gott getötet wird. Isaias 27, 1: „An jenem Tage wird

Sinnbilde des Messias kann der Leviathan nur durch die bedenk-
lichsten Mißdeutungen der einschlägigen Texte gemacht werden —
in einer Quelle hat das „aus dem Meere" emporsteigende [1] Ungeheuer zudem keinen Platz. Die Herleitung des christlichen Fischsymbols „aus urjüdischem volkstümlichen Vorstellungskreise" [2], wie
sie Sch. versucht hat, ist nicht geglückt.

>   15. *Und diesen gab er den Freunden zum Mahle immerdar,*
>   16. *habend süßen Wein, Mischwein bietend mit Brot.*

Die Konstruktion ist diese: Πίστις προῆγεν — καὶ παρέθηκε — καὶ
ἐπέδωκε. Der Sinn ist also „Und diesen (den Fisch) gab (der
Glaube) den Freunden zu essen überall, süßen Wein habend, Mischwein gebend mit Brot". Der Satz ὃν ἐδράξατο παρθένος ἀγνή ist,
wie bereits hervorgehoben, als Epitheton zu dem ἰχθὺς καθαρός
zu stellen und damit als abgeschlossen zu betrachten. Das ἐπέδωκε
greift auf παρέθηκε zurück und verlangt das gleiche Subjekt.
Κέρασμα wird von der russischen Überlieferung zu Wein bezogen,
zu dem es ja auch gehört. Nach der Formel „der Glaube zog
voran" steht alles unter dem Gesichtspunkt einer Reise, die mit
ihren Zurüstungen und Unterbrechungen vor dem Geiste des nichteingeweihten Lesers steht. Dieser mochte an den freudigen Empfang
bei den Freunden denken, an das festliche Freundschaftsmahl mit
dem großen Fisch im Mittelpunkt und dem guten Wein, der dazu
gehört. Fisch und Wein zusammen zu nennen, war der Antike
geläufig [3]. Das heute noch lebendige Sprichwort: „Der Fisch will

---

heimsuchen Jahve mit seinem harten und großen und gewaltigen Schwerte den
Leviathan, die flüchtige Schlange, und den Leviathan, die gewundene Schlange,
und wird erwürgen das Wassertier." Ganz entsprechend wird das hier von der
LXX gebrauchte Wort σκόλιος ὄφις in frühchristlicher Zeit auf den Teufel ange-
wendet; vgl. den Martyrerbericht von Lugdunum bei Eusebius KG V 1, 47 (GCS:
Eus. II 1, 418 Z. 17 SCHWARTZ). Damit richtet sich von selbst, was SCHEFTE-
LOWITZ a. a. O. 53 sagt: „Das Fischsymbol des christlichen Heilands geht . . . auf
den jüdischen Leviathan zurück, der unter dem Einfluß des Tierkreisbildes der
»Fische« in engen Zusammenhang mit dem Messias gebracht wurde und so schließlich mit ihm zu einer Person verschmolz." — Als ich R. WÜNSCH, dem damaligen
Herausgeber des ARW mein Befremden über eine solche Religionsgeschichte aus-
sprach, senkte er bedenklich den Kopf; was er sagte, fand ich begreiflich. Für
die archäologischen Ausführungen von Sch. habe ich mir Fragezeichen angemerkt
für S. 21; 23; 24; 26; 27; 28; 29; 30; 33; 34 f.; 37 usw.

   1) Baruchapokalypse 29, 4 (II 423 KAUTZSCH).
   2) SCHEFTELOWITZ a. a. O. 2.
   3) Plutarch, Amatorius 4 (IV 401 BERNARDAKIS): Der Philosoph Aristippos war dem Zauber der berühmten korinthischen Hetäre Laïs erlegen. Da nun

schwimmen" hatte als Aufforderung zum Weintrinken schon im Altertum seine Gültigkeit [1]. Vielleicht dachte auch der profane Leser bei Brot und Wein an die Wegzehrung (viaticum, ἐφόδιον) der antiken Kultur, wie sie öfter bei Homer zur Darstellung kommt. Z. B. Odyssee 5, 165 f., wo die Nymphe die Reiseausrüstung des Odysseus in die Worte faßt:

>„αὐτὰρ ἐγὼ σῖτον καὶ ὕδωρ καὶ οἶνον ἐρυθρὸν
>ἐνθήσω μενοεικέ᾽, ἅ κεν τοι λιμὸν ἐρύκοι"[2].

Zum mystischen Verständnis des Inschrifttextes ist die Konstruktion zu beachten, die die Verbalform ἐπέδωκε durch die Partizipien ἔχουσα und διδοῦσα erklärt; wir haben eine volle Gleichung, die sich graphisch so darstellen läßt:

καὶ τοῦτον (sc. ἰχθὺν ἀπὸ πηγῆς,   οἶνον χρηστὸν ἔχουσα κέρασμα δι-
παμμεγέθη καθαρὸν κτλ.) ἐπέδωκε   =   δοῦσα μετὰ ἄρτου.
φίλοις ἐσθίειν διὰ παντός

Es darf also nicht übersetzt werden „Fisch ... dazu auch Wein und Brot"[3], sondern Fisch = Wein und Brot. Der Fisch, der in so umständlicher, über drei Zeilen hin ausgedehnter Beschreibung gekennzeichnet wird, ist das Mysterium, für das die Zeile 16 die sinnenfällige, für den Nichtgeweihten rein äußerlich erfaßte Erscheinung ist[4]. Der οἶνος χρηστός[5] erinnert an den „alten, angenehm zu trinkenden Wein" bei Homer[6]. Das Beiwort χρηστός wird bei Luk. 5, 39 dem alten Wein gegeben. In unserer Inschrift

jemand dem Aristippos sagte, Laïs empfinde ja keine Liebe für ihn, entgegnete der Philosoph, „nach seiner Meinung liebe ihn auch der Wein und der Fisch nicht, aber gleichwohl genieße er beide mit Vergnügen".

[1]) Petronius, Saturae 39, 2 S. 26 BUECHELER[4]: *„Is ergo reclinatus in cubitum „hoc vinum" inquit »vos oportet suave faciatis. Pisces natare oportet«."*

[2]) Vgl. noch Odyssee 5, 265 ff. Hier werden genannt Wein, Wasser und Zukost (ὄψα); 4, 746 (σῖτον καὶ μέθυ ἡδύ); 13, 69; 3, 479 (σῖτος, οἶνος, ὄψα).

[3]) So z. B. Th. Zahn, Eine altchristliche Inschrift und ihre jüngsten Ausleger (Neue kirchl. Zeitschr. 6 [1895] 868); besonders aber J. Wilpert, Fractio panis (Freiburg i. B. 1895) 127; auch O. Casel, Die Liturgie als Mysterienfeier (Freiburg i. B. 1922) 143.

[4]) Richtig A. Scheiwiler, Die Elemente der Eucharistie in den ersten drei Jahrhunderten (Mainz 1903) 121: „Die Partizipialkonstruktionen ἔχουσα und διδοῦσα geben die vermittelnde Art und Weise an, wie der Glaube den ᾿Ιχθύς darbietet."

[5]) Das χρηστός gehört zu οἶνος, nicht zu κέρασμα, wie A. Dieterich's Übersetzung „Wein in guter Mischung" voraussetzt.

[6]) Homer, Odyssee 2, 340: „πίθοι οἴνοιο παλαιοῦ ἡδυπότοιο"

scheint aus besonderer Absicht das Beiwort gewählt zu sein. Durch Cyrill von Jerusalem erfahren wir, daß vor dem Empfang der Eucharistie der Vers Psalm 33, 9 gesungen wurde: „γεύσασϑε καὶ ἴδετε ὅτι χρηστὸς ὁ κύριος" [1]. *Gustate et videte, quoniam suavis est Dominus* übersetzt die Vulgata. Im Griechischen wird hier das gleiche Wort χρηστός von dem Herrn ausgesagt wie in unserer Inschrift; dabei mag man im Auge behalten, daß χρηστός in der Aussprache vielfach wie Χριστός anklang, so daß sogar in christlichen Inschriften Χρηστός für Χριστός gesetzt wurde [2]. Κέρασμα ist zunächst der Mischtrank. Wie es Thrakerart war, aus großen Humpen und ohne abzusetzen zu trinken [3], so war es auch Barbarensitte, den Wein ungemischt zu trinken [4]. Für Griechen und Römer entsprach es der feinen Sitte, den Wein mit Wasser gemischt zu trinken und zwar so, daß das Wasser immer den größeren Teil ausmachte [5]. Damit hing es auch zusammen, daß in der älteren Zeit das Wasser zuerst in den Becher gegossen wurde [6]. Die

---

[1]) Cyrill von Jerusalem, Catech. mystag. V 20 (II 392 RUPP). Vgl. dazu Apostolische Konstitutionen VIII 13, 16 (I 518 FUNK). Die eucharistische Verwendung des Verses ist schon angedeutet in I. Petr. 2, 3. Deutlicher Klemens von Alexandrien, Stromata V 10 § 66, 2f. Dazu DÖLGER, Mysterienwesen und Urchristentum (Theol. Rev. 15 [1916] 391). Zu *Christi dulcedo* siehe Cyprian, De zelo 17.

[2]) Siehe oben S. 261 A. 4. Die Zeugnisse könnten stark vermehrt werden.

[3]) Vgl. dazu L. MALTEN, Aus den Aitia des Kallimachos (Hermes 53 [1918] 148. 153. 156). Man vgl. dazu die Reitertäfelchen mit den großen (Wein-)Gefäßen.

[4]) Herodot VI 84: „Σκύϑῃσι δὲ ὁμιλήσαντά μιν ἀκρητοπότην γενέσϑαι." — Für Skythen, Kelten, Iberer und Thraker Plato, Leges I p. 637 DE, danach Klemens von Alexandrien, Paedagog II 2 § 32, 1 (I 175 STÄHLIN). Das Trinken ungemischten Weines berichtet Ammianus Marcellinus XV 12 § 4 von den Galliern, sodaß es sogar sprichwörtlich wurde: „Die Gallier würden später (den Wein) etwas dünner trinken."

[5]) Plutarch, Quaestiones convivales III 9. Die alte Zeit war nüchterner. Man trank den Wein in einer Mischung von ein Teil Wein und zwei Teilen Wasser, also im Verhältnis 1 : 2. Zur Zeit Plutarchs erachtete man als beste Mischung: zwei Teile Wein und drei Teile Wasser, also Verhältnis 2 : 3. Vgl. noch besonders ausführlich Athenaios X 27. 28. 29 (II 426f. KAIBEL), wo die verschiedensten Mischungsverhältnisse aus der älteren Literatur belegt werden. Vgl. dazu MAU, Comissatio bei PAULY-WISSOWA RE IV 1, 613. Gleiche Teile Wasser und Wein soll beim Brüderschaftstrank üblich gewesen sein. Vgl. K. KIRCHER, Die sakrale Bedeutung des Weines im Altertum (RVV IX 2 [Gießen 1910] 66). Die allgemein übliche Mischung macht verständlich, daß das Wort κρᾶμα (die Mischung) im Neugriechischen als κρασί für das Wort οἶνος eingetreten ist.

[6]) Xenophanes bei H. DIELS, Die Fragmente der Vorsokratiker I³ (Berlin 1912) 58 Nr. 5: „Auch beim Mischen im Becher würde niemand den Wein zuerst hineingießen, sondern das Wasser und darüber den Wein."

Christen blieben natürlich der kulturellen Sitte ihrer Zeit treu. So sagt Klemens von Alexandrien: „Am besten ist es, den Wein mit möglichst viel Wasser zu mischen ... Beides sind Gottes Schöpfergaben, und deshalb wirkt die Mischung von beiden, von Wasser und Wein zur Gesundheit zusammen, denn aus dem Notwendigen und dem Nützlichen besteht das Leben. Dem Notwendigen, dem Wasser, als dem größten Teile, mische man auch vom Nützlichen bei“ [1]. Dabei ist zu beachten, daß der Begriff „Wein“ für die antike Auffassung der südlichen Länder (mit ihrem gehaltvolleren Wein) durch eine reichlichere Beimischung von Wasser nicht gefährdet wurde. So sagt z. B. Plutarch um die Wende des ersten Jahrhunderts: „Die Mischung (von Wein und Wasser) nennen wir Wein, auch wenn sie mehr Wasser enthält“ [2]. Die Sitte, den Wein mit Wasser zu mischen, war auch im Judentum geläufig. Der Verfasser des zweiten Makkabäerbuches begründet seine kunstvolle Darstellung mit dem Vergleich, daß ja auch „Wein allein zu trinken ebenso widerlich sei wie Wasser allein, während Wein mit Wasser gemischt lieblich sei und vollen Genuß gewähre“ (II Makk. 15, 39). So war denn auch der Mischtrank im religiösen Ritual des semitischen Heidentums und Judentums üblich. Bei Isaias 65, 11 steht als Wort Jahwes die Klage: „Die ihr vergessen meinen heiligen Berg, die ihr decket dem Gad den Tisch und einfüllt dem Meni den Mischtrank“ [3]. Auch die Juden pflegten beim Paschamahl den Wein mit Wasser zu mischen [4].

In unserem Falle weist *Κέρασμα* auf die bekannte Mischung von Wein und Wasser bei der eucharistischen Feier, die in der Form der Mischung in der Frühzeit wenigstens, je nach der Stärke des Kultureinflusses, der jüdischen oder der antiken Tafelsitte entsprochen haben dürfte. Die sehr bald einsetzende Symbolik, daß der Wein die Gottheit Jesu, das Wasser seine Menschheit bedeute [5],

---

[1] Klemens von Alexandrien, Paedagog II 2 § 23, 3 — 24, 1 (I 170 Z. 10—16 STÄHLIN).

[2] Plutarch, Coniugalia praecepta 20: „*τὸ κρᾶμα, καίτοι ὕδατος μετέχον πλείονος, οἶνον καλοῦμεν.*“

[3] Nach LXX heißt es: „*ἑτοιμάζοντες τῷ δαιμονίῳ τράπεζαν καὶ πληροῦντες τῇ τύχῃ κέρασμα.*“ Wie bereits TH. M. WEHOFER, Eine neue Aberkioshypothese (RQS 10 [1896] 368 f.) erkannt hat, ist dieser Text von Epiphanius (siehe oben S. 258 A. 3) benutzt worden, um die Kollyridianerinnen zu charakterisieren.

[4] G. BICKELL, Messe und Pascha (Mainz 1872) 41. 105. Vgl. aber S. 496 A. 1.

[5] Klemens von Alexandrien, Paedagog II 2 § 20, 1 (I 168 STÄHLIN): „*ἀναλόγως τοίνυν κίρναται μὲν οἶνος ὕδατι, τῷ δὲ ἀνθρώπῳ τὸ πνεῦμα.*“ Vgl. § 19, 3, wonach der Logos, die große Traube, das Traubenblut mit dem Wasser

mag stark bestimmend gewesen sein, den Wein nach dem vom
Pascharitus übernommenen Verhältnis der Mischung im Gegensatz
zur antiken Praxis überwiegen zu lassen [1].

Daß hier der Mischtrank eigens hervorgehoben wird, ist recht
bedeutungsvoll. Gerade im zweiten Jahrhundert suchte sich bei
verschiedenen Sekten die Sitte einzubürgern, die Eucharistie nur mit
Wasser zu feiern [2]. Aber auch kirchliche Kreise wollten, teilweise
aus Nützlichkeitsrücksichten (um sich nicht etwa durch den vom
Eucharistieempfang zurückgebliebenen Weingeruch am frühen Morgen zu verraten), diesen Brauch übernehmen. Sie suchten ihr Be-
nehmen sogar durch einen Schriftbeweis zu begründen [3]. Ein Text
schien diesen Christen besonders kräftig: Is. 33, 16 „ἄρτος αὐτῷ
δοθήσεται, καὶ τὸ ὕδωρ αὐτοῦ πιστόν", ein Wort, das bereits von
Justin auf die Eucharistie angewendet worden war [4]. Cyprian
streift den unbequemen Einwand nur und deutet die hier genannte
aqua fidelis auf die Taufe [5], hebt aber Prov. 9, 5 um so stärker

---

mischt. Diese Symbolik war damals geläufig, da auch Irenaeus, Adv. haereses
V 1, 3 (II 316 HARVEY) sie kennt. Die Symbolik ist forterhalten im *Missale Ro-
manum: „da nobis per huius aquae et vini mysterium, eius divinitatis esse con-
sortes, qui humanitatis nostrae fieri dignatus est particeps, Jesus Christus . . ."*

[1]) In späterer Zeit deutete man den Wein auf Christus, das Wasser auf die
mit ihm geeinten Gläubigen (so schon Cyprian, Ep. 63, 13; für später die
Wormser Synode vom Jahre 868 Can. 4 bei HEFELE, Konziliengesch. IV [2], 369)
und begründete damit, daß es zwei Drittel Wein und ein Drittel Wasser sein
müsse (vgl. Synode von Tribur vom J. 895 Can. 19 bei HEFELE, Konziliengesch.
IV [2] 555). Von da geht es bis zu *modica aqua* bei Thomas v. Aquin, was der
Catechismus Romanus nach dem Konzil von Trient forterhalten hat. Vgl. dazu
P. SCHANZ, Die Lehre von den heiligen Sakramenten (Freiburg i. B. 1893) 385.
Eine andere Linie der Symbolik bei Ambrosius, De sacramentis V § 2—4.

[2]) Klemens von Alexandrien, Stromata I 19 § 96, 1 (II 61 STÄHLIN)
von den Enkratiten. Zur Praxis der Marcioniten oben S. 453 A. 2; der Ebioniten
vgl. Epiphanius, Panarion haer. 30 § 16, 1 (GCS: Epiph. I 353 Z. 10 ff. HOLL).
Auch bei den Gnostikern wurde vielfach nur Wasser zur Eucharistie verwendet.
Vgl. Actus Petri cum Simone 2 (AAA I 46 Z. 12 LIPSIUS); Acta Thomae 121
(AAA II 2, 231 Z. 10 BONNET).

[3]) Cyprian, Ep. 63 (ad Caecilium: CSEL III 2, 701 ff. HARTEL) hat gegen
Christen *(Aquarii)* zu kämpfen, die ebenfalls den Wein bei der Eucharistie ausschalten wollten. Vgl. auch Pioniusakten 3 S. 97 GEBHARDT.

[4]) Justin, Dialog 70, 4 S. 181 GOODSPEED.

[5]) Cyprian, Epistula 63, 9 (CSEL III 2, 707 HARTEL): *„qui aquam illam
fidelem, aquam vitae aeternae praeceperit credentibus in baptismo dari."* Die
Bezugnahme auf Isaias 33, 16 ist Hartel entgangen. Der Text ist auch für die
alte lateinische Bibelübersetzung wichtig, da der Singular steht nicht wie jetzt
aquae eius fideles.

hervor, wo die Weisheit sagt: „Kommt, esset von meinem Brot und trinket den Wein, den ich euch gemischt habe"[1]. Dem Brauche der Sekten gegenüber betonen kirchliche Schriftsteller die überlieferte Sitte, bei der Eucharistiefeier Wein und Wasser zu mischen. Wasser allein zu gebrauchen, sagt Klemens von Alexandrien, ist „nicht nach der Regel der Kirche"[2]. Da Klemens den Mischwein als eucharistisches Element für Ägypten bezeugt, (Tertullian für Nordafrika)[3], Irenäus für Lyon und Südgallien[4], Justinus für Rom[5], so steht die Aberkiosinschrift in voller Übereinstimmung mit der katholischen Kirche oder Großkirche, wie man auch zu sagen pflegt. Wenn also P. Wendland erklärt: „das Christentum der Großkirche ist es nicht, zu dem die Gemeinde des hierapolitanischen (sic) Bischofs sich bekannt hat"[6], so ist das ebenso unbewiesen wie die Behauptung A. Harnack's, daß die Inschrift einem Kultverein entstamme, in welchem Heidnisches und Christliches gemischt gewesen sei[7].

Der Gleichung Fisch = Eucharistie kann für das ausgehende zweite Jahrhundert auch von seiten der Dogmengeschichte kein stichhaltiger Einwand entgegengehalten werden. Die Eucharistie ist nach dem Glauben des zweiten Jahrhunderts Christi Fleisch und Blut. Darüber bedarf es keines Streites. Von I Kor. 10, 16. 17 ausgehend hat A. Dieterich die Worte niedergeschrieben: „Christus wird gegessen und getrunken von den Gläubigen und ist dadurch in ihnen." Wer unwürdig an diesem Mahle teilnimmt (I Kor. 11, 27), „ist dem Frevel am wirklichen Leib und Blute des Herrn verfallen,

---

[1]) Cyprian, Epistula 63, 5 (CSEL III 2, 704 Hartel). Nach Origenes, Κατὰ Κέλσου III 54 (GCS: Orig. I 249 Z. 24 Koetschau) möchte es scheinen, daß auch in Alexandrien dieser Text der wichtigste Schriftbeweis für den Mischwein als eucharistisches Element gewesen sei. Doch sagt Origenes, Jeremiahomilien XII 2 (GCS: Orig. III 87 Z. 29 f. Klostermann) trotz dieser Stelle, Jesus habe ungemischten Wein gebraucht.

[2]) Klemens von Alexandrien, Stromata I 19 § 96, 1 (II 61 Z. 30 Stählin).

[3]) Tertullian, Adversus Marcionem IV 40 (CSEL 47, 561 Z. 6 f. Kroymann).

[4]) Irenaeus, Adversus haereses I 7, 2; IV 51, 1; V 2, 2 (I 115; II 275. 319 f. Harvey).

[5]) Justin, Apologie I 65, 67. A. Harnacks These (TU VII 2 [1891] 115—144), die eucharistischen Elemente bei Justin seien Brot und Wasser, wurde von der Wissenschaft abgelehnt. Zur Literatur siehe A. Ehrhard, Die altchristliche Literatur (Freiburg i. B. 1900) 233 f. und A. Scheiwiler, Die Elemente der Eucharistie in den ersten drei Jahrhunderten (Mainz 1903) 26 ff. Vgl. O. Casel in „Katholik" 1914 I 263.

[6]) P. Wendland, Die hellenistisch-römische Kultur[2] (Tübingen 1912) 166.

[7]) A. Harnack, Geschichte der altchristlichen Literatur II: Chronologie II. Bd. (1904) 183. Ähnlich Mission und Ausbreitung des Christentums I[2] 354.

weil er Leib und Blut auf jeden Fall faktisch gegessen hat"[1]. Wer den Begriff der Epiklese und den Inhalt der antiken *Consecratio* erfaßt hat, wird den Glauben an die Gegenwart Jesu in der Eucharistie in voller Übereinstimmung finden mit dem Stande der damaligen Theologie. Ich möchte zum Beleg nur einen Schriftsteller herausgreifen, weil er für die uns beschäftigende Zeit von besonderem Interesse ist, Justin den Apologeten. Er sagt zur Bestimmung der eucharistischen Speise in Apologie I 66:

„Οὐ γὰρ ὡς κοινὸν ἄρτον οὐδὲ κοινὸν πόμα ταῦτα λαμβάνομεν. ἀλλ' ὃν τρόπον διὰ λόγου θεοῦ σαρκοποιηθεὶς Ἰησοῦς Χριστὸς ὁ σωτὴρ ἡμῶν καὶ σάρκα καὶ αἷμα ὑπὲρ σωτηρίας ἡμῶν ἔσχεν, οὕτως καὶ τὴν δι' εὐχῆς λόγου τοῦ παρ' αὐτοῦ εὐχαριστηθεῖσαν τροφήν, ἐξ ἧς αἷμα καὶ σάρκες κατὰ μεταβολὴν τρέφονται ἡμῶν, ἐκείνου τοῦ σαρκοποιηθέντος Ἰησοῦ καὶ σάρκα καὶ αἷμα ἐδιδάχθημεν εἶναι."

„Denn nicht wie gewöhnliches Brot und nicht wie gewöhnlichen Trank empfangen wir dies. Sondern wie durch den Logos Gottes fleischgeworden Jesus Christus, unser Heiland Fleisch und Blut zu unserer Erlösung angenommen hat, so ist auch die durch das Gebet um den von ihm (Gott) (ausgehenden) Logos eucharistierte[2] Speise, durch die unser Blut und Fleisch zur (verklärten) Umwandlung[3] genährt wird, jenes fleischgewordenen Jesus Fleisch und Blut. So sind wir belehrt worden."

Vor 12 Jahren habe ich diesen Text behandelt und ihn als ein Zeugnis für die Logosepiklese bei der eucharistischen Feier verstanden[4]. G. Rauschen hat dem zugestimmt[5] und W. Bousset

---

[1]) A. Dieterich, Eine Mithrasliturgie (Leipzig 1903) 106.

[2]) Vgl. Irenaeus, Adv. haer. IV 31,3 (II 204 Harvey) u. unt. S. 500 A. 3; 501 A. 6.

[3]) „Durch Umwandlung" = Assimilierung der Eucharistie: Pfättisch, Rauschen, Casel, eine Vorstellung, wie sie z. B. durch Chrysostomus, Homil. 9 de poenitentia (Migne PG 49, 345) vertreten wird. Über κατὰ μεταβολήν ist viel gestritten worden. Vgl. dazu A. Struckmann, Die Gegenwart Christi in der Eucharistie (Wien 1905) 56—59. Μεταβολή ist m. E. die Veränderung vom Tode zum Leben, d. h. die verklärte Auferstehung. Vgl. z. B. Methodius von Olympus, Symposion IV 2 § 94 S. 46 Z. 9f. Bonwetsch: „τῆς εἰς τὸν παράδεισον ἀποκαταστάσεως καὶ τῆς εἰς τὴν ἀφθαρσίαν μεταβολῆς." Viel wichtiger ist ein Text aus der Naassenertheologie bei Hippolyt, Elenchos V 8 § 22. 24 (GCS: Hippol. III 93 Z. 12ff.; Z. 20ff. Wendland): „λέγουσι δὲ οἱ Φρύγες τὸν αὐτὸν τοῦτον (Attis) καὶ νέκυν, οἱονεὶ ἐν μνήματι καὶ τάφῳ ἐγκατωρυγμένον ἐν τῷ σώματι ... οἱ δὲ αὐτοί, φησι, Φρύγες τὸν αὐτὸν τοῦτον πάλιν ἐκ μεταβολῆς λέγουσι θέον, γίνεται γάρ, φησί, θεός, ὅταν ἐκ νεκρῶν ἀναστὰς διὰ τῆς τοιαύτης πύλης εἰσελεύσεται εἰς τὸν οὐρανόν." Weiteres hoffe ich in „Arznei der Unsterblichkeit" bringen zu können. Bei Justin scheint κατὰ μεταβολήν parallel dem vorausgehenden ὑπὲρ σωτηρίας.

[4]) F. J. Dölger, ΙΧΘΥΣ I 73ff.

[5]) G. Rauschen in BKV 12 (1913) 81 A. 2. Ähnlich in Theol. Rev. 12 (1913) 299.

hat diese Auffassung gleichfalls vertreten[1], ebenso L. BAUR[2]. TH.
SCHERMANN[3], O. CASEL[4] und neuestens G. P. WETTER[5] haben jedoch
Bedenken dagegen. Dies ist nun zwar keine weltumwälzende Frage,
aber immerhin für die Liturgiegeschichte von einiger Bedeutung.
Nachdem ich nun einmal meine Meinung auch in obiger Übersetzung
ausgesprochen, muß ich sie auch begründen. Auszugehen ist m. E.
von dem ersten Satz „διὰ λόγου θεοῦ σαρκοποιηθείς“. Daß es sich
hier nicht um irgend ein Wort Gottes als Wirkungskraft der Menschwerdung handelt, sondern um den Logos Gottes, ist klar. So verlangt es die Theologie des zweiten Jahrhunderts. Zu meinen früheren Belegen[6] füge ich als besonders kennzeichnend Klemens
von Alexandrien mit diesem Wort: „προελθὼν δὲ ὁ λόγος δη-
μιουργίας αἴτιος, ἔπειτα καὶ ἑαυτὸν γεννᾷ, ὅταν ὁ λόγος σάρξ γένηται,
ἵνα καὶ θεαθῇ“[7]. Diese Anschauung wurde von Justin vertreten[8]
und fast gleichzeitig bringt sie die Epistola apostolorum nach

---

[1]) W. BOUSSET, Kyrios Christos (Göttingen 1913) 284 A. 3: „Justin, Apol. I
66 ist τὴν δι' εὐχῆς Λόγου τοῦ παρ' αὐτοῦ εὐχαριστηθεῖσαν τροφήν zu übersetzen:
die durch das Gebet um den Logos von ihm (Gott)-geweihte Nahrung“. Aus G. P.
WETTER (vgl. unten A. 5) ersehe ich, daß Bousset seine Meinung bis zuletzt
beibehalten hat.

[2]) L. BAUR, Untersuchungen über die Vergöttlichungslehre (Theol. Q. S. 101
[1920] 176): „Die Eucharistie ist der Leib und das Blut Christi geworden und zwar
durch die εὐχὴ λόγου, durch den Hinzutritt des λόγος infolge der Anrufung Gottes.“

[3]) TH. SCHERMANN, Die allgemeine Kirchenordnung, frühchristliche Liturgien
und kirchliche Überlieferung II (Paderborn 1915) 433 ff.

[4]) O. CASEL, Die Eucharistielehre des hl. Justinus Martyr (Der Katholik
1914, I 332 ff. 337 f. 340). — O. CASEL, Das Gedächtnis des Herrn in der altchristlichen Liturgie (Ecclesia Orans II[4. 5] [Freiburg i. B. 1920] 35 A. 1). Hier heißt
es: „Irenaios scheint eine Epiklese um den Logos zu kennen; auch Justin würde,
wenn er eine Epiklese nännte, eine solche um den Logos haben.“

[5]) G. P. WETTER, Altchristliche Liturgien: Das christliche Mysterium. Studie
zur Geschichte des Abendmahles (Göttingen 1921) 143. Hier wird der Text so
ausgedeutet: „Wie Jesus einst durch das Schöpferwort Gottes Mensch wurde, so
wird er es im Abendmahl durch das Wort des Gebets, das von Gott angeordnet
ist.“ Amkg. 3 wird aber beigefügt: „Möglich wäre auch λόγος als Logos zu verstehen (so Bousset in seinem Manuskripte), aber der Parallelismus scheint mir
besser, wenn in beiden Giedern λόγος das Hauptwort ist.“ Vgl. noch S. 79. —
Die einschlägige deutsche Literatur scheint Wetter entgangen zu sein.

[6]) DÖLGER, ΙΧΘΥΣ I 74 ff.

[7]) Klemens von Alexandrien, Stromata V 3, 16, 5 (GCS: Clem. II 336
Z. 12—14 STÄHLIN). Vgl. auch K. PIEPER, Die älteste Auslegung der Worte
Spiritus Sanctus superveniet in te Luk. 1, 35 (Theologie und Glaube 5 [1913]
751—756).

[8]) Justin, Apologie I 33, 6. Vgl. DÖLGER, ΙΧΘΥΣ I 74.

der äthiopischen und koptischen Überlieferung in aller Schärfe[1]. Danach muß der Satz bei Justin also lauten: „διὰ Λόγου θεοῦ σαρκοποιηθείς“, das Wort Λόγος ist mit großem Anfangsbuchstaben zu schreiben[2]. Διὰ λόγου θεοῦ kann freilich an und für sich „durch Gottes Wort“ übersetzt werden, aber in der Justinstelle verlangt die Theologie der Zeit „durch den Logos Gottes“. Damit ist Schermanns Hinweis auf I Tim. 4, 4. 5 gegenstandslos geworden.

Dem ersten Satz διὰ Λόγου θεοῦ σαρκοποιηθείς entspricht der zweite δι᾽ εὐχῆς λόγου τοῦ παρ᾽ αὐτοῦ εὐχαριστηθεῖσαν τροφήν. Das Wort δι᾽ εὐχῆς λόγου ist das eucharistische Gebet in dem Sinne der Zusammenfassung von ἐπίκλησις und εὐχαριστία[3] von Danksagung und Bitte, daß Gott die Gaben zu Christi Fleisch und Blut machen möge. Der Wechselgebrauch von εὐχαριστία und ἐπίκλησις erklärt sich damit am besten. Die Frage ist nur, ob wir εὐχῆς λόγου auf einen λόγος εὐχῆς oder eine εὐχὴ λόγου zurückführen, ob wir also ein „Gebetswort“ oder ein „Gebet um den Logos“ hier annehmen sollen. Würde eine Formel dastehen wie ὁ λόγος τῆς ἐπικλήσεως, wie sie Irenaeus[4] und nach ihm Hippolyt[5] im Bericht über die Abendmahlsfeier des Gnostikers Markos gebrauchen, so wäre die Deutung leicht. Aber es steht εὐχῆς λόγου da und nicht ὁ λόγος τῆς εὐχῆς, auch nicht λόγος εὐχῆς, wie Justin an einer anderen Stelle sagt[6]. Die Umstellung εὐχῆς λόγου mit dem Beisatz τοῦ παρ᾽ αὐτοῦ scheint von Justin gewählt zu sein, um das Mißverständnis von einem „Gebetswort“ hier auszuschließen und den beabsichtigten Parallelismus um so stärker zur Geltung zu bringen[7]. Für εὐχῆς λόγου wird es gut sein, den antiken Sprachgebrauch zu Rate zu ziehen. Um 200 n. Chr. sagte man z. B. τὸ προσκύνημά σου und meinte damit „das Gebet für dich“[8] und um 100 n. Chr. gebrauchte man εὐχὴ θεῶν und meinte „das Gebet zu den Göttern“ oder „die An-

---

[1] C. SCHMIDT, Gespräche Jesu mit seinen Jüngern nach der Auferstehung (Leipzig 1919) 50 ff.

[2] Auch C. SCHMIDT a. a. O. 292 versteht den Text so.

[3] Dies gebe ich O. CASEL gerne zu.

[4] Irenaeus, Adv. haeres. I 7, 2 (I 115 f. HARVEY): „Ποτήρια οἴνῳ κεκραμένα προσποιούμενος εὐχαριστεῖν, καὶ ἐπὶ πλέον ἐκτείνων τὸν λόγον τῆς ἐπικλήσεως (sermonem invocationis).“

[5] Hippolyt, Elenchos VI 39 § 2 S. 171 Z. 1 WENDLAND.

[6] Justin, Apologie I 13, 1: „λόγῳ εὐχῆς καὶ εὐχαριστίας.“

[7] Damit erledigt sich, was J. BRINKTRINE, Der Meßopferbegriff in den ersten zwei Jahrhunderten (Freiburg i. B. 1918) 91 A. 1 eingewendet hat.

[8] The Tebtunis Papyri Part II (London 1907) Nr. 413 Z. 2. 3: „τὸ προσκύνημά σου ποιῶ παρὰ τοῖς ἐνθάδε θεοῖς κατ᾽ ἑκάστην ἡμέραν εὐχομένη σοι τὴν ὑγίαν.“

rufung der Götter"[1]. Nehmen wir diesen Sprachgebrauch εὐχὴ ϑεῶν, so haben wir die annähernde Gleichung für εὐχὴ λόγου. Dieses würde demnach eine Anrufung des Logos sein, daß er kommen möge[2] oder besser eine Anrufung des Vaters, ein Gebet an den Vater, daß sein Logos kommen möge[3]. Wir hätten also ein „Gebet um den Logos". Das Fehlen des Artikels bei λόγος kann nicht mehr stören als das Fehlen des Artikels in der Formel εὐχὴ ϑεῶν oder in der Formel διὰ λόγου ϑεοῦ. Nun sind wir in der glücklichen Lage, ein entsprechendes Gebet zu besitzen im Euchologion des Bischofs Serapion von Thmuis. Hier steht der Text[4]:

<table>
<tr><td>

„ἐπιδημησάτω ϑεὲ τῆς ἀληϑείας, ὁ ἅγιός σου λόγος ἐπὶ τὸν ἄρτον τοῦτον, ἵνα γένηται ὁ ἄρτος σῶμα τοῦ λόγου καὶ ἐπὶ τὸ ποτήριον τοῦτο, ἵνα γένηται τὸ ποτήριον αἷμα τῆς ἀληϑείας."

</td><td>

„Gott der Wahrheit, es komme dein heiliger Logos über dieses Brot, damit das Brot Leib des Logos, und über diesen Kelch, damit der Kelch Blut der Wahrheit werde."

</td></tr>
</table>

---

[1]) Plutarch, De sollertia animalium 17 (VI 46 BERNARDAKIS): „ἱστορεῖ δὲ καὶ εὐχῇ χρῆσϑαι ϑεῶν τοὺς ἐλέφαντας . . ."

[2]) Einen Typus hiefür, allerdings in gnostischer Färbung, bieten die Thomas-akten 49f. (AAA II 2, 165f. BONNET): „ἐκέλευσεν δὲ ὁ ἀπόστολος τῷ διακόνῳ αὐτοῦ παραϑεῖναι τράπεζαν˙ παρέϑηκαν δὲ συμψέλλιον ὃ εὗρον ἐκεῖ, καὶ ἁπλώσας σινδόνα ἐπ' αὐτὸ ἐπέϑηκεν ἄρτον τῆς εὐλογίας καὶ παραστὰς ὁ ἀπόστολος εἶπεν˙ Ἰησοῦ ὁ καταξιώσας ἡμᾶς τῆς εὐχαριστίας τοῦ σώματός σου τοῦ ἁγίου καὶ τοῦ αἵματος κοινωνῆσαι, ἰδοὺ τολμῶμεν προσέρχεσϑαι τῇ σῇ εὐχαριστίᾳ καὶ ἐπικαλεῖσϑαί σου τὸ ἅγιον ὄνομα˙ ἐλϑὲ καὶ κοινώνησον ἡμῖν . . ." Nun folgt eine längere litaneiförmige Anrufung, die immer (im jetzigen griechischen Text neunmal) mit ἐλϑέ beginnt. Dann „καὶ εἰπὼν ταῦτα διεχάραξεν τῷ ἄρτῳ τὸν σταυρὸν, καὶ κλάσας ἤρξατο διαδιδόναι". Das Bezeichnen (Ritzen) des Brotes in Kreuzesform gehört wie die vorausgehende Anrufung zur Weihe des Brotes. Die Anrufung ist eine Epiklese, daß Christus komme. — Der Text mag auch angemerkt sein als das älteste mir bekannte christliche Zeugnis für die Bedeckung des eucharistischen Tisches mit einem Linnentuch. (Schon angemerkt von V. THALHOFER - L. EISEN-HOFER, Handbuch der kathol. Liturgik I[2] 436 mit Verweis auf F. WIELAND, Mensa und Confessio 115.) Daß der Brauch viel älter ist, wird nahegelegt durch die orientalische Sitte, die schon durch die Siegelzylinder bezeugt ist. Vgl. oben S. 216 A. 4, 258 A. 3 und unsere Tafel XVIII 1 und 2. Da die Speisetische der griechisch-römischen Antike auf den Denkmälern kein Tischtuch aufweisen, wird für die Bedeckung des Altars (τράπεζα μυστική) der morgenländische Einfluß maßgebend gewesen sein. — Eine genauere Untersuchung über den Einfluß der morgenländischen und abendländischen Kultur auf die Zeremonien der Meßliturgie steht noch aus.

[3]) Vgl. Irenaeus, Adversus haereses IV 31, 4 (II 205 HARVEY): „Ὡς γὰρ ἀπὸ γῆς ἄρτος προσλαμβανόμενος τὴν ἔκκλησιν (lies ἐπίκλησιν nach lat. invoca-tionem Dei) τοῦ Θεοῦ, οὐκέτι κοινὸς ἄρτος ἐστίν, ἀλλ' εὐχαριστία."

[4]) Serapion, Euchologion XIII 15 (II 174 Z. 24 — 176 Z. 3 FUNK).

Da ich diesen Text zur Erläuterung der Justin-Stelle heranzog, hielt mir Th. Schermann entgegen, ich „hätte Spekulationen eines alexandrinischen Theologen des vierten Jahrhunderts mit der Kirchenlehre des zweiten Jahrhunderts verwechselt"[1]. Solchen methodischen Unfugs bin ich mir nicht bewußt. Dagegen ist Schermann im Irrtum, wenn er den Text Serapions als dessen eigene Erfindung im Sinne theologischer Spekulationen bezeichnet. Wie bei Serapion, so erscheint nämlich die Logosepiklese im vierten Jahrhundert noch bei Gregor von Nyssa[2], Gregor von Nazianz[3], Athanasius[4] und etwas abgeschwächt in der Markusliturgie[5]. Bei der Zähigkeit liturgischen Brauches ist diese Logosepiklese als überkommenes Gut früherer Zeit zu betrachten — sie war tatsächlich im zweiten Jahrhundert vorhanden. Irenäus sagt, daß „der gemischte Kelch und das zubereitete Brot den Logos Gottes aufnimmt und (so) die Eucharistie zum Leibe Christi wird"[6].

Justinus führt beides, die Menschwerdung Jesu und die eucharistische Verwandlung von Brot und Wein in Leib und Blut Christi auf den Logos Gottes zurück. Wenn er beim zweiten Teile etwas umständlich spricht, so liegt dies in der Absicht, die Epiklese des Logos Gottes, des vom Vater ausgehenden Logos, als liturgischen Akt mitzunennen.

Doch kommt es uns nicht so sehr darauf an, die Logosepiklese bei Justinus nachzuweisen, als vielmehr um die klare und kräftige Betonung des Apologeten, daß die eucharistierte Speise Christi

---

1) Th. Schermann a. a. O. 434 A. 3.

2) Gregor von Nyssa, Λόγος κατηχητικός 37 (Migne PG 45, 96D): „καλῶς οὖν καὶ νῦν τὸν τῷ Λόγῳ τοῦ θεοῦ ἁγιαζόμενον ἄρτον εἰς σῶμα τοῦ θεοῦ Λόγου μεταποιεῖσθαι πιστεύομαι." Folgt Hinweis auf I. Tim. 4, 5.

3) Gregor von Nazianz, Epistola 171 (Migne PG 37, 280f.): An seinen Freund Amphilochius: „ἀλλ᾽ ὦ θεοσεβέστατε μὴ κατόκνει καὶ προσεύχεσθαι καὶ πρεσβεύειν ὑπὲρ ἡμῶν, ὅταν λόγῳ καθέλκῃς τὸν Λόγον, ὅταν ἀναιμάκτῳ τομῇ σῶμα καὶ αἷμα τέμνῃς δεσποτικόν, φωνὴν ἔχων τὸ ξίφος."

4) Athanasius, Sermo ad baptizatos (A. Mai, Script. vet. nova collectio IX 625): „ἐπὰν δὲ αἱ μεγάλαι εὐχαὶ καὶ αἱ ἁγίαι ἱκεσίαι ἀναπεμφθῶσι, καταβαίνει ὁ Λόγος εἰς τὸν ἄρτον καὶ τὸ ποτήριον καὶ γίνεται αὐτοῦ τὸ σῶμα."

5) Brightman, Liturgies eastern and western I (Oxford 1906) 124 = G. P. Wetter a. a. O. 72.

6) Irenaeus, Adversus haereses V 2, 2 (II 319f. Harvey): „Τὸ κεκραμένον ποτήριον καὶ ὁ γεγονὼς ἄρτος ἐπιδέχεται τὸν Λόγον τοῦ θεοῦ, καὶ γίνεται ἡ εὐχαριστία σῶμα Χριστοῦ." Vgl. noch IV 31, 4 oben S. 500 A. 3. — Ferner Klemens von Alexandrien, Paedagog II 2 § 19, 4—20, 1 (GCS: Clem. I 168 Stählin) mit dem Satz: „ἡ δὲ ἀμφοῖν αὖθις κρᾶσις ποτοῦ τε καὶ Λόγου εὐχαριστία κέκληται, χάρις ἐπαινουμένη καὶ καλή . . ." Dazu Dölger, Sol Salutis 154.

Fleisch und Blut sei[1]. Dies ist für Justin fester, überkommener Lehrbestand des Christentums, darum hebt er noch eigens hervor „so sind wir belehrt worden". Justin trägt damit das gleiche vor, wie vor ihm Ignatius von Antiochien in seinem Brief an die Christen von Smyrna[2], der seinerseits damit Johanneische Gedanken bringt. Die Eucharistie ist also in Kleinasien vor der Mitte des zweiten Jahrhunderts Leib und Blut Christi oder Christus, der Herr.

Zusammenfassend können wir demnach sagen: Der Fisch ist als Sinnbild Christi (neben der Kürzung *IXΘΥC*) am ausgehenden zweiten Jahrhundert im griechischen Osten bekannt. Das hat uns Tertullian bewiesen. Das eucharistische Brot und der eucharistische Wein sind nach dem Glauben der Zeit Christi Fleisch und Blut. Danach verhält sich Christus zu Fisch ebenso, wie sich Fleisch und Blut Christi zum eucharistischen Brot und Wein verhalten. Die Gleichung ist fast eine mathematische zu nennen. Sie liegt unter mysterienhaftem Schleier in der Aberkiosinschrift vor.

Das heilige Mahl des Fisches wird von dem Glauben „den Freunden" (φίλοις) vorgesetzt. In der Antike war der Zweck des gemeinschaftlichen Mahles die Bezeugung der Freundschaft. Das gemeinsame Essen und Trinken sollte von Liebe begleitet sein[3]; darum war der Verrat des Judas so häßlich, weil er als Freund mit Christus die Hand in die gemeinsame Schüssel tauchte[4]. Schon die profane Mahlzeit hatte zudem eine gewisse religiöse Weihe;

---

[1]) Ein eigenartiges Gegenstück steht in einem Londoner Zauberpapyrus Nr. 121, der nach C. WESSELY wohl im 3. Jahrhundert in Ägypten entstanden ist. Hier steht nach C. WESSELY, Neue griechische Zauberpapyri (Denkschriften d. Kais. Ak. d. Wiss. Phil.-hist. Kl. Bd. 42, II [Wien 1893] 44) dieses Wort in den Zeilen 710—712:

> „Σὺ εἶ οἶνος, οὐκ εἶ οἶνος ἀλλ' ἡ κεφαλὴ τῆς 'Αθηνᾶς.
> Σὺ εἶ οἶνος, οὐκ εἶ οἶνος ἀλλὰ τὰ σπλά⟨γ⟩χνα τοῦ 'Οσίρειος
> τὰ σπλάγχνα τοῦ 'Ιάω πακερβηθ . . ."

Daß wir hier eine Travestie des christlichen Eucharistie-Mysteriums aus gnostischen Zauberkreisen vor uns haben, möchte man aus der zauberischen Verwendung der Eucharistie beim Gnostiker Markos erschließen. Vgl. dazu Irenaeus, Adv. haer. I 7, 2 (I 115f. HARVEY). Vgl. jedoch A. WIEDEMANN, Herodots zweites Buch (Leipzig 1890) 173: „Der mag. Pap. Leyden 65 bei REVILLOUT, Rev. ég. I 172 sagt: »Möge dieser Wein das Blut des Osiris werden«, worin man freilich keine Anspielung auf die christliche Eucharistie sehen darf."

[2]) Ignatius, Ad Smyrnaeos 7, 1 (PA I² 280 FUNK): „Εὐχαριστίας καὶ προσευχῆς ἀπέχονται, διὰ τὸ μὴ ὁμολογεῖν τὴν εὐχαριστίαν σάρκα εἶναι τοῦ σωτῆρος ἡμῶν 'Ιησοῦ Χριστοῦ τὴν ὑπὲρ τῶν ἁμαρτιῶν ἡμῶν παθοῦσαν . . ."

[3]) Klemens von Alexandrien, Paedagog II 7 § 53, 3 (I 189 STÄHLIN).

[4]) Klemens von Alexandrien, Paedagog II 8 § 62, 4 (I 195 STÄHLIN).

wer als Gast die religiösen Zeremonien der Mahlzeit mitmachte [1], wurde dadurch zum Kultgenossen des Gastgebers. Hier ließ sich freilich nicht immer eine Scheidung zwischen Christen und Heiden durchführen; ein Mann wie Klemens von Alexandrien rechnet damit, daß Christen von Heiden zu Tische geladen werden und der Einladung folgen [2]. Klemens denkt dabei natürlich an ein profanes Mahl. Die Teilnahme an dem mit dem hergebrachten religiösen Zeremoniell völlig verketteten Mahl einer heidnisch-religiösen Kultgenossenschaft war für die Christen ausgeschlossen; denn dies wäre eine eigentliche Teilnahme an fremder Religionsübung gewesen. Zur Zeit der Decianischen Verfolgung wurde es denn auch dem spanischen Bischof Martialis zum schweren Vorwurf gemacht, daß er die Gelage eines heidnischen Kollegiums mitgemacht und seine Söhne nach dem Ritual dieses Kollegiums in der heidnischen Grabanlage bestatten ließ [3]. Wie das Mahl in antiken Kulten das Religiöse betonen mochte, hören wir um die Mitte des zweiten christlichen Jahrhunderts von Aelius Aristides, der vom Kulte des Serapis sagt: „Nur bei diesem Gotte nehmen die Menschen in besonderer Weise in vollkommener Gemeinschaft an den Opfern teil, indem sie ihn (den Gott) zu Tische laden und ihn als Gast- und Tischgenossen sich obenansetzen“ [4]. Wenn in anderen Kulten die

---

[1]) Vgl. Petronius, Saturae 60, 8 S. 40 Z. 22 ff. Buecheler[4]: „*Inter haec tres pueri candidas succincti tunicas intraverunt, quorum duo Lares bullatos super mensam posuerunt, unus pateram vini circumferens »dii propitii« clamabat. Aiebat autem unum Cerdonem, alterum Felicionem, tertium Lucrionem vocari. Nos etiam veram imaginem ipsius Trimalchionis, cum iam omnes basiarent, erubuimus praeterire.*“ Man spendete also beim Mahle den Larengeistern und küßte ihre Bilder, die auf den Tisch gestellt wurden. Man küßte ferner den Tisch selber am Ende des Mahles. Vgl. Petronius, Saturae 64, 1 S. 42 Z. 26 f. Buecheler[4]: „*osculatique mensam rogamus Nocturnas, ut suis se teneant, dum redimus a cena.*“ Dazu Ovid, Amores I 4, 27: „*Tange manu mensam, quo tangunt more precantes.*“ Es ist sehr wahrscheinlich, daß von der antiken Tafelsitte der im Christentum übliche Kuß des Altares seinen Ausgangspunkt nahm. Der Wunsch „*Dominus vobiscum*“ hat das antike *Dii propitii* ersetzt und die antike Sitte verchristlicht durch die Symbolik, daß der Altar Christus bedeute.

[2]) Klemens von Alexandrien, Paedagog II 1 § 10, 1 (I 160 Stählin).

[3]) Cyprian, Epistula 67, 6 (CSEL III 2, 740 Z. 18 ff. Hartel): „*Martialis quoque praeter gentilium turpia et lutulenta convivia in collegio diu frequentata et filios in eodem collegio exterarum gentium more apud profana sepulcra depositos et alienigenis consepultos . . .*“

[4]) Aelius Aristides, Oratio 8 (bei Keil Nr. 45) S. 93 f. Dindorf): „ϑυσιῶν μόνῳ τούτῳ ϑεῷ διαφερόντως κοινωνοῦσιν ἄνϑρωποι τὴν ἀκριβῆ κοινωνίαν, καλοῦντες τε ἐφ’ ἑστίαν καὶ προιστάμενοι δαιτυμόνα αὐτὸν καὶ ἑστιάτορα.“

religiöse Gemeinschaft vielleicht auch nicht immer so kräftig ausgeprägt war[1], so war sie immer noch stark genug, daß sie nur den „Freund" im eigentlichen Sinne, den „Religionsfreund" oder „Kultgenossen" Zulaß zum Mahle gewährte.

Da die Christen die Teilnahme an den antiken Opfermahlen als eine Gemeinschaft mit dem Dämonen ablehnten[2] (I Kor. 10, 14—21), so war damit von selbst gegeben, daß auch kein dämonisch infizierter Heide als „Freund" zum Tische Jesu zugelassen wurde. Vielmehr galt von Anfang an die Satzung: „Niemand esse oder trinke von euerer Eucharistie als nur die, die getauft sind auf den Namen des Herrn"[3]. Nur die Getauften oder diejenigen, die den Glauben angenommen und bei der Taufe feierlich bekannt haben, die darum πιστοί und *fideles* Genannten, durften an der eucharistischen Feier teilnehmen, denn sie war das *mysterium fidei*.

Die Getauften und zum hl. Mahle Zugelassenen waren nach urchristlicher Bezeichnung „die Brüder", wobei zu beachten ist, daß „Bruder" nach der griechischen und lateinischen Sprache soviel wie „Freund" bedeutete[4]. So hat denn auch aus antikem Sprachgebrauch heraus Lukas einmal das Wort φίλοι für das sonst übliche

---

[1]) Der Sinn der antiken Kultmahlzeiten, besonders auch der Mysterienkulte ist noch nicht ganz klar. Es ist in der religionsgeschichtlichen Literatur viel von einem sakramentalen Essen, von einer mithrischen Kommunion und einem Essen des Gottes (Dionysosmysterien) die Rede. Bei all diesen Dingen mußte ich bei meinen Einzeluntersuchungen nicht wenige Fragezeichen machen.

[2]) Vgl. hiezu H. GRESSMANN, *H KOINωNIA TωN ΔAIMONIωN* (Z. f. n. W. 20 [1921] 224—230).

[3]) Didache 9, 5 (PA I² 22 FUNK). Vgl Justin, Apologie I 66 und Hippolyt von Rom unten S. 514 A. 2.

[4]) Vgl. DÖLGER, *IXΘYC* I 135. Die Stellen könnten beträchtlich vermehrt werden. Vgl. z. B. Oxyrhynchuspapyrus 1022 Zeile 10 (HUNT, The Oxyrhynchuspapyri Part VII [London 1910] 150), wo ein Offizier den anderen grüßt mit *„Vale frater karissime"*. Vgl. dazu Plutarch, De fraterno amore 3 (III 245 BERNARDAKIS): „ἢ ποῖός τίς ἐστιν ὁ τὸν ἑταῖρον ἐν φιλοφροσύναις καὶ γράμμασιν ἀδελφὸν προσαγορεύων, τῷ δ' ἀδελφῷ μηδὲ τὴν αὐτὴν ὁδὸν οἰόμενος δεῖν βαδίζειν;" Im Petrusevangelium (2, 5) aus der Mitte des 2. Jahrh. redet Herodes den Pilatus als ἀδελφὲ Πειλᾶτε an; siehe E. PREUSCHEN, Antilegomena² 17. Nach dem Alter sprach man mit dem Freund mit der Anrede „Vater" oder „Bruder". Vgl. Horaz, Ep. lib. I ep. 6, 5 f. Daß die Bruderanrede in Kultgenossenschaften oder „Bruderschaften" eine große Bedeutung hatte, werde ich später ausführen. Hier sei nur auf die Artemisbruderschaft in Neapel verwiesen. Dazu A. MAIURI, La nuova iscrizione della fratria napoletana degli Artemisi [Studi Romani 1 (1913) 21—36]. Was R. REITZENSTEIN, Die hellenistischen Mysterienreligionen² (Leipzig-Berlin 1920) 28 über den Brudernamen ausführt, trifft die Sache nicht völlig.

ἀδελφοί eingesetzt[1]. Wenn ein christlicher Bischof bereits am Anfang des zweiten Jahrhunderts die Christen von Ephesus als Παύλου συμμύσται bezeichnen konnte, so ist das Wort φίλοι in den Kreisen der katholischen Kirche, zudem in einer allegorischen Redeweise erst recht verständlich. Wenn A. HARNACK zu wiederholten Malen aus der Bezeichnung der Christen als φίλοι den wahrscheinlich gnostischen Charakter der Aberkiosinschrift erschließen wollte[2], so ist auch diese letzte Stütze seiner These gebrochen.

19. *Wer dies versteht, jeder (Glaubens-)Genosse, bete für Aberkios.* Ganz im Geiste von συνομίλους und φίλοις nennt der Vers 19 συνῳδός d. i. einer, mit dem man zusammen singt oder der mit uns zusammenstimmt, der Sinnes- oder Glaubensgenosse[3]. Nur mit einem Glaubensgenossen zu beten, war altchristlicher Grundsatz. Bezeichnend dafür ist Origenes, der mit Paulus von Antiochien in einem Hause wohnen mußte. Da dieser Paulus den Christen Alexandriens nicht als rechtgläubig galt, so ließ sich Origenes „niemals dazu bewegen, gemeinsam mit ihm zu beten". Er folgte damit, wie Eusebius sagt, der Vorschrift der Kirche[4]. So ist denn der συνῳδός eigentlich nur der, mit dem man in religiöser Gemeinschaft zusammenleben kann. In guter Beobachtung hat darum schon die Antike das Wort συμβιῶται geprägt, um die Kultgenossenschaft zu kennzeichnen. Gerade für Kleinasien ist uns dies Wort aus der Zeit unserer Inschrift vielfach bezeugt[5]. Der Begriff φράτορες und φρατρία, auch σύνοδος im

---

[1] Apg. 27, 3: „τῇ τε ἑτέρᾳ κατήχθημεν εἰς Σιδῶνα, φιλανθρώπως τε ὁ Ἰούλιος τῷ Παύλῳ χρησάμενος ἐπέτρεψεν πρὸς τοὺς φίλους πορευθέντι ἐπιμελείας τυχεῖν."

[2] A. HARNACK, Mission und Ausbreitung des Christentums I² 354.

[3] Daß C. M. KAUFMANN, Die sepulkralen Jenseitsdenkmäler (Mainz 1900) 80; Handbuch der christlichen Archäologie² (Paderborn 1913) 718; Handbuch der altchristlichen Epigraphik (Freiburg 1917) 171 συνῳδός mit „Weggenosse" übersetzt, also ὁδός mit ᾠδή verwechselt, wundert mich nicht; verwechselt er doch auch δ(ε)ίξῃς mit *dicas, servire* mit *servare, ciconia* mit *cygnus* usw. und führt in seinem Büchlein, Gebete auf Stein (ohne Jahr) S. 14 „dem freundwilligen Leser" die Worte „*Anima dulcis pie zeses*" als ein Stoßgebetlein vor mit der Übersetzung „Teuere Seele mögest du selig leben", während *pie zeses* nur lateinisch geschriebene griechische Worte sind und beim Totengedächtnismahl gesprochen lauten: „Trinke, du sollst leben." Zu Kaufmanns Arbeitsweise vgl. W. LARFELD in Byzantinisch-neugriechische Jahrbücher 1 (1920) 213.

[4] Eusebius KG VI 2 § 14 (GCS: Eus. II 2, 522 SCHWARTZ).

[5] Artemidoros, Oneirokritika IV 44 S. 227 Z. 14 HERCHER: „Ἔδοξέ τις ἐν συμβιώσει καὶ φρατρίᾳ τοῖς συμβιώταις ἀναστειλάμενος ἑκάστῳ προσουρεῖν. ἀπηλάθη τῆς φρατρίας ὡς ἄτιμος." — A. a. O. V 82 S. 271 Z. 2f. 8—11 Hercher:

Sinne von Verein [1], Bruderschaft, Kultgenossenschaft ist damit auf das engste verwandt.

Die Vermutung Lüdtkes, daß $\tau\alpha\tilde{\nu}\vartheta'$ δ $\nu o\tilde{\omega}\nu$ nur auf die vorausgehende Zeile weise und eine Isopsephie des Namens Aberkios oder seiner 72 Lebensjahre andeute, engt den Gedanken unnötig ein. Es liegt bis jetzt kein einziges sicheres Erkennungszeichen vor, daß die Inschrift überhaupt mit Isopsephien, d. h. mit Gleichungen von Worten und Zahlen rechnet [2]. Gewiß spielt die Isopsephie im Altertum eine große Rolle [3], aber ihr Vorhandensein

---

„Ἔδοξέ τις τοὺς συμβιώτας καὶ φράτορας αὐτοῦ ἐπιστάντας αἰφνίδιον λέγειν αὐτῷ »ὑπόδεξαι ἡμᾶς καὶ δείπνισον« … ἔθος μὲν γὰρ τοῖς συμβιώταις καὶ εἰς τὰ τῶν ἀποθανόντων εἰσιέναι καὶ δειπνεῖν, ἡ δὲ ὑποδοχὴ λέγεται γενέσθαι ὑπὸ τοῦ ἀποθανόντος κατὰ τιμὴν τὴν ἐκ τῶν συμβιωτῶν εἰς τὸν ἀποθανόντα.‟ Der Text ist sehr wichtig für das Totengedächtnismahl. Daß Kultgenossen auch ihre eigenen Begräbnisplätze haben wollten, ist verständlich; die Juden haben dies geübt und die Christen. Aber auch heidnische Mysterienvereine hatten schon ähnlichen Brauch. Vgl. z. B. die aus der ersten Hälfte des 5. Jahrh. v. Chr. stammende Inschrift aus Cumä bei R. Eisler, Orpheus—the Fisher (London 1921) Pl. I (= Notizie degli scavi 1905 p. 387): „Οὐ θέμις ἐντοῦθα κεῖσθαι ἰ με τὸν βεβαχχευμένον.‟

[1]) Vgl. Dittenberger, Sylloge III³ Nr. 1101 Z. 24. 40. 44; Nr. 1104 Z. 10. 12. 15. 27. 34. 42.

[2]) R. Eisler, Orpheus—the Fisher (London 1921) 266—270 hat eine große Mühe aufgewandt, um Isopsephien in der Aberkiosinschrift nachzuweisen. Die Mühe war leider umsonst. Was soll es bedeuten, wenn hier nach alter Zählweise ($A—\Omega = 1$—24) ausgerechnet wird, daß $IX\Theta Y\Sigma = ABEPKIO\Sigma$ sei, daß ferner der von Eusebius überlieferte Name $AYIPKIO\Sigma = \Pi Y\Theta A\Gamma OPA\Sigma = \Delta IOP\Phi O\Sigma$ sei und daraus die Vermutung abgeleitet wird, „daß dieser Mann Avirkios Mitglied einer Orphischen und Pythagoreischen Mysteriengemeinschaft gewesen zu sein scheine, bevor er Christ wurde‟? Ferner hören wir, daß $IEPO\Pi O\Lambda I\Sigma = IEPOY\Sigma A\Lambda HM$ sei, $\Pi OIMHN = MA\Theta HTH\Sigma$; $BA\Sigma I\Lambda I\Sigma\Sigma A = IH\Sigma OY\Sigma$; $\Sigma\Phi PA\Gamma I\Sigma = IH\Sigma OY\Sigma$ usw. Ich möchte erneut warnen, für solche Lieblingsthemata in der Religionsgeschichte Geltung beanspruchen zu wollen. Mit der Isopsephie könnte die echte Forschung sonst ernstlich gefährdet werden.

[3]) In $IX\Theta YC$ I 308ff., 255, 255N, 256, 301 sowie in Sol Salutis 60f., 76, 280f. habe ich genügend Beispiele namhaft gemacht. Besonders deutlich ist die Inschrift an einem Felsengrab zu Schnän ($IX\Theta YC$ I 310), wo die einzelnen Zeilen in ihrem Wortlaut durch die am Schlusse stehende Zahl $BYM\Gamma = 2443$ gesichert werden. Daß hier eine Isopsephie vorliegt, wird dadurch verbürgt, daß alle ganz erhaltenen Zeilen, wie 2. 3. 4. 6. 8 diese Zahl ergeben. Ἰησοῦς ὁ Χρειστός gibt hier ebenso $2443 = BYM\Gamma$ wie Γένους Δαυίδ οὐράνιος κλάδος. Von einer Jesuslitanei, wie C. M. Kaufmann uns glauben machen will, ist nicht die Rede, sondern von der Spielerei eines Orientalen, der viel Geduld und Zeit hatte. Zur Lesung $BYM\Gamma$ und der Isopsephie vgl. L. Jalabert S. J. in Mélanges de la Faculté Orientale. V (1911) Bibliogr. p. XXVII—XXVIII.

müßte im Einzelfall bewiesen werden. Bloße Vermutungen verwirren mehr, als daß sie klären.

Die Worte ταῦθ᾽ ὁ νοῶν gehen über die Alltagsrede der Zeilen 17 und 18 hinüber zu den Versen 3—16, die damit als eine geheimnisvolle Rätselrede, als ein Symbol gekennzeichnet werden. Die symbolische Rede galt als wertvoll für Theologie und Frömmigkeit. Sich der symbolischen Rede richtig zu bedienen und die symbolische Sprache richtig zu deuten, galt als das Zeichen eines weisen Mannes [1]. „Etwas anderes wird gesagt, etwas anderes aber verstanden —, unter der Einfalt der alltäglichen Sprache birgt sich der geheime Grund und die eingehüllte Tiefe des Mysteriums" [2]. Diese antike Definition hat ihre christliche [3] Anwendung gefunden in der Aberkiosinschrift.

<h2 style="text-align:center">§ 4.</h2>

<h2 style="text-align:center">Der Fisch als Sinnbild der Eucharistie in der Pektoriosinschrift.</h2>

Zum Ritual des Eucharistieempfangs.

Die Aberkios-Inschrift bietet uns den Fisch als Sinnbild der Eucharistie für das griechische Kulturgebiet Kleinasiens. Ganz Ähnliches begegnet uns in Gallien in einer griechischen Grabinschrift, die im Jahre 1839 zu Autun, dem alten Augustodunum in Gallien aufgefunden wurde [4]. Der Text lautet nach der Ergänzung von O. Pohl [5]:

---

[1] Klemens von Alexandrien, Stromata V 8 § 46, 2 (GCS: Clem. II 357 Stählin): „Χρησιμώτατον ἄρα τὸ τῆς συμβολικῆς ἑρμηνείας εἶδος εἰς πολλὰ καὶ πρὸς τὴν ὀρθὴν θεολογίαν συνεργοῦν καὶ πρὸς εὐσέβειαν καὶ πρὸς ἐπίδειξιν συνέσεως καὶ πρὸς βραχυλογίας ἄσκησιν καὶ σοφίας ἔνδειξιν· »σοφοῦ γὰρ τὸ χρῆσθαι τῇ συμβολικῇ φράσει δεξιῶς«, φησὶν ὁ γραμματικὸς Δίδυμος, »καὶ τὸ γνωρίσαι τὸ διὰ ταύτης δηλούμενον«."

[2] Arnobius, Adversus nationes V 32 (CSEL 4, 203 Z. 15 ff. Reifferscheid): „aliud quidem dicitur, sed intellegitur aliud — et sub vulgari simplicitate sermonis latet ratio secreta et altitudo involuta mysterii."

[3] Dieses Urteil bleibt bestehen, auch wenn man in dem Gebet für die Toten nicht eine kennzeichnende Eigenart des Christentums erkennen will. Daß auch die Heiden für ihre Toten beteten, bezeugt z. B. Tertullian, Adversus Marcionem V 10 (CSEL 47, 605 Kroymann): „Viderit institutio ista: kalendae, si forte, Februariae respondebunt illi pro mortuis petere."

[4] Vgl. unsere Tafel XLIX 2.

[5] O. Pohl, Das Ichthys-Monument von Autun (Berlin 1880) 16. Zur Inschrift und der einschlägigen Literatur vgl. Dölger, ΙΧΘΥC I 12—15; 177—183.

’Ιχθύος ο⟨ὐρανίου θε⟩ῖον γένος ἤτορι σεμνῷ

Χρῆσε, λαβὼ⟨ν πηγὴ⟩ν ἄμβροτον ἐν βροτέοις

Θεσπεσίων ὑδάτ⟨ω⟩ν. τὴν σὴν, φίλε, θάλπεο ψυχ⟨ὴν⟩

῞Υδασιν ἀενάοις πλουτοδότου σοφίης.

5 Σωτῆρος ἁγίων μελιηδέα λάμβαν⟨ε βρῶσιν⟩,

῎Εσθιε πινάων, ἰχθὺν ἔχων παλάμαις.

’Ιχθύι χό⟨ρταζ’⟩ ἄρα, λιλαίω, δέσποτα σῶτερ.

Εὖ εὗδοι μ⟨ή⟩τηρ, σὲ λιτάζομε, φῶς τὸ θανόντων.

’Ασχάνδιε ⟨πάτ⟩ερ, τὠμῷ κε⟨χα⟩ρισμένε θυμῷ,

10 Σὺν μ⟨ητρὶ γλυκερῇ καὶ ἀδελφει⟩οῖσιν ἐμοῖσιν,

’Ι⟨χθύος εἰρήνῃ σέο⟩ μνήσεο Πεκτορίοιο.

Des himmlischen Fisches göttliches Kind [1], rein dir die Seele
Bewahr [2]; denn du empfingst im Kreise der Sterblichen den unsterb-

lichen Quell

Göttlichen Wassers. Erquicke, o Freund, dir die Seele
Mit ewig quellendem Wasser der reichtumspendenden Weisheit [3].

---

[1]) Man könnte zunächst vermuten, daß *γένος* hier allgemeiner mit Geschlecht übersetzt werden sollte. Vgl. z. B. Apg. 17, 28: „*τοῦ γὰρ καί γένος ἐσμέν*" (aus Aratos). Auch ein Inschriftfragment aus der Priszillakatakombe bei J. WILPERT, Fractio panis (Freiburg i. B. 1895) 85 Fig. 9 darf beachtet werden. Hier heißt es von der Toten, die redend eingeführt wird, in den drei letzten Zeilen *ΕΙΣΟΝ ΣΟΙ ΓΕνος ΕΙΜΙ Ζ...| ΟΙΗ CΗ ΧΑΡΙΤΙ Τε ΕΙΜι...| ΕΙΣΟΘΕΟΝ ΔΩΡΗΜΑ ΦΕΡουσα...|*. Der Text nimmt sich aus wie eine Empfehlung an den Richter des Jenseits. Ähnliche Formeln kannte die Orphische Theologie. Vgl. z. B. die Grabtäfelchen aus Unteritalien bei L. OLIVIERI, Lamellae aureae Orphicae (Bonn 1915) 4 Nr. a: A Z. 3. Hier spricht die abgeschiedene Seele zu den Herrschern des Totenreiches: „*καὶ γὰρ ἐγὼν ὑμῶν γένος ὄλβιον εὔχομαι εἶμεν.*" Ebenso a: B Z. 3; a: C Z. 3. Dazu S. 12 b a[1] Z. 6f.: „*Γῆς παῖς εἰμι καὶ Οὐρανοῦ ἀστεροέντος, | αὐτὰρ ἐμοὶ γένος οὐράνιον.*" — Doch ist die Auffassung Jesu als Vater der Christen geläufig; vgl. z. B. Akten des J u s t i n u s 4, 8 oben S. 483 A. 8. Danach ist die Bezeichnung des Christen als Sohn des himmlischen Fisches nahe-liegend, zumal „Sohn des Fisches" bezeugt ist. So H i e r o n y m u s, Ep. 7, 3 (Migne PL 22, 339): „*Bonosus, ut scribitis, quasi filius ἰχθύος, id est, piscis, aquosa petit.*" Dazu T e r t u l l i a n, De baptismo 1 S. 2 LUPTON: „*nos pisciculi secundum ΙΧΘΥΝ nostrum Jesum Christum ...*" Demnach möchte ich ’*Ιχθύος* .., *γένος* fassen wie oben S. 246 A. 2 *Κρόνου γένος.*

[2]) *Χρῆσε* statt *χρῆσαι.* C. M. KAUFMANN, Handbuch der altchristlichen Epi-graphik (Freiburg i. B. 1917) 179 übersetzt: „heilige dein Herz, indem du unter Sterblichen am unsterblichen Quell göttlicher Wasser dich labst." Das ist ebenso irrig wie die Übersetzung bei H. KIHN, Patrologie I (Paderborn 1904) 383: „andäch-tigen Herzens nimm den unsterblichen Quell göttlichen Wassers zu dir." Richtig H. ACHELIS, Das Symbol des Fisches (Marburg 1888) 29. Es handelt sich um eine Mahnung zur Bewahrung der Taufunschuld. Vgl. dazu F. J. DÖLGER, Sphragis (Paderborn 1911) 126 ff., besonders 129 zu I Tim. 5, 23; Jak. 1, 27 usw.

[3]) Zum Bilde vgl. M e t h o d i u s v o n O l y m p u s, Symposion IV 3 § 100 S. 49

5 Nimm vom Heiland der Heiligen[1] die Speise wie Honig so süß[2],
Iß mit Freud und Verlangen, in den Händen haltend den Fisch.
Herr und Heiland, ich bitte, gib zur Speise den Fisch.
Sanft ruhe die Mutter, so ruf ich zu dir, dem Lichte der Toten[3].
Vater Aschandios, du meinem Herzen so lieb,
10 Mit der süßen Mutter und den Brüdern mein
Gedenke im Frieden des Fisches deines Pektorios doch!

Daß eine gewisse Art der Religionsgeschichte in dieser Inschrift etwas vom Kulte der Großen Göttermutter Kybele entdeckt
hat, braucht für uns nur mehr eine Erinnerung der religionsgeschichtlichen Forschung zu sein[4]. Die ersten sechs Verse bilden
schon nach ihrer Versform — es sind Distichen — eine geschlossene
Einheit. Diese Selbständigkeit kommt obendrein zum Ausdruck in
der Tatsache, daß das erte Wort *IXΘΥC* in den Anfangsbuchstaben
der ersten fünf Zeilen nach Sibyllenart[5] wiederkehrt[6]. Die sechste

---

Z. 5—9 BONWETSCH: „εἰς ὕψος γὰρ τότε τὸ τῆς παρθενίας ἔρνος μεγεθύνεται
σφοδρῶς τε καὶ λαμπρῶς, ὁπόταν ὁ δίκαιος καὶ ἐγκεχειρισμένος τηρεῖν αὐτὴν καὶ
ἐργάζεσθαι τοῖς ἠπιωτάτοις τοῦ Χριστοῦ νάμασιν ἀρδεύῃ, σοφίᾳ κατα-
ψεκάζων.“

[1]) ἀγίων gehört zu σωτῆρος. Das hätte C. M. KAUFMANN aus F. J. DÖLGER,
IXΘΥC I 180 ersehen können; er hätte dann nicht irrig „Speise der Heiligen“ übersetzt.

[2]) Man beachte dazu, was oben S. 493 von dem Beiwort χρηστός gesagt wurde.

[3]) Θανόντων heißt „der Toten“. C. M. KAUFMANN a. a. O. 180 irrig „der
Sterbenden“. Von der „Hilfe in extremis“ ist keine Rede.

[4]) Vgl. F. J. DÖLGER, *IXΘΥC* I 177—183: Das *IXΘΥC*-Monument von Autun
und die These von G. A. van den Bergh van Eysinga. Warum C. M. KAUFMANN
a. a. O. 179 A. 5 so anonym von meiner Widerlegung spricht?

[5]) Siehe H. DIELS, Sibyllinische Blätter (Berlin 1890) 24; 26 und DÖLGER,
IXΘΥC I 65 f. Als Beispiele von Grabinschriften, in denen der Name des Verstorbenen in der Akrostichis genannt ist, habe ich mir angemerkt aus Carmina
latina epigraphica ed. F. BUECHELER die Nummern: 108, 109, 301, 436, 437, 438,
439, 511, 512, 513, 514, 516, 569, 651, 661, 669, 676, 696, 704, 708, 712, 725, 726,
727, 744, 745, 747, 748, 749, 795, 796, 797, 858, 1613, 1615, 1814, 1830, 1838.
Die Nummern 108, 651, 676, 696, 748, 797, 1814, 1830 weisen am Schlusse auf die
Akrostichis hin. Ein weiteres Beispiel bietet E. ENGSTRÖM, Carmina latina epigraphica post editam collectionem Buechelerianam in lucem prolata (Gotoburgi-
Lipsiae 1912) Nr. 208. Die gleiche Nummer auch bei E. DIEHL, Lateinische altchristliche Inschriften[2] (Bonn 1913) Nr. 346. Ein griechisches Beispiel einer
Akrostichis in einer Grabinschrift Kleinasiens bietet F. BOLL, Akrostichische Inschrift
aus Sinope (ARW 13 [1910] 475—478). Die Inschrift lautet Θέμις | Ἥλιος | Σελήνη |
Ἑρμῆς | Ὑδρήχοος | Σείριος. Die Anfangsbuchstaben ergeben ΘΗΣΕΥΣ. Zur Akro-
stichis überhaupt vgl. noch GRAF, Akrostichis bei PAULY-WISSOWA RE I 1, 1200—
1207 und H. LECLERCQ, Acrostiche in DACL I 1, 356—372.

[6]) Eine Parallele zur Akrostichis der Pektoriosinschrift bieten die Sibylli-
schen Orakel VIII 217—250, wo die Akrostichis die Worte Ἰησοῦς Χριστὸς Θεοῦ

Zeile wiederholt das Wort noch einmal. Da „die Heiligen" in frühchristlicher Zeit ein geläufiger Ausdruck für Christen war[1], so ist der Heiland der Heiligen natürlich Christus. Von einer antiken Gottheit kenne ich eine solche Benennung nicht. Die honigsüße[2] Speise des Heilands der Heiligen ist die Eucharistie; sie wird sinnbildlich als Fisch bezeichnet, sodaß in der Inschrift die *IXΘΥC*-Kürzung[3] mit dem Symbol zusammentrifft.

Υἰὸς Σωτήρ Σταυρός ergibt, die in ihren Anfangsbuchstaben die zweite Akrostichis *IXΘΥC* erzielen. Vgl. DÖLGER, *IXΘΥC* I 52—68. Genauer noch wäre die Parallele in der lateinischen Inschrift bei DÖLGER, *IXΘΥC* I 184 Nr. 3, wo in der Überschrift das Wort *IXΘΥC* steht und am Anfang der Zeilen je ein Buchstabe des Wortes *IXΘΥC* wiederholt ist. Das weist auf ein griechisches Vorbild, ähnlich der Pektoriosinschrift, wo die Buchstaben mit dem folgenden Zeilentext verknüpft waren. Beim Lateiner ist die rein mechanische Nachahmung ohne Verbindung mit dem lateinischen Text. — Zwei lateinische Akrostichen, die am Anfang und Schluß den Namen IESVS zeigen, bei M. IHM, Damasi Epigrammata (Lipsiae 1895) Nr. 64 und 65.

[1]) Vgl. DÖLGER, *IXΘΥC* I 181 ff.   [2]) Vgl. dazu oben S. 493.

[3]) Vgl. besonders den Übergang des letzten Buchstabens von *IXΘΥC* zu dem von ihm dargestellten Wort *Σωτήρ*. Dazu DÖLGER, *IXΘΥC* I 180. Die Denkmäler mit *IXΘΥC* als Kürzung mehren sich. Zu meinem Katalog von 79 Nummern in *IXΘΥC* I. Bd. habe ich bereits Nr. 80 (Gemme im Museum zu Athen); 81 (Medaillon aus Rom) und 82 (Papyrus aus Ägypten) hinzugefügt. Vgl. F. J. DÖLGER, Die *IXΘΥC*-Formel in einem griechischen Papyrus des Jahres 570 und das Apsis-Mosaik von S. Apollinare in Classe zu Ravenna (Byzantinisch-neugriechische Jahrbücher 1 [1920] 40—47). Die Nr. 81 ist jetzt abgebildet auf unserer Tafel LXVII 1; 1a; 2. 2a; wobei 1. 2 das Lichtbild nach dem Original und 1a. 2a den Gipsabguß mit nachgezeichneter Grundlinie gibt. Schon L. FONCK S. J. hat Zweifel an der Echtheit geäußert; ich halte das Stück für eine Arbeit aus der Mitte des 19. Jahrhunderts. Von besonderer Wichtigkeit ist der Papyrus aus Antinopolis (Nr. 82), veröffentlicht von H. J. BELL in Greek Papyri in the British Museum. Catalogue with Texts. Vol. V (London 1917) 147 Nr. 1714. Der Text lautet χμγ ϑς | Θεοῦ χάρις | Θεὸς ἡγοῦ | ὁ Θς μεϑ᾽ ἡμῶ(ν) | 5 ἐν παντὶ καιρῷ ςϑ | Ϊ // X // Θ // Υ // Σ | Ἰης Χς Θυ Υς Σωτ. Wichtig ist, daß hier die Kürzung *IXΘΥC* noch einmal in Erläuterung als ᾽Ιη(σοῦ)ς Χ(ριστὸ)ς Θ(εὸ)ς Θ(εο)ῦ Υ(ἰὸ)ς Σωτ(ήρ) wiederholt wird. Als Nr. 83 füge ich nunmehr bei ein Graffito *ΠΙXΘΥC*, das bei den neuen Ausgrabungen in S. Sebastiano in Rom entdeckt wurde und das mir Dr. P. STYGER in Beschreibung, Abklatsch und Photographie zugänglich machte. Durch die Freundlichkeit von A. FRIDRICHSEN erhielt ich unter dem Poststempel des 22. Januar 1922 Kenntnis von Nr. 84, einem kleinen Papyrus, der von S. EITREM in einem Antiquitätengeschäft zu Kairo erworben wurde und jetzt der Universitätsbibliothek zu Kristiania gehört. Vgl. S. EITREM-A. FRIDRICHSEN, Ein christliches Amulett auf Papyrus (Kristiania 1921) = Videnskapsselskapets Forhandlingen for 1921 Nr. 1. Indem ich auf den sachkundigen Kommentar der beiden Herausgeber verweise, gebe ich hier nur den wichtigen Text nach S. 3 unter Vergleichung der Photographie auf Taf. I:

Unsere Deutung sichert das Wort „in den Händen haltend den Fisch". Dies ist eine bildgetreue Wiedergabe einer frühchristlichen Kommunionsitte. Für die private Hauskommunion war sie ganz natürlich, da die Gläubigen die Eucharistie mit ihren Händen aus dem Aufbewahrungskästchen zum Genusse herausnehmen mußten[1].

XMΓ

$$\Omega\varrho\omega\varrho\varphi\omega\varrho\varphi\omega\varrho\ \ \ddot{I}\alpha\acute{\omega}\ \Sigma\alpha\beta\alpha\acute{\omega}\vartheta\ \acute{}A\delta\omega\nu\alpha\acute{\iota}\ \acute{}E\lambda\omega\acute{\varepsilon}\ \Sigma\alpha\lambda\alpha\mu\acute{\alpha}\nu\ I.\varrho\chi$$

Ωρωρφωρφωρ Ϊαώ Σαβαώϑ ᾽Αδωναί ᾽Ελωέ Σαλαμάν Ι.ρχ
Δέννω σε, Σκορπίε ᾽Αρτεμίσιε τ͞ε, διαφύλαξον τὸν οἶκον τοῦτον
μετὰ τῶν ἐνοικούντων ἀπὸ παντὸς κακοῦ, ἀπὸ βασκοσύνης
5 πάσης ἀερίνων πνευμάτων καὶ ἀνϑρωπίνου ὀφϑαλ⟨μοῦ⟩,
καὶ πόνου δεινοῦ ⟨καὶ⟩ δήγματος σκορπίου καὶ ὄφεως, διὰ τὸ
ὄνομα τοῦ ὑψίστου ϑεοῦ ναιας μελιζ ξυρουρο ααααα
βαϊνχωωωχ μα ιιιιιι λ ἠνάγκορη · Φύλαξον, Κύριε, υἱὲ τοῦ
Δαυῖδ κατὰ σάρκα, ὁ τεχϑεὶς ἐκ τῆς ᾽Αγίας Παρϑένου
10 Μαρίας, ἅγιε ὕψιστε ϑεέ, ἐξ ᾽Αγίου Πνεύματος · Δόξα σοι,
οὐράνιε βασιλεῦ · ᾽Αμήν · A ┴ ω ᛏ A ✠ ω IX͞Θ͞Υ͞C ·

Das letzte Wort hätte Eitrem nicht als ᾽Ιχϑύς wiedergeben sollen, da es durch die bei vier Buchstaben angegebenen Querstriche als Kürzung kenntlich gemacht ist. Wir haben hier eine Türschutzformel ähnlich der jüdischen Mezuza und anderer Texte, über die ich *IXΘΥC* I 239 ff. berichtet habe. Hier soll nur das wichtigste Gegenbeispiel angemerkt werden, das sich Eitrem leider hat entgehen lassen; es steht bei HUNT, The Oxyrhynchus Papyri VII (London 1910) 213 f. = Pap. 1060 (6. Jahrhundert):

† Τὴν ϑύραν τὴν ᾽Αφροδίτην
φροδιτην ροδιτην οδιτην
διτην ιτην την ην. ωρωρ
φωρφωρ ᾽Ιάω Σαβαὼϑ ᾽Αδονὲ
5 δενοσε σκορπίε αρτερησιε,
ἀπάλλαξον τὸν οἶκον τοῦτον
ἀπὸ παντὸς κακοῦ ἑρπετοῦ
⟨καὶ⟩ πράγματος ταχὺ ταχύ
ὁ ἅγιος Φωκᾶς ὧδέ ἐστιν
10 Φ⟨α⟩μενὼϑ ιγ ἰνδ(ικτίωνος) τρίτης
τ . . . (Datum lautet auf den 9. März; Phokastag ist der 5. März).

Dies ist ein richtiger Schwindezauber, bei dem der Name des Dämons (hier Aphrodite) stets um einen Buchstaben gekürzt wird, wodurch der böse Geist nach antiker Auffassung gezwungen wird, zu weichen, um nicht mit seinem Namen sein Wesen und sein Dasein zu verlieren. Die Mischung von Jüdischem, Heidnischem und Christlichem ist für diese Literaturgattung kennzeichnend. Die Zeile 5 wird durch die Zeile 2 des vorausgehenden Papyrus verdeutlicht.

[1] Tertullian, De oratione 19 (CSEL 20, 192 Z. 9 REIFFERSCHEID-WISSOWA): „*Accepto corpore domini et reservato, utrumque salvum est, et participatio sacrificii et executio officii.*" Tertullian setzt sich mit ängstlichen Seelen auseinander, die an Stations-Fasttagen nicht an der eucharistischen Feier teilnehmen wollten, weil sie fürchteten, mit dem Genuß der Eucharistie das Fasten zu brechen. Tertullian findet einen Ausweg für die Vereinigung des Fastens (Nüchternheit) und

Aber auch für die Kommunion bei der liturgischen Feier ist die Eucharistiespendung in die Hände der Laien seit der Mitte des dritten Jahrhunderts für die gesamte Kirche erweisbar: Cyprian bezeugt sie für Karthago[1], Cornelius für Rom[2] und Dionysios für Alexandrien[3]. Der Brauch ist aber beträchtlich älter, da er von diesen drei Bischöfen mit einer solchen Selbstverständlichkeit für Nordafrika, Italien und Ägypten genannt wird. Tertullian[4] und die Passio der Perpetua[5] setzen ihn für die Zeit um 200 voraus. Der Vorgang der unmittelbar vorher empfangenen Taufe und ersten Kommunion wirkte so lebhaft auf Perpetua, daß sich das Ritual im Traume spiegelte. Wenn Perpetua im Traume in der Paradiesesherrlichkeit *iunctis manibus* ($\zeta\varepsilon\acute{v}\xi\alpha\sigma\alpha\ \tau\grave{\alpha}\varsigma\ \chi\varepsilon\tilde{\iota}\varrho\alpha\varsigma$) vom Hirten Christus den Bissen Käse erhält, die Umstehenden aber das Amen sprechen und wenn die Erwachende eine Süßigkeit im Munde fühlt, so ist nur eine psychologische Möglichkeit denkbar. Bei der ersten Kommunion empfingen die Täuflinge neben dem eucharistischen Wein auch einen Trank

---

der eucharistischen Feier darin, daß man zum Tische des Herrn geht, aber die eucharistischen Gestalten nicht beim Gottesdienst genießt, sondern aufbewahrt d. h. mit nach Hause nimmt und erst am Abend nach Beendigung des christlichen Fasttags genießt. Das eucharistische Brot war also am Altare den Gläubigen übergeben worden. Vgl. Cyprian, De lapsis 26 (CSEL III 1, 256 HARTEL) (von einer Frau): *„et cum quaedam arcam suam in quo domini sanctum fuit manibus immundis temptasset aperire, igne inde surgente deterrita est, ne auderet adtingere."* Das Anfassen der Eucharistie war also sonst das Selbstverständliche.

[1]) Cyprian, De lapsis 22 (CSEL III 1, 253 Z. 20 HARTEL): Von einem zudringlichen Mann, der nach dem Falle in der Verfolgung wieder schnell aufgenommen werden will: *„Iacens stantibus et integris vulneratus minatur et quod non statim Domini corpus inquinatis manibus accipiat aut ore polluto Domini sanguinem bibat, sacerdotibus sacrilegus irascitur."* — Cyprian, De lapsis 26 (CSEL III 1, 256 Z. 9—12 HARTEL): *„et alius qui et ipse maculatus sacrificio a sacerdote celebrato partem cum ceteris ausus est latenter accipere, sanctum Domini edere et contrectare non potuit, cinerem ferre se apertis manibus invenit."* Der Empfänger schloß also unmittelbar nach Entgegennahme der Eucharistie die Hände; dann öffnete er sie behutsam wieder zum Genuß.

[2]) Cornelius bei Eusebius KG VI 43,18. 19 (GCS: Eus. II 2, 622 SCHWARTZ). Danach gab Novatian jedem seiner Gläubigen seinen Teil der Eucharistie in die Hände, faßte dann die geschlossenen Hände des Empfängers mit seinen beiden Händen und ließ ihn bei Leib und Blut Christi Treue geloben.

[3]) Dionysios an Xystus von Rom bei Eusebius KG VII 9 § 4 (GCS: Eus. II 2, 648 Z. 5—9 SCHWARTZ): *„εὐχαριστίας γὰρ ἐπακούσαντα καὶ συνεπιφϑεγξάμενον τὸ ἀμὴν καὶ τραπέζῃ παραστάντα καὶ χεῖρας εἰς ὑποδοχὴν τῆς ἁγίας τροφῆς προτείναντα καὶ ταύτην καταδεξάμενον καὶ τοῦ σώματος καὶ τοῦ αἵματος τοῦ κυρίου ἡμῶν μετασχόντα ἱκανῷ χρόνῳ . . ."*

[4]) Tertullian, De idololatria 7 (CSEL 20, 36 REIFFERSCHEID-WISSOWA).

[5]) Vgl. oben S. 468 A. 4.

von Milch und Honig. Diese Erinnerung ist in den Traum ver-
woben, der das Hirtengleichnis (*de caseo quod mulgebat*) mit verarbeitet. Das Amen erinnert an das Amen, das die Gläubigen nach
dem Eucharistiegebet des Priesters laut wie aus einem Munde sprachen[1] oder an das Amen nach der Kommunion. Damit ergibt sich, daß
auch das Ineinanderlegen der Hände zum Empfange der Eucharistie gehörte. Ein besonders klares Bild des Vorganges bieten uns
Cyrill von Jerusalem[2] und Chrysostomus[3], die beide in fast
völliger Übereinstimmung die Liturgieerklärung Antiochiens wiedergeben. Der Gläubige trat an den „heiligen Tisch" oder Altar heran
und empfing stehend die eucharistischen Elemente. Zum Empfange
des eucharistischen Brotes streckte er die Hände vor sich, legte
die rechte Hand kreuzweise in die flach geöffnete linke, sodaß die
rechte von der linken unterstützt zum Empfange bereit war. Der
Priester legte die Eucharistie in die Hand und sprach: „Leib Christi",
der Empfänger sagte „Amen"[4] und schloß vorsichtig die Hände.
Dann öffnete er sie wieder, beugte sein Gesicht darüber, um Stirne
und Augen damit zu berühren und zu segnen, worauf der Genuß
erfolgte. „Mache die linke Hand zum Throne für die rechte, die
den König empfangen soll" mahnt Cyrill von Jerusalem[5]. Dies ist
Symbolik. Die Händehaltung war zunächst von der nüchternen
Erwägung bestimmt, jegliche Gefahr zu vermeiden, etwas von dem
eucharistischen Brote auf die Erde fallen zu lassen[6]; fiel etwas
durch die Finger der rechten Hand, dann konnte dies Teilchen

---

[1] Vgl. Justin, Apologie I 65, 3: „οὖ συντελέσαντος τὰς εὐχὰς καὶ τὴν
εὐχαριστίαν πᾶς ὁ παρὼν λαὸς ἐπευφημεῖ λέγων· Ἀμήν." Ebenso I 67, 5. Dazu
Dionysios oben S. 512 A. 3.

[2] Cyrill von Jerusalem, Catech. mystagog. V 21 (II 394 Rupp).

[3] Chrysostomus, Ecloga quod non indigne accedendum sit ad divina
mysteria 47 (Migne PG 63, 898).

[4] Hippolyt, Ἀποστολικὴ παράδοσις S. 112 Hauler: „(sc. *episcopus*)
frangens autem panem singulas partes porrigens dicat: »Panis caelestis in
Chr(ist)o Ie(s)u«. *Qui autem accipit, respondeat:* »Amen«." Vgl. Apostolische
Konstitutionen VIII 13, 15 (I 518 Funk).

[5] Cyrill von Jerusalem, Catech. mystag. V 21 (II 394 Rupp).

[6] Tertullian, De corona mil. 3 (I 423 Oehler): „*Calicis aut panis etiam
nostri aliquid decuti in terram anxie patimur.*" — Origenes, In Exodum Homilia XIII 3 (GCS: Orig. VI 274 Z. 6—11 Baehrens): „*Volo vos admonere reli-
gionis exemplis; nostis, qui divinis mysteriis interesse consuestis, quomodo, cum
suscipitis corpus Domini, cum omni cautela et veneratione servatis, ne ex eo
parum quid decidat, ne consecrati muneris aliquid dilabatur. Reos enim vos
creditis, et recte creditis, si quid inde per negligentiam decidat.*" — Hieronymus,
Tractatus de psalmo 147 (Anecdota Maredsolana III, 2 [1897] 302 Z. 1 f. Morin):

von der linken aufgefangen werden. Diese Vorsicht war vor allem
bedingt durch die Ehrfurcht vor dem Leibe Christi. Dazu kam die
antike Volksvorstellung, daß die Brosamen, die vom Tische fielen,
den Geistern gehören [1]. Diese Volksvorstellung wirkte im Christentum weiter in der Annahme, daß die bösen Geister sich des auf die
Erde fallenden Teilchens der Eucharistie bemächtigen könnten [2]. Solche
Furcht erhöhte noch die Aufmerksamkeit beim Empfang der Eucharistie. Mit der Spendung der Eucharistie in die Hand ist ferner die
Vorschrift, vor dem Gottesdienste die Hände zu waschen, sowie die
Aufstellung von Wassergefäßen, Lustrationsbecken und Springbrunnen im Atrium der Basiliken auf das engste verknüpft. Neben
der Händewaschung galt für Frauen noch die Vorschrift, ein linnenes
Tüchlein über die Hand zu legen [3].

    „In den Händen haltend den Fisch" ist ein geheimnisvolles Wort.
Es müßte völlig unverständlich bleiben, wollte man mit gewissen
Vertretern der Religionsgeschichte einen realen Vorgang aus einem
Mysterienkulte oder eine Sitte aus dem profanen Leben darunter
verstehen. Man hat hier wieder einmal die antike Kultur nicht
beachtet. Den Fisch mit den beiden Händen oder auch nur mit
allen Fingern einer Hand bei Tisch anzufassen, würde in der Antike als eine Barbarei empfunden worden sein. Schon den Kindern
brachte man es in der Schule bei, daß man anständigerweise bei
Tische nach dem Fisch nur mit drei Fingern greife [4], genau wie es

---

„*Si quando imus ad mysterium — qui fidelis est intelligit — si micula
ceciderit, periclitamur.*" — Besonders Cyrill von Jerusalem, Catech. mystag.
V 21 (II 394 Rupp), Chrysostomus, Augustinus. Darüber anderwärts.

    [1]) Vgl. H. Usener, Götternamen (Bonn 1896) 249.

    [2]) Hippolyt, Ἀποστολικὴ παράδοσις S. 117 Hauler: „*Omnis autem festinet,
ut non infidelis gustet de eucharistia aut ne sorix aut animal aliud aut ne quid
cad[e]at et pereat de eo · Corpus enim est Chr(ist)i edendum credentibus et non
contemnendum · ⟨Calicem⟩ in nomine enim D(e)i benedicens accepisti quasi
antitypum sanguinis Chr(ist)i. Quapropter nolito effundere, ut non sp(irit)us
alienus velut te contemnente illu⟨d⟩ delingat.*" Vgl. die sog. Canones des
Hippolyt, Can. 28 S. 219 Riedel: „Der, welcher die Mysterien austeilt, und die,
welche sie empfangen, sollen scharf aufpassen, daß nichts auf die Erde falle, damit sich nicht ein böser Geist dessen bemächtige."

    [3]) Weil dem Lande der Pektoriosinschrift zugehörig, sei besonders Caesarius von Arles genannt (Migne PL 39, 2168. 5). Dazu C. Fr. Arnold, Caesarius von
Arelate (Leipzig 1894) 153 A. 498. Vgl. noch Synode von Auxerre (a. 573 od. 603)
Can. 36 (II 241 Bruns): „*Non licet mulieri nuda manu eucharistiam accipere.*"
Can. 42: „*Ut unaquaeque mulier quando communicat, dominicalem suum habeat.*"

    [4]) Plutarch, An virtus doceri possit 2 (III 145 Bernardakis): „καίτοι
διδάσκουσιν οἱ παιδαγωγοί ... ἑνὶ δακτύλῳ τὸ τάριχος ἅπτεσθαι, δυσὶ τὸν ἰχθὺν
σῖτον κρέας." In beiden Fällen ist natürlich der Daumen dazu gemeint.

unsere Bilder zeigen [1]. Beim eucharistischen Fisch aber, der nur bildlich so genannt wurde, brauchte man die beiden flachen Hände ($\pi\alpha\lambda\acute{\alpha}\mu\alpha\iota$), um ihn zu empfangen.

Die Inschrift in ihrer jetzigen Gestalt ist gekennzeichnet als eine richtige Spitznasenschrift ($\grave{o}\xi\acute{v}\varrho\upsilon\gamma\chi o\varsigma$ $\chi\alpha\varrho\alpha\varkappa\tau\acute{\eta}\varrho$), die in der zweiten Hälfte des vierten Jahrhunderts bei den Kalligraphen üblich war [2]. Dem ausgehenden vierten Jahrhundert mag die Inschrift zugehören. Daß die Akrostichispartie eine ältere Vorlage wiedergibt, ist möglich [3], aber völlig überzeugend beweisen läßt sich eine solche Vorlage nicht. Wichtiger ist uns, daß die darin niedergelegte Symbolik in Kleinasien bereits im zweiten Jahrhundert vorhanden war, wie uns die Aberkiosinschrift bezeugt hat. Bei den engen Beziehungen, die zwischen den Christen Südgalliens und Kleinasiens bestanden, ist es sehr naheliegend die geheimnisvolle Sprache der Pektoriosinschrift mit Kleinasien in Verbindung zu bringen. Es bleibt aber zu beachten, daß im vierten Jahrhundert die geheimnisvolle Rede von dem *Mysterium fidei* auch sonst auf einer Grabinschrift begegnet. Da das gewaltige christliche Inschriftenmaterial religionsgeschichtlich überhaupt noch nicht ausgewertet ist, sei wenigstens diese eine hier besprochen, zumal sie uns die Eucharistie als „Fisch der Lebendigen" besser verstehen lehrt.

§ 5.

Mysterium fidei. Zur Geschichte der Wegzehrung.

Viaticum und Kinderkommunion nach einer Inschrift der Konstantinischen Zeit.

Unter den Schwierigkeiten, auf die „schon bei ganz oberflächlicher Betrachtung" die christliche Deutung der Aberkiosinschrift stoßen soll, nannte G. Ficker auch diese: „Soweit ist das Christentum vor 216 noch nicht im Mysterienwesen versunken gewesen, daß bei einer inhaltreichen Grabschrift nach der Art der Abercius-inschrift der Name Jesu Christi fehlen könnte. Unsere Anschauungen von der Bekenntnisfreudigkeit der Christen der ersten beiden Jahrhunderte müßten umgewandelt werden, wenn wir diese gleichsam ängstliche Sorgfalt, dem Uneingeweihten nichts zu verraten, für christlich halten sollten" [4].

---

1) Vgl. Tafel LIV; LVII 1; LIX 1; LX; LXXII.
2) Vgl. oben S. 117 A. 5.   3) Siehe Dölger, *IXΘΥC* I 14.
4) G. Ficker, Der heidnische Charakter der Abercius-Inschrift 92 (Sitzungsberichte d. K. Preuß. Ak. d. W. 1894 I 92).

Wer weiß, daß *IXΘΥC* als Kürzung die denkbar größte Häufung der Namen Jesu darstellt, wird nicht davon reden, daß hier der Name Jesu Christi fehle. Allegorie und Symbolik ist ferner kein Versinken in das Mysterienwesen, und die Arkandisziplin war da. Nach dem Begriffe der Heiden in der zweiten Hälfte des zweiten Jahrhunderts war das Christentum eine neue Mysterienreligion. Zeuge dafür ist Lukian von Samosata[1]. Um 180 beklagt sich der heidnische Philosoph Kelsos über das κρύφιον δόγμα, über die geheimgehaltene Lehre der Christen. Origenes bezeichnet zwar diesen Vorwurf als unbegründet, da ja die Geburt Jesu aus einer Jungfrau, die Kreuzigung Jesu und der Glaube an seine Auferstehung, das Gericht und die Auferstehungshoffnung bekannt sei. Dann aber gibt Origenes zu, daß es im Christentum Lehren gebe, die nicht (sofort) für alle bestimmt seien. Das Christentum übe hier nichts anderes als die Philosophen, die ja auch exoterische und esoterische Lehren vortragen, und wenn man den heidnischen Mysterien keinen Vorwurf mache ob der Geheimhaltung ihrer Lehren, so sei ein solcher Vorwurf auch dem Christentum gegenüber nicht am Platze[2]. Zu den mit dem Schleier des Geheimnisses umgebenen Dingen rechnet Origenes die Eucharistie. Nach Anführung der Stelle von den zwölf Schaubroten (Lev. 24, 5—9) legt er zunächst den buchstäblichen Sinn dar und kommt dann auf das Wort Jesu vom Brote, das vom Himmel gestiegen ist (Joh. 6, 33) sowie auf den Befehl Jesu: „Tuet dies zu meinem Gedächtnis" (I Kor. 11, 25); daran schließt er das Wort: „Wenn du also etwas aufmerksamer dich an die kirchlichen Mysterien erinnerst, so wirst du in dem, was das Gesetz schreibt, ein Vorbild der künftigen Wahrheit finden. Aber über diese Dinge ist nicht mehr zu sagen, weil die bloße Erinnerung daran zum Verständnis genügt"[3]. Origenes bricht also ab in dem Augenblick, da er auf das Wesen der Eucharistie zu

---

[1] Lukian, Περὶ τῆς Περεγρίνου τελευτῆς 11: „μέγαν γοῦν ἐκεῖνον ἔτι σέβουσιν τὸν ἄνθρωπον, τὸν ἐν Παλαιστίνῃ ἀνασκολοπισθέντα ὅτι καινὴν ταύτην τελετὴν εἰσῆγεν ἐς τὸν βίον."

[2] Origenes, Κατὰ Κέλσου I 7 (GCS: Orig. I 59f. KOETSCHAU).

[3] Origenes, In Leviticum Homilia XIII 3 (GCS: Orig. VI 471 Z. 27—30 BAEHRENS): „*Si ergo intentius ecclesiastica mysteria recorderis, in his, quae lex scribit, futurae veritatis invenies imaginem praeformatam. Sed de his non est plura disserere, quod recordatione sola intelligi sufficit.*" F. X. FUNK, Das Alter der Arkandisziplin (Kirchengesch. Abh. und Unters. III [1907] 48) sieht in dem Satz ein „Bemerken, daß das nicht weiter auseinanderzusetzen, sondern allein in der Erinnerung festzuhalten sei". Dies trifft den Sinn nicht völlig. Die obige Übersetzung holt mehr für die Arkandisziplin heraus.

sprechen kommen sollte. Klarer noch spricht Origenes die Arkan-disziplin der Eucharistie aus in der neunten Homilie zum Buche Leviticus. Zur Besprechung steht der Text Lev. 16, 14: „Auch soll (Aaron) von dem Blute des Kalbes nehmen und mit dem Finger gegen den Sühnopferaltar besprengen, gegen Sonnenaufgang zu." Hierzu führt Origenes aus: „(Das göttliche Wort) lehrte, wie die Zeremonien der Entsühnung (und Versöhnung) der Menschen mit Gott bei den Alten ausgeführt werden sollten: du aber, der du zu Christus gekommen bist, dem wahren Hohenpriester, der mit seinem Blute Gott dir gnädig gestimmt und dich mit dem Vater versöhnt hat, denke nicht an das Blut des Fleisches: sondern verstehe viel-mehr das Blut des Logos, und höre ihn selbst, wie er zu dir sagt: »Dieses ist mein Blut, das für euch vergossen wird zur Ver-gebung der Sünden.« Wer in die Mysterien eingeweiht ist, der versteht, was das heißen soll, Fleisch und Blut des Logos Gottes. Verweilen wir also nicht bei dem, was den Wissenden bekannt ist, den Nichtwissenden aber nicht geoffenbart werden kann"[1]. Origenes spricht hier vor Katechumenen und Getauften, vor der gesamten Christengemeinde. Er spricht scheinbar ganz klar von der Eucharistie, aber doch ist es noch dunkel genug, um von den Katechumenen unverstanden zu bleiben. Das Rätsel ist für sie das gleiche, wie bei der Verheißungsrede Jesu, wo die Juden den Ein-wand erheben (Joh. 6, 53): „Wie kann uns dieser sein Fleisch zu essen geben?" Nach dem von Plato her überlieferten Grundsatz, daß der Ungeweihte hört, aber massiv versteht[2], wird begreiflich, was die Heiden von dem durch eine Teighülle verborgenen und so von dem nichtsahnenden Neuling des Christentums getöteten Kind zusammenfabelten[3].

---

[1] **Origenes**, In Leviticum Homilia IV 10 (GCS: Orig. VI 438 Z. 17—19 BAEHRENS): *„Novit, qui mysteriis imbutus est (οἶδεν ὁ μεμυημένος), et carnem et sanguinem verbi Dei. Non ergo immoremur in his, quae et scientibus nota sunt et ignorantibus patere non possunt."* Es mögen hier noch zwei Stellen angemerkt sein, die die Arkandisziplin für die Taufe bekunden: **Origenes**, In Exodum Homilia VIII 4 (VI 225 Z. 18 f. BAEHRENS): *„(domus nostra) . . . ornata est ornamentis sacramentorum fidelium, quae norunt, qui initiati sunt (ἃ ἴσασιν οἱ μεμυημένοι)."* — In lib. Iesu Nave Homilia IV 1 (XI 37 LOMMATZSCH): *„si vero ad mysticum baptismi veneris fontem et consistente sacerdotali et Levitico ordine initiatus fueris venerandis illis magnificisque sacramentis, quae norunt illi, quos nosse fas est, tunc etiam sacerdotum ministeriis Jordane digresso terram repro-missionis intrabis."*

[2] **Klemens von Alexandrien**, Stromata V 6 § 33, 5 (II 348 STÄHLIN).

[3] **Minucius Felix**, Octavius 9, 5 S. 12 Z. 13 ff. WALTZING.

Origenes ist uns ein Zeuge der Arkandisziplin für die erste Hälfte des dritten Jahrhunderts. Die Worte, die er gebraucht, machen nicht den Eindruck, daß es sich bei der Geheimhaltung der Eucharistie um eine erst kürzlich aufgetretene Neuerung handle. Nach Tertullian dürfen wir sie mindestens an den Ausgang des zweiten Jahrhunderts zurückdatieren. In seiner Schrift „Über die Schauspiele" ereifert sich der strenge Mann gegen Christen, die das Theater besuchen und den Gladiatorenspielen beiwohnen. Dabei gebraucht er das Wort: „Was ist es doch (für eine Untat), von der Versammlung Gottes in die Versammlung des Teufels zu eilen, oder wie man zu sagen pflegt, vom Himmel in den Höllenschlamm, wenn du die Hände, die du zu Gott erhoben hattest, nachher im Beifallklatschen für die Schauspieler müde machst; wenn du mit dem Munde, mit dem du zu dem Heiligen das Amen sprachst, über den Gladiator dein Urteil abgibst und *εἰς αἰῶνας ἀπ' αἰῶνος* überhaupt jemand anderen zurufst als Gott und Christus?"[1] Die ganze Darstellung bringt Gegensätze aus der Kirche Gottes und der Kirche des Teufels — aus der heiligen und profanen Liturgie. Das *ex ore quo Amen in sanctum protuleris* bezieht sich auf die eucharistische Feier, bei der das Volk dem Priester mit Amen antwortete[2], vielleicht noch näherhin auf den Kommunionempfang, bei dem die Gläubigen das Wort des Priesters „Leib Christi" mit Amen bestätigten[3]. *Sanctum* ist die Eucharistie[4]. Diese Ausdrucksweise erklärt uns nun eine Ausführung seiner Ketzerbestreitung: „Ich will nicht unterlassen auch von dem häretischen Gebaren eine Beschreibung zu geben, wie unzuverlässig, wie irdisch, wie menschlich es ist, ohne Ernst, ohne Würde, ohne Zucht, so wie es eben ihrem Glauben entspricht. Vor allem hat man keine Sicherheit,

---

[1] Tertullian, De spectaculis 25 (CSEL 20, 25 Z. 14—19 REIFFERSCHEID-WISSOWA). Zum antiken Zuruf vgl. OEHLER I 58 z. St.

[2] Vgl. oben S. 513 A. 1.

[3] Siehe etwa Apostolische Konstitutionen VIII 13, 15 (I 518 FUNK). Vgl. dazu oben S. 513 A. 4. Zu der Hippolytstelle wäre als zeitlich nächstliegende noch beizufügen Cornelius bei Eusebius KG VI 43, 19 (GCS: Eus. II 2, 622 Z. 12—15 SCHWARTZ): Novatian ließ die Empfänger der Eucharistie schwören, nicht zur Partei des Cornelius zurückzukehren: „*καὶ ὁ ἄθλιος ἄνθρωπος οὐ πρότερον γεύεται, εἰ μὴ πρότερον αὐτῷ καταράσαιτο, καὶ ἀντὶ τοῦ εἰπεῖν λαμβάνοντα τὸν ἄρτον ἐκεῖνον τὸ ἀμήν, »οὐκ ἐπανήξω πρὸς Κορνήλιον« λέγει.*" Dazu Ambrosius, De sacramentis IV 5, 25 S. 125 RAUSCHEN: „*Ergo non otiose dicis tu: Amen, iam in spiritu confitens, quod accipias corpus Christi. Dicit tibi sacerdos: Corpus Christi, et tu dicis: Amen, hoc est, verum. Quod confitetur lingua, teneat adfectus.*"

[4] Vgl. das Register unter *Sanctum.*

wer Katechumene, wer Gläubiger ist: in gleicher Weise kommen
sie (zum Gottesdienst), in gleicher Weise hören sie zu, in gleicher
Weise beten sie; auch die Heiden, wenn sie zufällig dazukommen.
(Schließlich) werden sie das Heilige auch noch den Hunden und
ihre, wenn auch unechten, Perlen den Schweinen hinwerfen" [1]. Da
Tertullian zuletzt das Futur *iactabunt* gebraucht, so geht er nicht
soweit, den Häretikern vorzuwerfen, sie gäben die Eucharistie den
Katechumenen preis. Aber er nimmt an, daß bei den Häretikern
die Katechumenen bei der eucharistischen Feier anwesend waren.
Bei Epiphanius begegnet denn auch die ausdrückliche Bestätigung, bei den Marcioniten würden die Mysterien in Gegenwart der
Katechumenen gefeiert [2]. Damit gewinnt die Tertullianstelle eine
besondere Zeugniskraft für die Arkandisziplin. Wenn Tertullian
die Feier der Eucharistie in Gegenwart der Katechumenen den Häretikern vorwirft, dann war es eben in der Kirche anders: die Eucharistie trug also schon damals den Charakter des Mysteriums. Es
braucht uns darum nicht zu wundern, wenn der noch heute bei
der Kelchkonsekration gesprochene Ruf *mysterium fidei* in seiner
sprachlichen Form bis hart an die Tertullianische Zeit erweisbar
und als *sacramentum. fidei* bei Cyprian bezeugt ist [3].

Die beiden behandelten Inschriften, die Grabinschrift des Aberkios und die Inschrift, die Pektorios seinen Eltern und Brüdern·
setzte, mußten mit ihrer geheimnisvollen Rede über die Eucharistie
deswegen so auffällig erscheinen, weil man keine weiteren Inschriften
mit Erwähnung der Eucharistie zu haben glaubte. Allein dies lag

---

[1] Tertullian, De praescriptione haereticorum 41, 1. 2 (II 39 OEHLER).

[2] Epiphanius, Panarion haer. 42, 3 (II 1, 556 OEHLER): „Μυστήρια δὲ
δῆθεν παρ᾽ αὐτῷ ἐπιτελεῖται τῶν κατηχουμένων ὁρώντων."

[3] Cyprian, Ad Quirinum (= Testimoniorum) III 50 (CSEL III 1, 154
Z. 3—9 HARTEL): „*Sacramentum fidei non esse profanandum. Apud Salomonem
in Proverbiis* (Prov. 23, 9): *In aures inprudentis noli quicquam dicere, ne quando
audierit, inrideat sensatos sermones tuos. Item in evangelio secundum Matthae-
um* (Matth. 7, 6): *Ne dederitis sanctum canibus neque miseritis margaritas vestras
ante porcos, ne forte conculcent eas pedibus suis et conversi elidant vos.*" Man
beachte, daß die gleiche Stelle bereits Didache 9, 5 auf die Eucharistie angewendet wurde. I Tim. 3, 9 ist τὸ μυστήριον τῆς πίστεως durch *mysterium fidei*
wiedergegeben. — Zur Entwickelungsgeschichte des Wortes *sacramentum* vgl.
besonders E. DE BACKER, Sacramentum. Le mot et l'idée représentée par lui dans
les œuvres de Tertullien (Louvain 1911). Wichtig ist, daß die Itala (Vulgata)
μυστήριον mit sacramentum wiedergab. Backer S. 98 glaubt nicht, daß dies
vor Tertullian der Fall gewesen sei. Für diesen Sprachgebrauch des vierten
Jahrhunderts sind die beiden Ambrosiusschriften *De mysteriis* und *De sacramentis*
bezeichnend.

an einer Verkennung anderer einschlägiger Inschriften. Zunächst möchte ich aus meinen zu einer Geschichte der Taufe gesammelten Inschriften einmal drei vorlegen, um die Geheimsprache des Christentums zu beleuchten. In der Domitillakatakombe finden sich auf einem Bodengrab zwei große Verschlußplatten[1] mit dieser Inschrift:

Urso et Polemio Cons(ulibu)s
nomine puella Felite in annis
p(lus) m(inus) triginta perc⟨e⟩p⟨i⟩t septimu(m) kal(endas) Apri(les)
et decessit in pace post tertiu(m) ka(lendas) Mai(as)
5 *die Mercuri ora diei nona.*

Das Konsulardatum weist auf das Jahr 338 n. Chr. In diesem Jahre also, am 26. März, hat die etwa dreißigjährige Felite „erhalten" *(percepit)* und „sie schied von hinnen nach dem 29. April, an einem Mittwoch, 3 Uhr nachmittags". Das rätselhafte *percepit* ist ein liturgischer Vorgang in der Osternacht, denn der 26. März 338 war das Osterfest. In der Nacht von Karsamstag auf Ostersonntag empfingen die Katechumenen das Sakrament der Wiedergeburt und der Eucharistie. Zu *percipere, accipere* ist nach vielen Gegenbeispielen *gratiam* oder *dei gratiam* (auch *fidem*) zu ergänzen. Statt dieses erweiterten Wortes *gratiam accipere* gebrauchte man mindestens seit der ersten Hälfte des dritten Jahrhunderts die gekürzte Form *accipere, percipere, consequi, λαμβάνειν*[2]. Ein sprechendes Beispiel ist uns erhalten in dem Briefe des Papstes Cornelius (251—253) an den Bischof Fabianus von Antiochien. Für das mangelhafte Christentum des Novatian macht Cornelius auch dieses geltend: „Anlaß zum Glauben ist für ihn der Satan gewesen, der in ihn fuhr und eine Zeitlang in ihm wohnte. Während die Beschwörer ihm zu Hilfe kamen, erlitt er einen gefährlichen Krankheitsanfall und da man ihn dem Tode nahe glaubte, »empfing er« auf dem Bette, wo er lag, durch Übergießung, wenn man überhaupt sagen darf, daß ein solcher empfangen hat"[3]. In der Zusammenstellung *περιχυθεὶς ἔλαβεν* wird unmittelbar klar, daß das *ἔλαβεν* und das folgende *εἰληφέναι* nur den Empfang der Taufgnade bedeuten kann[4].

---

1) Jede der beiden Platten mißt Höhe 0,27 m, Breite 0,80 m; sie sind mit der Schmalseite aneinander geschoben, sodaß die Gesamtlänge 1,60 m ist. Die vier ersten Zeilen stehen auf der ersten Platte, Zeile 5 auf der zweiten.

2) Die ganze Formelgruppe und ihre Beziehungen zum antiken Sprachgebrauch soll später einmal zur Darstellung kommen.

3) Cornelius bei Eusebius KG VI 43, 14 (GCS: Eus. II 2, 620 SCHWARTZ).

4) Vgl. noch ein klares literarisches Beispiel in der römischen Synode von 402 Kanon 6 (II 278 BRUNS).

Die inschriftlichen Belege dieses Sprachgebrauches setzen mindestens zu gleicher Zeit ein. Zwei schöne Beispiele aus dem dritten Jahrhundert seien hier angeführt, die Grabinschriften der beiden Mädchen Irene und Tyche, die im jugendlichen Alter von ein bis zwei Jahren starben und in der Priszillakatakombe in Rom beigesetzt worden. Da die Originale im Tafelband[1] nach meinen Graphitabzügen nachgesehen werden können, gebe ich hier gleich die Ergänzung:

Ir⟨en⟩e ♦ quae ♦ vix(it)	Irene, die lebte
cum ♦ p⟨are⟩ntibus ♦	mit ihren Eltern
suis m(ensibus) ♦ XI d(iebus) ♦ VI ♦	11 Monate, 6 Tage,
acc(epit) VII ♦ Id · April	„empfing" am 7. April
5 *et redd(idit) ♦ Id ♦ April*	und „gab zurück" am 13. April.

Die andere etwas besser ausgeführte Tafel meldet:

Tyche · dulcis	Tyche, die liebe
vixit · anno · uno ·	lebte 1 Jahr,
mensibus · X · dieb(us) XV	10 Monate, 15 Tage.
accepit VIII · k(al) . . .	Sie „empfing" am 8. vor den Kalenden ..
5 *reddidit · die s(upra) s(cripto).*	„gab zurück" am gleichen Tage.

Reddidit ist eine Kurzform für *reddidit spiritum*, auch *reddidit debitum vitae* kommt vor. *Accepit* ist die Kurzform für *accepit gratiam.* Sachlich entspricht es der Einweihung ins Christentum durch Taufe und Eucharistie. Die Eucharistie darf bei dem alten Begriff „gläubig werden" nicht von der Taufe getrennt werden. Die strenge Betonung der Eucharistie auch für die Kinder[2] bekräftigt dies.

In einem Falle vermag ich wenigstens nachzuweisen, daß das *accepit* oder das gleichwertige *fidelis factus* die Eucharistie umschloß. Es ist eine Inschrift aus der Nähe von Catania, jetzt im Nationalmuseum zu Paris. Ich gebe den Text nach dem Corpus inscript. lat.[3]:

---

[1]) Tafel XLVIII 1; XLIX 1. Die Irenetafel mißt Länge 0,51 m, Höhe 0,21 m; die Tychetafel Länge 0,81 m, Höhe 0,35 m.

[2]) Vgl. P. SCHANZ, Die Lehre von den heiligen Sacramenten der katholischen Kirche (Freiburg i. B. 1893) 421.

[3]) CIL X 2, 729 Nr. 7112. — Danach auch E. DIEHL, Lateinische altchristliche Inschriften[2] (Bonn 1913) 6 Nr. 16. — Ein Faksimile nach dem Original bringt H. LECLERCQ in DACL II 2, 2513 Fig. 2194.

> *Juliae Florentinae infan⟨t⟩i dulcissimae atq(ue) in-*
> *nocentissimae fideli factae parens conlocavit.*
> *Quae pridie nonas Martias ante lucem pagana*
> *nata Zoilo corr(ectore) p(rovinciae) mense octavo decimo et vices⟨i⟩-*
> 5 *ma secunda die completis fidelis facta hora no-*
> *ctis octava ultimum spiritum agens supervixit*
> *horis quattuor ita ut consueta repeteret, ac de-*
> *functa (est) Hyble hora die⟨i⟩ prima septimum kal.*
> *Octobres · Cuius occasum cum uterq(ue) parens om-*
> 10 *ni momento fleret, per noctem maiestatis*
> *vox extitit, quae defunctam lamen⟨t⟩ari prohi-*
> *beret · Cuius corpus pro foribus martyrorum cum*
> *loculo suo per prosbiterum humatu(m) e(st) IIII non. Oct(o)br(es).*

Der Julia Florentina, dem liebsten und unschuldigsten
Kind, dem gläubig gemachten, setzte der Vater (dies Grabmal).
Als Heidin ward sie geboren am 6. März vor Tagesanbruch
als Zoilus Corrector der Provinz war. Nach 18 Monaten und 22
5 Tagen wurde sie zur Gläubigen gemacht in der 8. Stunde
der Nacht, da sie dem Tode nahe schien. Sie lebte aber noch
vier Stunden, so daß sie das Übliche wieder empfing. Sie
starb zu Hyble in der ersten Stunde des Tags am 25.
September. Da beide Eltern über ihren Tod immerfort
10 weinten, ließ sich in der Nacht Gottes
Stimme vernehmen, die die Tote zu bejammern verbot.
Ihr Leichnam wurde vor den Türen der Martyrer mit
einem kleinen Sarg beigesetzt durch den Priester am 4. Oktober.

Leider ist der genannte Zoilus und sein Regierungsjahr nicht
näher bekannt. Unter Konstantin dem Großen bestand noch das
Amt eines *Correctors* der Provinz Sizilien[1]. Nach dem Tode
Konstantins ist der Titel für Sizilien nicht mehr erweisbar, weshalb
MOMMSEN die Inschrift in die Zeit vor 337, genauer vor den Tod
Konstantins setzt[2]. Jedenfalls ist der Inschrifttypus dieser Zeit
durchaus günstig.

Grundlegend für das Verständnis der Inschrift sind die Begriffe *paganus* und *fidelis*. *Paganus* ist hier der Nichtgetaufte.

---

[1]) Vgl. z. B. das Reskript Konstantins an den Bischof Chrestos von Syrakus
bei Eusebius KG X 5, 24 (GCS: Eus. II 889 Z. 21 SCHWARTZ): „ἵνα λαβὼν παρὰ
τοῦ λαμπροτάτου Λατρωνιανοῦ τοῦ κουρήκτορος Σικελίας.“

[2]) CIL X 2, 729 Nr. 7112. C. M. KAUFMANN, Handbuch der altchristl. Epigraphik (Freiburg i. B. 1917) setzt die Inschrift „noch vor die konstantinische
Epoche“. Da aber kein Grund angegeben wird, so kommt diese Behauptung
gegen MOMMSEN nicht auf.

Wir haben also die gleiche Ausdrucksweise wie bei Optatus von
Mileve um das Jahr 370[1], und in einem Reskript der Kaiser
Valentinianus und Valens vom Jahre 368 oder 370[2]. *Paganus* ist
im zweiten Jahrhundert bei Apuleius von Madaura ganz
deutlich soviel wie *rusticus*, der Bauer, eigentlich der vom Dorf
oder Gau[3]. Ulfilas hat also ganz richtig das Wort „Heide" von
dieser Unterlage (Heide = *pagus*) hergenommen. Die Entwicklung
kam aus der Soldatensprache. Die Soldaten des Lagers sprachen
von den Leuten außerhalb des Lagers als den Leuten von Gau
und Dorf = *pagani*. So war mit dem Wort Bauer zugleich der
Begriff Zivilist verbunden im Sinne eines, der nicht zum Lager gehört. Dadurch wird erst das unübersetzbare Wort Tertullians verständlich: *„apud hunc (sc.: Jesum) tam miles est paganus fidelis,
quam paganus est miles fidelis"*[4]. Tertullian spielt hier mit der
Doppelsinnigkeit von *fidelis* (und der Doppelsinnigkeit von *paganus*).
Man könnte etwa so übersetzen: „Bei Jesus ist (auch) Soldat der
gläubige Nichtsoldat, wie andererseits Nichtsoldat (= Heide) ist
der seinem Stande treu bleibende Soldat"[5]. Hier klingt also schon
die Bedeutung *paganus* = Nichtchrist an; wir könnten sagen der
Nichtzugehörige, der Nichteingeweihte, ein Begriff, der vielleicht
irgendwie in der Antike schon vorhanden war[6]. Später, als das
Christentum in den Städten erstarkte, hat man bei *paganus* an
den Anhänger einer Dorf- oder Bauernreligion gedacht. Auch die

---

[1] Optatus III 11 (CSEL 26, 99 Z. 2—5 ZIWSA): *„Quicumque enim crediderit, in nomine patris et filii et spiritus sancti crediderit, in nomine patris et
filii et spiritus sancti credidit, et tu eum paganum vocas post professionem fidei.
Si aliquis christianus, quod absit deliquerit, peccator dici potest, paganus iterum
esse non potest."*

[2] Codex Theodosianus XVI 2, 18 S. 841 MOMMSEN-MEYER.

[3] Apuleius, Metamorph. IV 3; VIII 23; IX 10 (S. 76 Z. 18; 194 Z. 25;
210 Z. 9 HELM).

[4] Tertullian, De corona 11 (I 445 OEHLER).

[5] In der neuen Übersetzung von H. KELLNER-G. ESSER in BKV 14, 254 ist
der Text völlig mißverstanden. Hier heißt es so: „Bei ihm gilt der gläubige
Nichtsoldat als Soldat, und der gläubige Soldat nicht mehr als eine Zivilperson."
In der Amkg. wird erläutert „T. will sagen, vor Gott sind Militär- und Zivilper-
sonen gleich". Wieder einer der vielen Fälle, in denen die alte Übersetzung dem
Sinne näher kam als die neue. T. will die Unvereinbarkeit des Soldatenstandes
mit dem Christentum nachweisen! Der an seinem Stande festhaltende Soldat wird
für Christus zum Nichtsoldaten d. h. er ist nicht zu ihm gehörig.

[6] Vgl. z. B. Persius, Prolog 6f. S. 3 JAHN-LEO[4]: „. . . *ipse semipaga-
nus | ad sacra vatum carmen adfero nostrum."* Gewiß ist hier *semipaganus*
der Bauerndichter, aber das *sacra* will beachtet sein.

Heiden in der Stadt haben vielleicht mit dem Wort schon ähnlich gespielt wie die späteren Christen [1]. Dabei mag man sich einer Bemerkung im Babylonischen Talmud erinnern, daß man die Götterbilder in den Städten zum Schmuck aufstelle, in den Dörfern aber zum Anbeten [2]. In unserer Inschrift ist *pagana* die Nichtgetaufte.

Nach einem weitverbreiteten Brauch war die Taufe des Kindes verschoben worden [3], wie auch Monica ihren Sohn Augustinus in seiner Jugend nicht taufen ließ, aus Furcht, er möchte die Taufunschuld wieder verlieren. So kam es, daß die Taufe vielfach zu einer Art Sterbesakrament wurde. Im Falle schwerer Krankheit beeilten sich die Eltern oder Verwandten, die Taufe für das Kind zu erwirken. Dies ist z. B. anzunehmen bei den Mädchen Irene und Tyche, deren Grabinschriften oben angeführt wurden. Das passendste Gegenbeispiel zu dem Text aus Hyble bietet folgende Grabschrift [4]:

D   M   S
Florentius filio suo Aproniano
fecit titulum benemerenti q(ui) vixit
annum et menses nove dies quin-
que · Cum solidu amatus fuisset a maiore sua et vidit
hunc morti constitutum esse petivit de aecclesia ut fidelis
de seculo recessisset.

Die Großmutter erbat also von der Kirche, daß Apronianus, ihr Liebling, als Gläubiger, d. h. getauft, von hinnen scheide.

Ähnlich haben wir uns die Situation der Julia Florentina zu denken. Das Mädchen wurde in schwerer Krankheit um 2 Uhr nachts getauft. Mit der Taufe war aber im ganzen Altertum die Eucharistie verbunden. Wie man das Ritual der Erwachsenentaufe auf die Kindertaufe übertrug, so übernahm man auch die Eucharistie. Die Praxis ist in ihrer Selbstverständlichkeit bis heute noch in der griechischen Kirche gewahrt, während die römische erst wieder beginnt, die erste Kommunion näher an die Taufe heranzurücken. Ein wichtiges Beispiel der Kinderkommunion bietet Cyprian [5]. Christliche Eltern waren in der Verfolgung geflohen.

---

[1] Vgl. dazu A. HARNACK, Die Mission I [2], 350.

[2] Babyl. Talmud, Aboda zara III 1 fol. 41 a (Gemara) (VII 938 GOLDSCHMIDT).

[3] Vgl. F. J. DÖLGER, Die Taufe Konstantins und ihre Probleme in der Festschrift: Konstantin d. Große und seine Zeit (Freiburg i. B. 1913) 429—437.

[4] E. LE BLANT, Inscriptions chrétiennes de la Gaule I 468 A. 5.

[5] Cyprian, De lapsis 25 (CSEL III 1, 255 HARTEL).

Ihr Kind hatten sie der Amme übergeben. Diese brachte das Mädchen zur heidnischen Behörde. Vor einem Götterbild wurde dort geopfert; alle genossen von dem Opferfleisch. Das Kind war noch zu klein, um davon genießen zu können, so gab man ihm einen Bissen Opferbrot, der in den Opferwein getaucht worden war. Als die Eltern zurückkamen, erfuhren sie von dem Vorfall nichts. Ahnungslos nahmen sie das Kind mit zur liturgischen Feier. „Am Schlusse der (eucharistischen) Feier begann der Diakon den Anwesenden den Kelch zu spenden. Nachdem die übrigen davon genossen, kam die Reihe an das Mädchen; dieses aber wandte auf Eingebung Gottes *(divinae maiestatis)* das Gesicht ab, preßte die Lippen fest zusammen und wies den Kelch zurück. Der Diakon jedoch bestand darauf, goß dem Kinde trotz des Widerstrebens vom Sakramente des Kelches ein. Dann folgt Schluchzen und Erbrechen. In dem befleckten Körper und Mund konnte die Eucharistie nicht bleiben, der geheiligte im Blute des Herrn (bestehende) Trank wich aus dem befleckten Körper." Das Kind, so klein, daß es noch nicht feste Speise nehmen konnte, hat also wie die übrigen die Eucharistie empfangen [1]. Es ist hier von einem gewöhnlichen Gottesdienste die Rede. Da aber Ungetaufte die Eucharistie nicht empfangen durften, so war das Kind getauft und hatte auch schon vor diesem Gottesdienst die Kommunion empfangen, erstmals mit seiner Taufe. Der liturgische Zusammenhang der ersten Kommunion mit der Taufe macht es erklärlich, wenn einige Kirchenschriftsteller Eucharistie und Taufe so enge verbinden, daß es fast den Anschein gewinnt, als hätten sie beiden Sakramenten die gleiche Notwendigkeit zuerkannt [2]. Heute ist es ganz selbstverständlich, die Taufe und Eucharistie als zeitlich und räumlich getrennte Sakramente zu betrachten. Wer aber im Altertum Wiedergeburt sagte, sprach damit die ganze christliche Einweihung aus, die sich in Taufe, Firmung und Eucharistie vollzog.

Die kleine Julia Florentina hat also nachts um 2 Uhr mit der Taufe auch die Eucharistie empfangen. Das Mädchen lebte aber noch vier Stunden *ita ut consueta repeteret*. Mit *repetere* ver-

---

[1]) Nach **Apostolische Konstitutionen** VIII 13, 14 (I 516 FUNK) ließ die kirchliche Liturgie die παιδία, die am Gottesdienste als Getaufte teilnehmen durften, ohne Unterschied des Alters kommunizieren. Nach VIII 12, 2 (I 494 FUNK) wird den Müttern im Gottesdienst die Mahnung gegeben, die Kinder (παιδία) zu sich zu nehmen; diese sind also recht klein gedacht. Andere Zeugnisse übergehe ich.

[2]) Vgl. z. B. Cyprian, Ad Quirinum III 25 (CSEL III 1, 140 HARTEL)

bunden muß es sich um einen wiederholten Akt handeln. Dieses *consueta repetere* wird damit begründet, daß das Mädchen nach der Aufnahme in das Christentum noch vier Stunden lebte; demnach scheint die Spanne Zeit so groß gewesen zu sein, daß das Kind diese *consueta* noch einmal erhalten konnte. Was sind nun die *Consueta?* H. LECLERCQ meinte dazu: „Nach dem Empfang des Sakramentes (der Taufe) schien (das Kind) wieder Leben zu gewinnen, es nahm die Brust seiner Amme"[1]. Mit dieser Deutung glaubte Leclercq den Satz *„ita ut consueta repeteret"* erklärt zu haben. Allein schon sprachlich ist dies kaum denkbar, da sich unmittelbar der Satz anschließt *„ac defuncta (est)"*. Wäre das scheinbare Wiederaufleben mit dem Verlangen nach der Mutterbrust gemeint, so erwartete man als Fortsetzung *„sed defuncta est"*, aber es starb. Von KAUFMANN's Vermutung, „ob damit eine Krankheitserscheinung oder dergleichen gemeint sei"[2], können wir absehen. Die Inschrift berichtet sonst religiöse Dinge, so wird auch „das Übliche" zu diesen zu rechnen sein. Die Griechen hatten einen Ausdruck τὰ νομιζόμενα, worunter sie „die heiligen Zeremonien" einer Kulthandlung verstanden, dies konnten die Zeremonien einer Reinigung sein[3], die üblichen Gebräuche an einem Tempel[4] oder auch das Ritual, das man den Verstorbenen widmete[5]. In einer dem zweiten Jahrhundert n. Chr. zugehörigen Inschrift aus Magnesia verordnet der Vorsteher eines Mystenkollegiums (ἀρχιμύστης), das Totengedächtnis für die Guttäter der Bruderschaft genau zu beobachten. Der griechische Text hat dafür τὰ εἰθισμένα αὐτοῖς προσφέρεσθαι[6]. Das ist also ganau das, was der Lateiner mit *consueta* oder *sueta* wiedergeben müßte. Tatsächlich haben wir einen Beleg für diese Ausdrucksweise bei einem lateinischen Schriftsteller, der mit der griechischen Inschrift aus Magnesia gleichzeitig ist, bei Apuleius von Madaura. Von einer Räubergesellschaft sagt er *„seque ad sectae sueta conferunt"*[7]. „Sie wandten sich zu den gewohnheitsmäßigen Bräuchen ihrer Sekte." Hier haben wir — bei Apuleius nicht verwunderlich — den Ausdruck einer

---

[1] H. LECLERCQ, Catane in DACL II 2, 2519.

[2] C. M. KAUFMANN, Handbuch der altchristlichen Epigraphik (Freiburg i. B. 1917) 187.

[3] Herodot I 35.   [4] Herodot I 49.

[5] Vgl. E. ROHDE, Psyche I⁵ 259 A. 1; 251 A. 3; 252; 260.

[6] B. LAUM, Stiftungen in der griechischen und römischen Antike II (Berlin 1914) 117.

[7] Apuleius, Metamorph. IV 24 S. 93 Z. 8 HELM.

Kultgenossenschaft in das profane Leben übernommen. *Consueta* in unserer Inschrift können also gewisse religiöse Akte bedeuten.

Das Kind lebte nach der Taufe noch vier Stunden, so daß es *consueta repeteret*. Da dies so besonders hervorgehoben wird, so scheint es etwas für die Eltern Bemerkenswertes, Erfreuliches gewesen zu sein, vermutlich eine Handlung, von der die Umgebung sogar wünschte, daß sie unmittelbar mit dem Abscheiden der Seele zusammenfalle; *ac defuncta est* schließt sich ja sofort an. Läßt sich etwas Derartiges aus der gleichzeitigen christlichen Kultur erweisen? E. Diehl hat zu dem Texte vermerkt „die üblichen Zeremonien d. h. wohl das Abendmahl bekam"[1]. Diehl ist damit dem Sinne der Inschrift ziemlich nahe gekommen, ohne jedoch das *repetere* zu erklären.

Die von Kardinal Rampolla herausgegebene Vita der hl. Melania gibt uns den Schlüssel, das Rätsel zu lösen. Melania starb am 31. Dezember 439. Ein Zeitgenosse und Augenzeuge, hinter dem man den Priester Gerontius vermutet, hat ihr Leben beschrieben. Diese Lebensbeschreibung ist lateinisch und griechisch erhalten. Welches der Urtext sei, ist strittig. Rampolla und Diekamp treten für den lateinischen Text ein, D'Alès, Butler und Weyman für den griechischen; der zweiten Partei schließt sich Krottenthaler, der Übersetzer in der Kemptener Väterausgabe an.

Für unseren Zweck sind beide Rezensionen von Wert, da sie einander ergänzen. Im Kap. 55 des griechischen Textes wird berichtet, Melania habe die ganze Nacht am Krankenbette ihres eben getauften Onkels Volusianus, des Expräfekten von Rom, gewacht und ihn getröstet. Dann heißt es[2]: „Sie ließ ihn zum dritten Male[3] teilnehmen an den heiligen Geheimnissen bei Tagesanbruch[4] — es war das Fest der heiligen Theophanie — und voll Freude ließ sie ihn im Frieden hingehen zum Herrn." Volusianus hat durch die nahe Todesgefahr bewogen die Taufe und mit ihr die Eucharistie empfangen. Zwischen der Taufe und der dritten Kommunion scheint nach dem nicht ganz klaren Text ein Tag zu liegen.

---

[1] E. Diehl, Lateinische altchristliche Inschriften[2] (Bonn 1913) Nr. 16 A. 7.

[2] M. Card. Rampolla del Tindaro, Santa Melania giuniore senatrice Romana. Documenti contemporanei e note. Roma 1905. — S. 74 Z. 5 ff. Rampolla: „Καὶ ποιήσασα αὐτὸν μεταλαβεῖν τρίτον τῶν ἁγίων μυστηρίων, τῇ ἕωθεν, τῆς ἑορτῆς οὔσης τῶν ἁγίων θεοφανίων, χαίρουσα προέπεμψεν αὐτὸν ἐν εἰρήνῃ πρὸς τὸν Κύριον."

[3] Es ist nicht ganz richtig, wenn Krottenthaler S. 41 (485) übersetzt „Und sie ließ ihn dreimal teilnehmen an den heiligen Geheimnissen."

[4] O. Casel vermutet (vielleicht mit Recht) τῇ ἕωθεν sc. ἡμέρᾳ = am folgenden Tage.

In dieser kurzen Frist wurde dem Kranken also dreimal die Kommunion gespendet. Die Praxis gilt für das Jahr 437; denn am 6. Januar 437 starb Volusianus zu Konstantinopel. Haben wir demnach morgenländischen, griechischen Brauch, nach dem Volusianus öfter die Wegzehrung empfing? Um die Frage völlig beantworten zu können, müßte man eine Geschichte des Viatikums haben, die uns noch zu fehlen scheint. Ein Beispiel der häufigen Kommunion eines Schwerkranken scheint für 70 Jahre früher erhalten zu sein. Gregor von Nazianz gibt uns nämlich einen Bericht über die letzte Krankheit seines Vaters des greisen Bischofs Gregor: „Es gab keinen Augenblick, da er nicht von dem Leiden belästigt war, und oft am Tage, ja mitunter stündlich stärkte er sich einzig durch die Liturgie und entzog sich so dem Leiden, das dadurch wie auf Befehl verscheucht wurde"[1]. Wie schon vor 100 Jahren C. ULLMANN vermutet hat, kann sich dieser Text kaum auf die bloßen Worte der Liturgie beziehen, sondern auf den häufigen Genuß der Eucharistie[2]. Wir haben bei λειτουργία die gleiche Entwicklung wie bei den Worten εὐχαριστία und κοινωνία, die ja eigentlich die Feier bzw. den Genuß der Eucharistie bedeuteten, aber zuletzt auch zur Bezeichnung der eucharistischen Speise gebraucht wurden. Daß der kranke Bischof die Eucharistie in seinem Krankenzimmer hatte, wird in der zweiten Hälfte des vierten Jahrhunderts nicht auffällig erscheinen. Hatte doch auch schon um die Mitte des dritten Jahrhunderts der kranke Priester, von dem Dionysios von Alexandrien erzählt, die Eucharistie zu Hause[3]. Daß auch die

---

[1] Gregor von Nazianz, Oratio 18, 38 (Migne PG 35, 1036 C): „*Οὐ γάρ ἐστιν ὅτε μὴ τῷ πάθει στενοχωρούμενος, καὶ πολλάκις γε τῆς ἡμέρας, ἔστι δὲ ὅτε καὶ ὥρας ὑπὸ μόνης ἐρρώννυτο τῆς λειτουργίας· καὶ ὑπεχώρει τὸ πάθος, ὥσπερ ἐξ ἐντολῆς φυγαδευόμενον.*"

[2] C. ULLMANN, Gregorius von Nazianz, der Theologe[2] (Gotha 1866 = Neudruck der Aufl. von 1825) 100 A. 2.

[3] Dionysios an Bischof Fabian von Antiochien bei Eusebius KG VI 44, 2—6 (GCS: Eus. II 2, 624 f. SCHWARTZ). Der ganze Text, der uns dreifach beschäftigt, sei hier übersetzt: „Bei uns war ein Mann namens Serapion, ein gläubiger Greis, der die lange Zeit tadellos lebte, aber in der Verfolgung fiel. Dieser bat oft um Wiederaufnahme, aber niemand willfahrte ihm, denn er hatte geopfert. Nun fiel er in eine Krankheit, drei Tage lag er ohne Sprache und von Sinnen so da; am vierten Tage kam er kurze Zeit zu sich, er rief seinen Enkel und sagte: »Wie lange haltet ihr mich hin, Kind; ich bitte, beeilt euch, löset mich rascher, rufe mir einen der Priester.« Nach diesen Worten verlor er die Sprache wieder. Der Knabe lief zum Priester. Es war aber Nacht und jener war krank; er konnte nicht kommen. Da ich aber die Anweisung gegeben hatte, daß die Sterbenden, wenn sie darum bitten, und besonders, wenn sie auch schon vorher darum ge-

Laien in Alexandrien und Ägypten und zwar in gesunden Tagen
die Eucharistie zu Hause verwahrten und davon genossen, wann
sie wollten, sagt Basilius[1]. Aber auch die fast medizinische Verwendung der Eucharistie bei dem greisen Bischof hat nichts Über-
raschendes, hat doch seine Tochter Gorgonia nach einem Falle
vom Wagen die Schürfungen ihres Körpers durch Auflegen von
Teilchen der Eucharistie geheilt — und Gregor von Nazianz,
ihr Bruder, der dies berichtet[2], enthält sich jeden Tadels. Auch
Augustinus hat kein tadelndes Wort für eine fromme Christin,
die bei ihrem blindgeborenen fünfjährigen Sohne einen operativen
Eingriff des Arztes zur Öffnung der zusammengewachsenen Augenlider nicht gestattete, sondern dem Knaben durch einen Umschlag
von Eucharistie den Gebrauch der Augen gab[3].

---

beten hatten, rekonziliiert werden sollten, gab er ein Stückchen der Eucharistie
dem Knaben mit dem Auftrag, es einzuweichen und dem Greise in den Mund zu
träufeln. (Mit der Eucharistie) kam der Knabe zurück; als er nahe gekommen
und die Schwelle noch nicht überschritten hatte, kam Serapion wieder zu sich
und sagte: Bist du da, mein Kind, und der Priester konnte nicht kommen? Du
aber tue rasch, was dir befohlen und lasse mich sterben. Der Knabe tauchte es
ein und kaum hatte er es ihm in den Mund gegossen und jener ein wenig davon
geschluckt, gab er sofort den Geist auf."

¹) Basilius, Ep. 93 (Migne PG 32, 485): „Ἐν Ἀλεξανδρείᾳ δὲ καὶ ἐν
Αἰγύπτῳ ἕκαστος καὶ τῶν ἐν λαῷ τελούντων ὡς ἐπὶ τὸ πλεῖστον ἔχει κοινωνίαν
ἐν τῷ οἴκῳ αὐτοῦ, καὶ ὅτε βούλεται μεταλαμβάνει δι’ ἑαυτοῦ." Dadurch wird die
private Verwendung der Eucharistie zu Schutz- und Heilzwecken usw. leicht
verständlich.

²) Gregor von Nazianz, Oratio VIII: In laudem sororis Gorgoniae 18
(Migne PG 35, 809 f.): Einen Arzt wollte Gorgonia aus Schamhaftigkeit nicht, und
die Hausmittel versagten. Da sie sich einmal etwas besser fühlte, erhob sie sich
nachts und ging in die Kirche zum Altare: „εἶτα τῷ παρ’ ἑαυτῆς φαρμάκῳ τούτῳ
τὸ σῶμα πᾶν ἐπαλείφουσα, καὶ εἴ πού τι τῶν ἀντιτύπων τοῦ τιμίου σώματος ἢ
αἵματος ἡ χεὶρ ἐθησαύρισεν, τοῦτο καταμιγνῦσα τοῖς δάκρυσιν (ὢ τοῦ θαύματος)
ἀπῆλθεν εὐθὺς αἰσθομένη τῆς σωτηρίας, κούφη καὶ σῶμα καὶ ψυχὴν καὶ διάνοιαν, μισθὸν ἐλπίδος λαβοῦσα ἐλπιζόμενον κτλ."

³) Augustinus, Opus imperfectum contra Julianum III 162 (Migne PL 45,
1315): „Erat apud nos Acatius quidam, honesto apud suos ortus loco: clausis
oculis natum se esse dicebat; sed quia intus sani palpebris cohaerentibus non
patebant, medicum eos ferro aperire voluisse, neque hoc permisisse religiosam
matrem suam, sed id effecisse imposito ex eucharistia cataplasmate, cum iam
puer quinque fere aut amplius esset annorum, unde hoc se satis meminisse
narrabat." — In beiden angeführten Fällen haben wir fromme Frauen, die aus der
hohen Wertung der Eucharistie heraus handeln. Solche Fälle werden im Volke
öfter vorgekommen sein, solange die Eucharistie mit nach Hause genommen werden durfte. Über die Verwendung der Eucharistie als Schutzmittel gedenke ich
anderswo zu handeln.

Hat also der kranke Bischof Gregor mehrmals am Tage kommuniziert, so könnte die mehrmalige Wegzehrung des Volusianus nach morgenländischem Brauche erklärt werden; es ist aber doch zu beachten, daß es die Römerin Melania ist, die ihrem Onkel die Tröstungen des Christentums zukommen läßt. Das könnte auf römischen Ritus hinweisen. Dazu stimmt nun der lateinische Bericht vom Tode der Melania selber. „Nachdem der fünfte Tag der Krankheit vorüber war, kam der sechste, es war Sonntag. Und sehr frühe hieß sie mich in das Martyrium gehen, wo sie nebenan in ihrer Zelle lag, damit das Opfer dargebracht würde ... Und nachdem das Opfer des Lobes vollendet war, kommunizierte sie"[1]. „Nachdem es Tag geworden, kam der Bischof, sie zu besuchen ... und wiederum kommunizierte sie aus der Hand des Bischofs"[2]. Nun kamen die Mönche, sie zu besuchen, dann die Jungfrauen, verschiedene Klöster und Bewohner der Stadt Jerusalem. Dann fährt Gerontius weiter: „Nachdem sie allen reichlich Lebewohl gesagt und ihren Jungfrauen den Friedenskuß gegeben hatte, sagte sie mit heiterem Antlitz, als ob die Stunde des Abscheidens herannahe: Betet. Als nach Vollendung des Gebetes alle Amen gesagt hatten, sagte die Selige: Segnet mich und lebet wohl im Frieden und mich lasset fürderhin ruhen. Und um die neunte Stunde (= 3 Uhr nachmittags), da sie schon in den Schlafzustand eintrat, glaubten wir, sie scheide aus dem Körper und unter Weinen und Wehklagen suchten wir (ihre) Füße auszustrecken. Sie aber sagte: »Noch ist es nicht Zeit.« Da sagte ich ihr: »Sage du uns, wann es Zeit sein wird.« Und sie sagte: »Ja, ich werde es sagen.« Es ist aber Gewohnheit bei den Römern, daß im Augenblicke, wann die Seelen abscheiden, die Kommunion des Herrn im Munde sei. Es blieben aber mit dem heiligen Bischof auch andere heilige Männer da, Einsiedler von der Gegend aus Eleutheropolis, die ihren seligen Tod sehen wollten. Diese sagten: »Wir sind zurzeit traurig, die Engel aber werden sich freuen«; sie sagte: »Wie es dem Herrn gefallen hat, so ist es geschehen«; zur selben Stunde empfing sie die Kommunion aus der Hand des Bischofs und nach vollendetem Gebete antwortete sie Amen. Sie küßte die Rechte des heiligen Bischofs; und sich hinlegend schaute

---

[1] K. 66 S. 38 Z. 32 ff. RAMPOLLA: *„Et valde diluculo iubet me ingredi in martyrium, ubi iuxta in cellula ipsa iacebat, ut oblatio celebraretur ... Et ita perfecto sacrificio laudis communicavit."*

[2] K. 67 S. 39 RAMPOLLA: *„Facto autem die venit episcopus ad videndum eam ... Et iterum communicavit de manu episcopi."*

sie froh die Engel und die Hand bewegend, als ob sie sie uns zeigen wollte, ging sie furchtlos in ihrer Begleitung zum Himmel"[1].

Der entsprechende griechische Text berichtet nur die Kommunion aus der Hand des Priesters und die erste aus der Hand des Bischofs[2]. Aber gerade die letzte Partie des lateinischen Textes macht den Eindruck eines beteiligten Augenzeugen der mit besonderer Natürlichkeit schildert. Diese Partie ist für die Geschichte des Viatikums in der römischen Liturgie von der größten Wichtigkeit. Wir haben hier den deutlichen Beweis, daß man in Rom Gewicht darauf legte, mit der Eucharistie im Munde zu sterben. Ausdrücklich wird bemerkt: *Consuetudo autem est Romanis, ut cum animae egrediuntur, communio domini in ore sit;* also im Augenblick, da in den meisten Fällen die Lethargie bereits eingetreten ist. Daß mit dieser Auffassung nicht zuviel in den Text hineingetragen wird, beweist die unmittelbar vorausgehende Stelle vom Ausstrecken der Füße. Das Füßeausstrecken geschah, um der Seele den Ausgang aus dem Leibe zu erleichtern; denn an den Fußspitzen begann nach damaliger Auffassung die Seele zuerst abzuscheiden, um sich nach dem Kopfe zurückzuziehen und aus dem Munde zu entweichen. So sagt Lactantius: „Allmählich löst sich (die Seele) aus allen Gliedern, von den Fußspitzen beginnend"[3]. Eine ähnliche Vorstellung begegnet bei Tertullian[4]. Nun wird die merkwürdige Zusammenstellung des Füßeausstreckens und des letztmaligen Empfangs der Eucharistie verständlich. Sobald man das Abscheiden der Seele nahe glaubte, streckte man dem Sterbenden die Füße aus und gab ihm die Eucharistie mit dem Zwecke, den die Spendeformel der Wegzehrung noch heute ausprägt: *Accipe frater*

---

[1]) K. 68 S. 39 RAMPOLLA: „*Et circa horam nonam, cum iam velut in soporem somni intraret, nos putantes eam egredi de corpore, pedes extendere cum moerore et fletu conabamur. It ipsa dixit: Adhuc non est hora. Et ego dixi ei: Et dic tu nobis quando erit hora. Et ipsa dixit: Etiam, dicam. Consuetudo autem est . . . Romanis ut cum animae egrediuntur, communio Domini in ore sit . . . acceptque eadem hora communionem de manu episcopi, et completa oratione respondit Amen. Exosculatur vero dexteram sancti episcopi; et recubans laeta respexit angelos et quasi nobis eos manu ostendens, coniuncta eorum consortio secura migravit ad caelos.*"

[2]) K. 67 S. 83 RAMPOLLA: „*καὶ οὕτως μεταλαβούσης αὐτῆς τῶν θείων μυστηρίων, παραγίνεται ὁ θεοφιλέστατος ἐπίσκοπος σὺν τῷ κλήρῳ . . . ἡ δὲ ἁγία αἰτήσασα καὶ παρ' αὐτοῦ κοινωνίαν.*"

[3]) Lactantius, Divin. inst. Lib. VIII c. 12 (Migne PL 6, 775): „*sed paulatim se ex omnibus membris explicet, a summis pedibus incipiens.*"

[4]) Tertullian, De anima 53 (CSEL 20, 386 Z. 1 ff. REIFFERSCHEID-WISSOWA).

7*

viaticum corporis Domini nostri Jesu Christi, qui te custodiat ab hoste maligno et perducat in vitam aeternam. Amen. Die abscheidende mit dem Hauche des Mundes entfliehende Seele sollte mit dem Schutze der Eucharistie von hinnen gehen, darum bestimmte das Ritual Roms, daß die Eucharistie im Augenblicke des Todes im Munde sei.

Der Empfang der Wegzehrung möglichst kurz vor dem Tode ist aber nicht nur stadtrömischer Brauch. Auch sonst finden wir ihn bezeugt. Paulinus von Mailand erwähnt ihn bei der Schilderung der letzten Stunden des hl. Ambrosius. Danach hatte sich der Bischof Honoratus von Vercelli im Obergemache zur Ruhe begeben, als er dreimal eine Stimme hörte: Stehe auf und eile, denn soeben kommt es mit ihm zum Abscheiden. „Er stieg herab und brachte dem Heiligen den Leib des Herrn. Sobald dieser ihn empfangen und geschluckt hatte, gab er seinen Geist auf, eine gute Wegzehrung mit sich führend"[1]. Auch die Vita S. Basili kleidet im Kap. 4 den Tod des Heiligen in die Worte: *„Recumbensque in lecto cum eucharistia adhuc in ore reddidit spiritum Domino".* Die Notiz der Vita, die geschichtlich „keinen Wert hat"[2], ist ein genaues Spiegelbild römischen Brauches[3]. Wenn diese Sitte für uns zwar zum ersten Male in der Vita Melaniae klar vermerkt ist, so weist doch das Wort *Consuetudo* auf einen schon länger bestehenden, eingelebten Brauch.

War es nun frommer Wunsch, daß der Christ mit der Eucharistie im Munde von hinnen scheide, so konnte dies in naturgemäßer Folge weitere Entwicklungen bringen. Es konnte der Fall eintreten, daß jemand ohne die Eucharistie starb; da die Anverwandten dies schwer empfanden, so wollten sie dem Toten dies Schutzmittel doch noch zukommen lassen, sie halfen sich damit, daß sie dem bereits

---

[1] Paulinus, Vita Ambrosii 47 (Migne PL 14, 43): *„Honoratus etiam sacerdos ecclesiae Vercellis cum in superioribus domus se ad quiescendum composuisset, tertio vocem vocantis se audivit, dicentisque sibi: Surge, festina, quia modo est recessurus. Qui descendens, obtulit sancto domini corpus: quo accepto ubi glutivit, emisit spiritum, bonum viaticum secum ferens; ut in virtute escae anima refectior, angelorum nunc consortio, quorum vita vixit in terris, et Eliae societate laetetur."* Zur Hervorhebung des *ubi glutivit* vgl. den Bericht über Serapion oben S. 528 A. 0.

[2] O. Bardenhewer, Geschichte der altkirchl. Literatur III (Freiburg 1912) 130.

[3] Andere Texte für die Geschichte des Viatikums im Abendlande hat Rampolla a. a. O. 255 f. gesammelt, worunter besonders Gregor der Große, Dialog. II 37 über den Tod des hl. Benedikt von Wichtigkeit ist: *„exitum suum dominici corporis et sanguinis perceptione munivit."*

Dahingeschiedenen die Eucharistie noch nachträglich gaben[1]; dies ist die sog. Totenkommunion, gegen die die kirchliche Gesetzgebung noch lange Zeit zu kämpfen hatte. Es konnte aber auch der Fall sein, daß man bei besonderen Krankheitserscheinungen den Tod nahe glaubte und dann die Eucharistie spendete; erholte sich der Kranke wieder etwas und trat abermals eine Verschlimmerung ein, so gab man das Viatikum wiederum usw., sodaß sich die Spendung öfter wiederholte, weil man immer Gewicht darauf legte, daß die Eucharistie beim Abscheiden der Seele im Munde sei. Der Augenblick des Todes ließ sich aber nicht immer genau berechnen. Wurde die Wegzehrung gespendet und der Kranke lebte noch mehrere Stunden, so war das Viatikum schon längst im Munde vergangen, es wurde daher wiederholt. Genau dies ist die Sachlage, der wir in der Grabinschrift der Julia Florentina begegnen. Sie lebte nach der Taufe und der darauf folgenden Eucharistie noch vier Stunden, „sodaß sie das Übliche noch einmal erhielt" d. h. das Kind hat nach dem Gebrauche der Kirche von Hyble-Catania noch einmal die Eucharistie empfangen.

„Das Übliche" ist eine verschleiernde Wendung für das eucharistische Geheimnis. Dieser Verhüllung der Sprache entspricht die wirkliche Hülle, mit der man die Eucharistie vor den Blicken der Ungeweihten verbarg. Ein Ungeweihter sollte sie eben nicht sehen. Bezeichnend ist dafür das Erlebnis des noch nicht getauften Satyrus, des Bruders des hl. Ambrosius, der in Seenot fürchtete, ohne das Mysterium aus dem Leben scheiden zu müssen. „Er erbat sich daher von denen, die er als Eingeweihte erkannte, jenes göttliche Sakrament der Gläubigen, nicht um neugierige Blicke auf das Geheimnis zu werfen, sondern um die Hilfe seines Glaubens zu erlangen. Er ließ es in sein Schweißtuch binden, wickelte das Schweißtuch um den Hals und stürzte sich so ins Meer, ohne nach einer vom Schiffsrumpf losgelösten Planke zu suchen, auf der er sich das Schwimmen erleichtert hätte, hatte er ja nur den Schutz des Glaubens gesucht. Daher glaubte er sich damit hinreichend gedeckt und geschirmt und begehrte andere Hilfe nicht"[2]. Die ausdrückliche Betonung des Ambrosius, daß Satyrus nicht mit neugierigem Blick das Geheimnis sehen wollte, bekundet die Sorgfalt, die Eucharistie nicht den Augen der Ungeweihten

---

[1]) Dies ist natürlich nur eine Linie, die zur Totenkommunion führt. Anderes werde ich später ausführen.

[2]) Ambrosius, De excessu fratris sui Satyri I 43 (Migne PL 16, 1304).

preiszugeben. In derselben Linie liegt die Ehreninschrift, die Papst
Damasus dem hl. Tarsicius widmete, und deren Abschrift uns
durch Gruter erhalten blieb. Sie lautet[1]:

> *„Par meritum, quicumque legis, cognosce duorum,*
> *quis Damasus rector titulos post praemia reddit.*
> *Judaicus populus Stephanum meliora monentem*
> *perculerat saxis, tulerat qui ex hòste tropaeum,*
> 5 *martyrium primus rapuit levita fidelis.*
> *Tarsicium sanctum Christi sacramenta gerentem*
> *cum male sana manus premeret vulgare profanis,*
> *ipse animam potius voluit dimittere caesus*
> *prodere quam canibus rabidis caelestia membra."*

> Der du dies liest, erkenne das gleiche Verdienst der beiden,
> denen nach (himmlischem) Lohn der Bischof Damasus die (ehrende)
> Inschrift setzt.
> Den Stephanus, der zum Besseren mahnte, hatte das jüdische Volk
> mit Steinen erschlagen. Der dem Feinde die Trophäen genommen,
> 5 hat als erster gläubiger Levite das Martyrium errungen.
> Den heiligen Tarsicius, der Christi Sakramente trug,
> wollte eine unsinnige Rotte zwingen, den Ungeweihten (das Ge-
> heimnis) preiszugeben.
> Er aber wollte lieber erschlagen die Seele hingeben
> als vor den wütenden Hunden den himmlischen Leib enthüllen.

Leider ist dieser Text das einzige, was wir von Tarsicius
wissen[2]. Es ist bekannt, daß die einfachen Gläubigen die Eucharistie

---

[1]) Anthologiae latinae supplementa I: Damasi epigrammata (Lipsiae 1895)
21 Nr. 14 Ihm. Nach der Manier der Zeit zeigen die Verse vielfache Anklänge an
Vergil und Ovid. Der Herausgeber hat sie angemerkt.

[2]) In der im 6. Jahrhundert verfaßten Passio des Papstes Stephan I (254—257)
begegnet die von Damasus erwähnte Tatsache als Anhängsel von einem Akolythen
Tarsicius in dieser Form (Ihm a. a. O. 22): *„Cum corporis Christi sacramenta
portaret, tenentes eum pagani discutere coeperunt, ut quid gereret indicaret. At
ille indignum iudicans porcis prodere margaritas, nequaquam voluit detegere
(al. prodere) sacrosancta mysteria."* Daß Tarsicius in die Passio des Papstes
Stephan geriet, erklärte schon G. B. de Rossi, Roma sotterranea II 87 aus einem
Mißverständnis der Damasusinschrift. Pio Franchi de' Cavalieri (bei J. Wilpert,
Die Papstgräber und die Cäciliengruft in der Katakombe des Kallistus [Freiburg
i. B. 1909] 96—98), der eine gleiche Abhängigkeit vertritt, meint, in der Zeit der
Passio hätten die Akolythen das *fermentum* oder die *oblatae* zu den Titurlarpriestern
bringen müssen, die durch ihre Verpflichtungen verhindert waren, an der Papst-
messe teilzunehmen. Der Passioschreiber habe diese Sitte in die Damasusinschrift
hineingetragen und Tarsicius zum Akolythen gemacht. — Über das Grab des Tar-

mit nach Hause nahmen, daß sie aber auch sonst mitunter die Eucharistie bei sich trugen, daß auch Laien den Kranken die Eucharistie überbringen konnten[1]. Die Zusammenstellung mit dem Diakon Stephanus läßt jedoch vermuten, daß auch Tarsicius Diakon war. Diakone hatten ja ordnungsgemäß die Eucharistie denen zu überbringen, die am eucharistischen Gottesdienst nicht teilnehmen konnten[2], wie die Kranken und die im Gefängnis und in den Bergwerken schmachtenden Bekenner. Diakone werden auch vor allem in Betracht kommen für die Übersendung der Eucharistie als Gemeinschaftssymbol von einer Kirche zur andern, eine Sitte, die bereits im zweiten Jahrhundert von Irenäus bezeugt ist[3]. Auf einem Gange zu einem Kranken, einem Bekenner oder zu einer Kirche wurde Tarsicius vom heidnischen Pöbel erschlagen als Martyrer des *Mysterium fidei.*

---

sicius sagt das Itinerarium *De locis* im 7. Jahrhundert: *„s. Tarsicius et s. Geferinus in uno tumulo iacent."* Über die Örtlichkeit dieses Grabes herrscht Streit zwischen O. MARUCCHI und J. WILPERT. Vgl. O. Marucchi, La questione del sepolcro del papa Zeffirino e del martire Tarsicio in seguito ad una ultima scoperta (Nuovo Bullettino 16 [1910] 205—225).

[1]) Die alte Sitte wirkt noch lange nach. Herr Kollege R. STAPPER weist mich hin auf Regino van Prüm († 915), De ecclesiasticis disciplinis I (Migne PL 132, 187) Nr. 18: (Der Bischof soll sich betreff des Ortspriesters erkundigen): *„Si visitet infirmos, si eos reconciliet, si eos ungat oleo sancto iuxta apostolum, si eos propria manu communicet, et non per quemlibet laicum. Si tradat communionem laico aut feminae ad deferendum infirmo: quod nefas est."*

[2]) Justin, Apologie I 65. 67.

[3]) Irenaeus im Briefe an Papst Victor bei Eusebius KG V 24 § 15 (GCS: Eus. II 1, 496 Z. 5ff. SCHWARTZ): „...ἀλλ' αὐτοὶ μὴ τηροῦντες οἱ πρὸ σοῦ πρεσβύτεροι τοῖς ἀπὸ τῶν παροικιῶν τηροῦσιν ἔπεμπον εὐχαριστίαν..." Es liegt kein Grund vor, das Wort εὐχαριστία hier zu sogenannten Eulogien oder gesegneten Broten abzuschwächen. Für den späteren Brauch der Übersendung des *fermentum* an die Titularpriester vgl. Innocenz I (401—417) an Decentius von Gubbio bei COUSTANT, Ep. Rom. Pont. I 860f.

§ 6.

Der Fisch in der jüdischen *Cena pura* und in der christlichen *Cena dominica.*

Unsere Untersuchungen haben ergeben, daß um das Jahr 200 die Bezeichnung der Eucharistie als „Fisch" vorhanden war. Diese Symbolik ist nunmehr im Rahmen der antiken religiösen Kultur des Mittelmeerbeckens verständlich zu machen. Wir sind im allgemeinen gewohnt, die Geschichte des frühesten Christentums in seinen Zusammenhängen mit dem Judentum auf palästinensischem Boden zu betrachten. Sicherlich mit Recht. Aber wir dürfen nicht vergessen, wie stark die Loslösung war, die mit der dogmatischen Differenz des Messiasbekenntnisses begann und dann notwendig zur Trennung auch in der Liturgie werden mußte. Paulus trug sein Messiasbekenntnis in den Synagogen der jüdischen Diaspora an den Sabbatversammlungen vor — und da er hier kein Gehör fand, löste er sich von Synagoge und Sabbat und feierte mit den Christen den ersten Tag nach dem Sabbat oder den ersten Tag der siebentägigen Woche. Dabei ist zu beachten, daß dieser neue Feiertag vom Abend an gerechnet wurde: wie der jüdische Sabbat am Freitag abend seinen Anfang nahm, so begann der christliche Feiertag am Samstag abend[1]. Dies ist die Situation in Apg. 20, 7 ff. Die Christen kamen am Samstag abend in Troas zusammen, „um das Brot zu brechen". Bis gegen Mitternacht dehnte Paulus seine Belehrung aus, dann folgte „das Brechen des Brotes". Die Sonntagsfeier war eine bewußte Gegensätzlichkeit gegen jüdischen Brauch, ähnlich der noch im ersten Jahrhundert erfolgten Verlegung der Fasttage von Montag und Donnerstag auf Mittwoch und Freitag[2]. Die Gegensätzlichkeit von Sabbat und Sonntag führte bei den Christen notwendig dazu, auch die Liturgie am Sonntag gegenüber der jüdischen Feierlichkeit am Sabbatbeginn mit besonderer Betonung hervorzukehren. Um die Tragweite dieser liturgischen Opposition zu erfassen, müssen wir zunächst Klarheit haben über die jüdische Feier des Sabbatbeginnes am Freitag abend.

---

[1]) Die Fortwirkung urchristlicher Sitte vgl. noch bei Regino von Prüm († 915), De eccles. discipl. (Migne PL 132, 190): Bischöfl. Visitationsfrage Nr. 69: „*Si diem dominicum et alias festivitates absque opere servili a vespera in vesperam celebrare doceat (sc. parochus).*"

[2]) Didache 8, 1 (PA I² 18 FUNK).

Nach den zahlreichen von H. Rönsch gesammelten Belegen haben die Juden der Kaiserzeit im lateinischen Sprachgebiet des Römerreiches den Rüsttag (παρασκευή) *cena pura* genannt. Die Bezeichnung war so geläufig, daß lateinische Wiedergaben des griechischen Neuen Testaments für παρασκευή einfach *cena pura* einsetzten[1]. Ebenso verfuhr der lateinische Übersetzer von Irenaeus' Adversus haereses[2]. Augustinus bezeugt ausdrücklich, daß bei den Juden seiner Zeit *cena pura* gebräuchlicher war als das Wort *parasceve*[3]. Die Einbürgerung des Wortes liegt vor dem Jahre 197 n. Chr., da Tertullian es in einer Schrift dieses Jahres aus dem Sprachschatz Nordafrikas heraus verwertet[4]. *Cena pura* war bald so volkstümlich, daß man es wie ein einziges Wort behandelte und nur mehr das Adjektiv der Deklination unterwarf: *cenapura, cenapurae, cenapuram*[5]. Das Wort auf ein sprachliches Mißverständnis einer griechischen Originalbezeichnung zurückzuführen[6],

---

[1] H. Rönsch, Itala und Vulgata (Marburg 1875) 306 f. Vgl. auch E. Schürer, Die siebentägige Woche im Gebrauche der christlichen Kirche der ersten Jahrhunderte (Zeitschr. f. n. W. 6 [1905] 7 f.) sowie die Parallelen, die J. M. Heer anführt in seiner Ausgabe des Evangelium Gatianum (Friburgi Brisg. 1910) 178 zu Joh. 19, 42: „*ibi ergo propter cena pura (!) Iudaeorum quia iuxta erat monumentum posuerunt Iesum.*" Eine Stellensammlung auch im Thesaurus linguae latinae III 779 Zeile 57 ff.

[2] Irenaeus, Adversus haereses I 8, 7 (I 140 Harvey): „ἐν τῇ ἕκτῃ τῶν ἡμερῶν ἥτις ἐστὶ παρασκευή" = „*in sexta die quae est in coena pura*". — Adv. haer. V 23, 2 (II 388 Harvey): „*in ipsa (sc. die) mortui sunt, in qua et manducaverunt, hoc est Parasceve, quae dicitur coena pura, id est sexta feria, quam dominus ostendit passus in ea.*"

[3] Augustinus, In Joannis evang. tract. 120, 5 (Migne PL 35, 1954): „*»Ibi ergo propter parasceven Judaeorum, quia iuxta erat monumentum, posuerunt Jesum«. Acceleratam vult intelligi sepulturam, ne advesperasceret; quando iam propter parasceven, quam coenam puram latine usitatius apud nos vocant, facere tale aliquid non licebat.*" — Sermo 221 (Migne PL 1090): „*ideoque clausus et terminatus est usque ad Parasceven, quam Judaei etiam Coenam puram vocant, ab eius noctis exordio incipientes sabbati observationem.*"

[4] Tertullian, Adversus nationes I 13 (CSEL 20, 84 Z. 2—6 Reifferscheid-Wissowa): „*Quod quidem facilis exorbitantes et ipsi a vestris ad alienas religiones. Iudaei enim festi sabbata et cena pura et Iudaici ritus lucernarum et ieiunia cum azymis et orationes litorales, quae utique aliena sunt a diis vestris.*" — Adversus Marcionem V 4 (CSEL 47, 580 Z. 21—23 Kroymann): „*»dies observatis et menses et tempora et annos«* (Gal. 4, 10). *Et sabbata, ut opinor, et caenas puras et ieiunia et dies magnos.*"

[5] D. de Bruyne, Cenapura (Revue Bénédictine XXVII [1910] 498. 499). P. 499: „*La modeste conclusion que je veux tirer est que cenapura en un mot est bien attesté.*"

[6] H. Rönsch, Itala und Vulgata (Marburg 1875) 307 A: „Ihre Entstehung

liegt kein Grund vor, solange sich mit der guten lateinischen Bezeichnung ein trefflicher Sinn verbinden läßt.

Die der Bezeichnnng *Cena pura* zugrunde liegende Vorstellung
bildete ein wissenschaftliches Rätsel, dessen Lösung W. BACHER
am nächsten kam. In einer an E. Schürer übermittelten Bemerkung wies er zunächst auf einen vermeintlichen rabbinischen Sprachgebrauch hin, wonach das dem lateinischen *purus* entsprechende
talmudische Wort nicht nur rein, sondern auch fein, von feinerer
Qualität bedeute. „So könnte *cena pura* die feine Mahlzeit sein,
die für den Sabbat (an welchem es Pflicht war, gut zu essen) zu-
bereitet wurde; und da die Zubereitung am Rüsttage geschehen
mußte, könnte dieser davon den Namen haben"[1]. E. SCHÜRER
meinte freilich, diese Erklärung sei sehr künstlich und unwahr-
scheinlich, besonders weil die feine Mahlzeit erst am folgenden
Tage, am Sabbat, genossen worden sei. Am Rüsttage habe man
sich mit einer einfachen, frugalen Mahlzeit begnügt, um der Festmahlzeit des Sabbats die gebührende Ehre erweisen zu können.
Aber „einfach, frugal" könne *purus* schwerlich heißen[2]. W. BACHER
konnte demgegenüber darauf hinweisen, daß die Urheber der Benennung *cena pura* darunter nicht die einfache, frugale Mahlzeit
des Freitags verstanden, „die dem am Abend erfolgenden Eintritte des
Sabbat lange vorausging, sondern die Abendmahlzeit, mit der der
Sabbat feierlich eingeleitet wurde"[3]. Die Herleitung der Bezeichnung
cena pura von einem talmudischen Wort gab Bacher auf, weil
ein solches sinnentsprechendes Wort nicht nachgewiesen ist. Dafür
erklärte er nun: „Die römischen Juden bezeichneten mit dem
Epitheton »rein« die Heiligkeit und Weihe dieser Festmahlzeit, im
Gegensatze zu dem schwelgerischen und oft in Zuchtlosigkeit aus-
artenden Charakter der Mahlzeiten, wie sie im Rom der Kaiserzeit
sich ihnen darboten"[4]. Bacher hat sich mit der letzten Bemerkung
leider von dem rechten Wege abdrängen lassen. Gewiß neigte die
römische Festmahlzeit mitunter zu Absonderlichkeiten, die keines-

---

läßt sich vielleicht auf ein Mißverständnis oder eine popularisierte Etymologie zurückführen; sei es nun, daß man für παρασκευή das ähnlich klingende *pura cena*
im Lateinischen substituierte oder *coena* für den griechischen Plural κοινά nahm."

[1]) Bei E. SCHÜRER, Die siebentägige Woche im Gebrauche der christlichen
Kirche der ersten Jahrhunderte (Zeitschr. f. n. W. 6 [1905] 8 A. 1.

[2]) E. SCHÜRER a. a. O. 8 A. 1.

[3]) W. BACHER, Cena pura (Zeitschr. f. n. W. 6 [1905] 201).

[4]) W. BACHER a. a. O. 201 f.

wegs als „rein" bezeichnet werden konnten[1]. Das Ausscheiden
von „unreinen" Speisen hätte dann der Festmahlzeit der Juden
die Kennzeichnung einer *cena pura* im Sinne einer koscheren oder
reinen Mahlzeit eingetragen. Allein koscher mußte jede Mahlzeit
der Juden sein. Wie ängstlich man darüber wachte, beweist u. a.
die Talmudvorschrift, daß auch Fischtunke und bithynischer Käse
von Nichtjuden verboten seien[2]. *Cena pura* ist für die römisch-
heidnische Kulturwelt die Festmahlzeit, wie man aus dem Lexikon
des Festus ersehen kann[3]. So ist denn auch die *cena pura* der
Juden als eine feierliche Mahlzeit, als das Festmahl am Sabbat-
vorabend zu betrachten. Tertullian hat daher in richtigem Empfinden
die *cena pura* unter die jüdischen Feste gestellt[4]. Unsere Auffassung
wird durch das Bildwerk jüdischer Goldgläser der frühchristlichen
Zeit bestätigt.

Das erste in Betracht kommende Denkmal ist der umstehend
abgebildete Goldglasboden aus der Sammlung der Bibliotheca della
Vallicella in Rom. Die obere Hälfte war bereits 1716 von Buonarruoti
veröffentlicht worden[5]. Aber erst R. Garrucci erkannte, daß das
durch die punktierte Linie gekennzeichnete untere Bruchstück zu
dem gleichen Goldglasboden gehörte, und machte in seiner Sammlung der in den römischen Grabanlagen gefundenen Goldgläser die
beiden Stücke durch eine Zeichnung der Wissenschaft zugänglich[6].

---

1) Plinius, Nat. hist. VIII 51 § 209 (II² 151 Z. 13 ff. Mayhoff): Nach einer
Bemerkung über die vielfache Verwendung des Schweinefleisches zur vornehmen
Tafel: *„hinc censoriarum legum paginae interdictaque cenis abdomina, glandia,
testiculi, vulvae, sincipita verrina, ut tamen Publili mimorum poetae cena, post-
quam servitutem exuerat, nulla memoretur sine abdomine, etiam vocabulo su-
minis ab eo inposito."*

2) Babylonischer Talmud, Aboda zara II 3 fol. 29 b (VII 897 Goldschmidt).
Über die Fischtunke der Juden vgl. oben S. 95 f.

3) Festus, De verborum significatu S. 260 Z. 15—18 Lindsay: *„Penem an-
tiqui codam vocabant; a qua antiquitate nunc offa porcina cum cauda in cenis
puris offa penita vocatur."* Vgl. noch Zeno von Verona, Lib. II. tract. XXXIX
(Migne PL 11, 484): *„Caelesti prandio, honesto, puro."* Dazu die hermetische
Schrift Asclepius 41 (Apuleius III 81 Z. 19 f. Thomas). Hier heißt es nach dem
herrlichen Danksagungsgebet: *„Haec optantes convertimus nos ad puram et sine
animalibus cenam."* Auch hier ist *cena pura* das (religiöse) Festmahl, das dem
Kultkreis entsprechend durch *sine animalibus* näher bestimmt wird.

4) Vgl. oben S. 537 A. 4.

5) Buonarruoti, Osservazioni sopra alcuni frammenti di vasi antichi di
vetro ornati di figure trovati ne' cimiteri di Roma (Firenze 1716) 24 und Tav. III 2.

6) R. Garrucci, Vetri ornati di figure in oro trovati nei cimiteri cristiani di
Roma raccolti e spiegati. Edizione seconda (Roma 1864) 43. 53 und Tav. V 3.
Danach unsere Abbildung S. 540 im Text sowie auf Tafel XLII 2. Das Original

In der Mitte der oberen Hälfte steht zwischen zwei siebenarmigen Leuchtern ein zweitüriger geöffneter Schrein, in dem sechs Buchrollen sichtbar sind. Eine siebente Rolle steht links außerhalb des Schreines: die Rolle, die zur Verlesung kommen soll. Salbhorn,

Kräuter und Brot (?) füllen die leeren Flächen. In der unteren Hälfte des Fragments ist ein Sigmapolster kenntlich, in dessen innerer Rundung eine Schüssel mit daraufliegendem Fisch. In dem das Bild umschließenden kreisrunden Band liest man noch von einer größeren Inschrift die Worte ... CI BIBAS CVM EVLOGIA CONP/ ... Dieses eigenartige Stück hat sein Gegenbeispiel gefunden in einem ebenfalls aus Rom stammenden jüdischen Goldglasboden des Kaiser-Friedrich-Museums zu Berlin[1]. Auch hier erscheint der zweitürige geöffnete Schrein (mit vielen Buchrollen) zwischen zwei siebenarmigen Leuchtern. Der Schrein steht auf einer treppenartigen Erhöhung. Außer den Kräutern ist diesmal der doppelhenkelige Krug rechts vom Schreine zu beachten. In der unteren Hälfte begegnet wieder die Sigmarolle mit Auftragschüssel und daraufliegendem Fisch.

Die Deutung des Bildwerkes ist nicht schwer. Um völlig unbeeinflußt zu sein, zeigte ich in „der Rose" zu Sulzbach am Main (meines Vaters Haus) einem einfachen Juden, Sch[e]mu[e]l Grünebaum aus Kleinwallstadt, die Wiedergabe des Goldglasfragments der Vallicellana. Er erkannte darauf all die Dinge, die am Vorabend des Sabbat von Bedeutung sind. Als ich ihn nach dem Fische fragte, erklärte er: „Den bekomme ich heute (sc. Freitag) abend wieder; es ist nicht gerade Vorschrift, am Freitag abend Fisch zu

---

scheint verloren gegangen zu sein. Bei meiner genauen Durchsicht der unbedeutenden Überreste der alten Vallicellana-Sammlung am 8. April 1913 konnte ich das Stück nicht mehr finden. Auch die Direktion konnte bei freundlicher Nachforschung nichts über den Verbleib feststellen.

[1]) Herr Professor O. WULFF hatte vor vielen Jahren die Güte, mich auf dieses Stück hinzuweisen und mir die Photographie zu überlassen, nach der unsere Abbildung auf Tafel LXIV gefertigt wurde.

essen, aber wir tun es, um den Sabbat zu ehren." In diesen
Worten liegt die ganze Lösung. Am Freitag abend halten die Juden
darauf, dem Sabbat zu Ehren eine feinere Mahlzeit herzurichten;
nach mittelalterlichen Sabbatliedern gehören dazu Fleisch, Wein
und Fische[1]. Eigentlich typisch ist aber die Fischspeise. Einen
besonders kennzeichnenden Beleg haben wir bei Rabbi Salomon
Luria († 1573), der also ausführte: „Ich muß eine Mahnung
an meine Glaubensgenossen richten, die das Abendessen am Frei-
tage reichlicher ausstatten· als das Mahl am Sabbatmittage, indem
sie am Abend die guten Fische essen; da aber die Fische das
Hauptelement für die äußere Verehrung des Tages bilden sollten,
gehören sie zur Tafel des Tages selbst. Von jeher war ich darauf
bedacht, nicht am Abend, sondern am Mittage des Sabbat mich
am Fischgenuß zu erfreuen, der allein der Würde des Tages an-
gemessen ist"[2]. Wir haben mit der Auszeichnung des Sabbat-
einganges am Freitag abend durch die Fischspeise nicht nur eine
mittelalterliche Übung der Juden[3], sondern eine alte Sitte, die
bereits in frühchristlicher Zeit erweisbar ist. Ein guter Beleg ist
die in Rom spielende „Anekdote von dem Schneider, der die
Sabbate und Festtage sehr in Ehren hielt und einmal an einem Freitag
— nach anderer Version am Rüsttage des Versöhnungsfestes —
beim Fischeinkaufe den Diener des Präfekten überbot"[4]. Noch wichtiger ist die nach 200 n. Chr. erzählte Geschichte von Joseph dem
Sabbatverehrer. Joseph hatte einen reichen heidnischen Nachbar.
Diesem sagten die Chaldäer voraus, sein ganzes Vermögen werde
Joseph, der Sabbatverehrer, erhalten. Aus Angst verkaufte der
Heide seine Habe und kaufte dafür eine Perle und barg sie in
seinem Hut. Bei einer Fahrt über das Wasser warf ein Windstoß
die Perle ins Meer. Ein Fisch verschlang sie. Der Fisch wurde
gefangen und „zum Abend des Rüsttages des Sabbat" feil-
geboten. Da sich niemand fand, der den teueren Fisch kaufen
wollte, wies man die Fischer an Joseph. Dieser kaufte den Fisch,
fand in ihm die Perle und wurde reich. Die Geschichte schließt

---

[1]) I. SCHEFTELOWITZ, Das Fischsymbol im Judentum und Christentum (ARW
14 [1911] 19).

[2]) I. SCHEFTELOWITZ a. a. O. 20.

[3]) Vgl. besonders S. KRAUSS, Talmudische Archäologie I (Leipzig 1910) 110
und 483 f. A. 514 mit Verweis auf S. M. GRÜNBAUM, Ges. Aufsätze zur Sprach- und
Sagenkunde S. 232 und I. ABRAHAMS, Jewish Life in the middle ages S. 150.

[4]) W. BACHER, Cena pura (Zeitsch. f. n. W. 6 [1905] 201) mit Berufung auf
Genesis rabba c. 11, Pesikta rabbathi c. 23.

ab mit dem Grundsatz: „Wer borgt für den Sabbat (d. h. um eine Festmahlzeit halten zu können), den bezahlt der Sabbat"[1].

Bei den Juden der Diaspora galt der Fisch, besonders von der besseren Sorte, als Typus einer feineren Mahlzeit[2], wie dies ja auch in der hellenistisch-römischen Kultur der Kaiserzeit der Fall war[3]. In diesem Sinne hat die Fischspeise in die jüdische *Cena pura* Eingang gefunden. Später hat wohl auch die Symbolik eine Erklärung für die Fischspeise am Sabbateingang und Sabbat gesucht[4], aber diese Symbolik hat die Bevorzugung des Fisches nicht hervorgerufen.

---

[1]) P. FIEBIG, Jüdische Wundergeschichten des neutestamentlichen Zeitalters unter besonderer Berücksichtigung ihres Verhältnisses zum Neuen Testament bearbeitet (Tübingen 1911) 63 mit Berufung auf b. Schabbat fol. 119ᵃ (I 606 GOLDSCHMIDT).

[2]) Vgl. z. B. Philo von Alexandrien, De special. legibus IV 91. 113 (V 229. 234 COHN). Vgl. noch S. KRAUSS, Talmudische Archäologie I (Leipzig 1910) 485 A. 525ᵃ. Nach Sifre Dt. 37 p. 76ᵇ wirbt der königliche Freier um die Hand der Königstochter mit den Worten: „Dein Vater hat dich mit Fischfleisch gespeist, mit altem Wein getränkt, und auch ich werde dich mit Fischfleisch speisen und mit altem Wein tränken." Das Wort Numeri 11, 5: „Wir gedenken der Fische, die wir in Ägypten aßen" ist nur aus der augenblicklichen Not der Israeliten zu verstehen, die sich nach dem fischreichen Nil sehnen, wo der Fisch Nahrung des niederen Volkes war.

[3]) Darüber berichtet der ΙΧΘΥΣ IV. Dort wird auch die mit der Kultur gehende christliche Praxis und Fastensitte erörtert werden.

[4]) I. SCHEFTELOWITZ (ARW 14 [1911] 384) konnte auf R. Isaak Lurja, einen Kabbalisten des 16. Jahrhunderts verweisen, der sagt: „Man soll Fische am Sabbat genießen, weil sie keine Augenlider haben und dadurch die göttliche Vorsehung veranschaulichen." R. EISLER, Der Fisch als Symbol Gottes (ARW 17 [1914] 665 f.) führte diese Ausführung auf den Traktat Idra Rabba des Sohar (III, 129 h; de Pauly V, 339) zurück. Dort wird gesagt, Gott habe keine Lider und Wimpern, denn Ps. 121, 4 stehe: „Er schlummert und schläft nicht, der Israel behütet." „R. Simon sagte zu R. Abba: Welches Geschöpf kann als Sinnbild dienen für das »Weiße Haupt« (= Gott)? R. Abba antwortete: Der Fisch des Meeres, der weder Lider noch Wimper an den Augen hat, der nicht schläft und nicht einen Schutz braucht für seine Augen." Eisler findet hier als auffallende Parallele, daß nach Pischel (Sitzungsber. d. Berl. Ak. 1905, 529) auch die Buddhisten sich einer Gottesbezeichnung „nicht Augen schließend" bedienten. Allein so auffallend ist dies nicht, da auch die griechische Antike die Auffassung hat, daß die Götter nicht blinzeln. Vgl. etwa Heliodor, Aethiopica III 13. Wie weit jene Deutung des Fisches als Sinnbild der göttlichen Vorsehung oder des göttlichen Auges zurückreicht, vermag ich nicht zu sagen. Ich möchte aber auf die eigenartigen Darstellungen der drei Fische mit einem Kopfe und einem Auge verweisen. Vgl. z. B. die ägyptische Fayence-schale des Berliner Museums aus der Zeit 1900—1600 v. Chr. Die eigentümliche Bemalung zeigt „drei Fische, die nur einen einzigen, gemeinsamen Kopf haben. Zwischen ihnen wachsen drei Lotosblumen heraus". Vgl. H. SCHÄFER, Ägyptische Fayencen (Amtliche Berichte aus den Königl. Kunstsammlungen 34 (1913) 54 mit

Seit wann die Bevorzugung der Fischspeise am Vorabend des Sabbats üblich war, wissen wir nicht genau. Nach Nehemias 13, 16 haben Kaufleute aus Tyrus am Sabbat innerhalb der Mauern Jerusalems neben anderen Waren auch Fische feilgehalten, worin man eine Unsitte erkannte[1]. Der Unfug bestand darin, daß Heiden am Festtage innerhalb der heiligen Stadt den Sabbat entheiligten. Daß aber die Fische besonders erwähnt werden, könnte vermuten lassen, daß schon damals, also um die Mitte des 5. Jahrhunderts v. Chr., der Fisch eine für den Sabbat begehrte Speise war. Wertvoller ist der früher besprochene Text aus Persius[2], der sagt, daß bei einer Sabbatfestlichkeit „des Thunfischs Schwanz in der roten Schüssel schwimme". Persius spottet, aber als Tatsache steht im Hintergrunde, daß die Juden Fischspeise für das Sabbatmahl bevorzugten. Wir dürfen daher annehmen, daß bereits im ersten christlichen Jahrhundert, in der Zeit des Apostels Paulus, bei den Juden der Diaspora ein großer Fisch den Mittelpunkt der *cena pura* ausmachte.

Wenn Paulus von dem eucharistischen Becher als dem „Becher des Segens" ($\pi o \tau \acute{\eta} \varrho \iota o \nu \ \tau \tilde{\eta} \varsigma \ \varepsilon \vartheta \lambda o \gamma \acute{\iota} a \varsigma$ I Kor. 10, 16) spricht, so schließt sich der Apostel an den jüdischen Sprachgebrauch an, der für die

---

Abb. auf Seite 52 Fig. 23. Eine Abb. der Schale auch bei OHNEFALSCH-RICHTER, Kypros. Tafel XCVIII Nr. 2. Herr Prof. H. SCHÄFER macht mich aufmerksam, daß auch das Britische Museum drei Fayenceschalen mit ähnlicher Darstellung besitzt unter den Nummern 30 449/50 und 32 590. Der Kopf der Fische erinnert unmittelbar an die Art, wie die spätere christliche Kunst das Auge Gottes darstellt. Im Museum von Zara bemerkte ich mir unter Nr. 107 den Gipsabguß eines Säulenkapitells von einem Insel-Kloster bei Zara. Das reliefierte Bildwerk zeigte, genau wie auf den ägyptischen Denkmälern, drei Fische mit einem Kopfe, eine (symbolische?) Spielerei wie die drei Hasen mit insgesamt drei Ohren im Dom von Paderborn. Für Fortwirkung des Kunsttypus der drei Fische mit einem Kopf verweist mich H. SCHÄFER noch auf R. PIETSCHMANN (Zeitschrift für ägyptische Sprache 32 [1894] 134). Hier wird angemerkt, daß man das Vexirbild auch findet unter mehreren »Figures de l'art iometric« auf Taf. XXXVII des Album de VILLARD DE HONNECOURT, architecte du XIIIe siècle; manuscrit annoté par J. B. A. Lassus, mis au jour par ALFRED DARCEL (Paris 1858) und zwar als Bestandteil in der Maßwerkkonstruktion des gotischen Dreipasses. — Bei dieser Gelegenheit sei angemerkt, daß oben S. 130 A. 1 das mißverständliche „Auch" zu streichen ist. H. SCHÄFER kam auf Grund eingehender Untersuchungen selbständig zur Überzeugung, daß eine Fälschung vorliege. Als ich H. Schäfer bat, sich den Oxyrhynchos einmal anzusehen, ahnte ich die Fälschung nicht, da ich das Bild noch nicht hatte. Unsere Erkenntnis der Fälschung ging auf verschiedenem Wege. Daß die Begründung des Ägyptologen die bessere sein wird, gebe ich gerne zu.

[1]) Siehe oben S. 264.

[2]) Vgl. oben S. 94 A. 8.

cena pura einen „Becher des Segens" kennt[1]. Es ist aber der christliche Becher des Segens, den Paulus dem jüdischen gegenübergestellt, wie er ja auch Christus als das wahre Pascha dem jüdischen Osterlamm entgegensetzt (I Kor. 5, 7). Solche Gegensätzlichkeit könnte in der Bewertung des Mahles am Sabbateingang (*cena pura*) und der eucharistischen Feier am Sonntag (*cena dominica*)[2] auch sonst sich geäußert haben. Es ist mit der Möglichkeit zu rechnen, daß die Christen die Speise der Eucharistie, Christus, als den wahren mystischen Fisch dem wirklichen Fisch der *cena pura* entgegensetzten.

§ 7.

Das eucharistische Fischsymbol in seinen Beziehungen zum Kult der Atargatis und der Artemis-Bendis.

Bei der angenommenen Möglichkeit der Entstehung des eucharistischen Fischsymbols als Gegensätzlichkeit gegen den Fisch der jüdischen *Cena pura* habe ich zunächst völlig abgesehen von dem Alter der Bezeichnung Jesu als Fisch. Wenn wir die von der christlichen Archäologie bisher völlig unzureichend behandelten Denkmäler mit dem Zeichen eines Fisches hier noch grundsätzlich ausschalten, so wissen wir nur dieses: Der Fisch als Symbol Christi war in der zweiten Hälfte des zweiten Jahrhunderts vom griechischen Osten her so bekannt geworden, daß man um 200 sogar im lateinischen Afrika von diesem Sinnbild mit einer gewissen Selbstverständlichkeit reden konnte. Dies weist m. E. auf eine recht frühe Zeit; aber den Zeitpunkt, wann die Symbolik Fisch = Christus in die Geschichte eintrat, vermögen wir mit den uns heute zur Verfügung stehenden Hilfsmitteln nicht anzugeben. Eine Gegensätzlichkeit, wie sie im vorausgehenden Paragraphen angedeutet wurde, scheint mir für die ersten Jahrzehnte nach Christi Tod in

---

[1]) Vgl. I. SCHEFTELOWITZ in ARW 14 (1911) 25. Man beachte dazu die Inschrift auf dem Goldglas der Vallicellana oben S. 540, sowie das Goldglasfragment eines jüdischen Segensbechers aus Rom, veröffentlicht von DE ROSSI in Archives de l'Orient Latin II 1884 und wiederholt bei R. EISLER, Orpheus — the Fisher (London 1921) Pl. LVIII.

[2]) Δεῖπνον κυριακόν (I Kor. 11, 20) übersetzt die Vulgata mit *dominica coena*. Vgl. Hippolyt, Ἀποστολικὴ παράδοσις S. 113 Z. 5. HAULER: „*Catecuminus in cena dominica non concumbat*". Tertullian, De spectaculis 13 (CSEL 20, 15 Z. 26 REIFFERSCHEID-WISSOWA): spricht von *cena dei* im Gegensatz zur *cena daemoniorum*.

Jerusalem wenigstens kaum denkbar; denn dort herrschte nach allem, was uns die älteste Geschichte ahnen läßt, unter Führung des Apostel-Bischofs Jakobus noch engste Verknüpfung mit dem häuslichen jüdischen Ritual. Die stärkere Loslösung von jüdischem Brauch erfolgte in der Diaspora unter der Leitung des Apostels Paulus. In der Diaspora der griechisch-römischen Welt waren die Bedingungen gegeben, die zu jener Gegensätzlichkeit hinleiten konnten.

Es ist nun aber zu beachten, daß der Fisch im Sabbatmahl nicht die einzige Anregung zu sein brauchte, um die Eucharistie im Gegensatz dazu als Fisch im mystischen Sinne zu kennzeichnen. Die Tätigkeit des Apostels galt ja nicht nur den Juden, sondern ebenso stark und stärker noch den Heiden, sodaß wir ihn den Heidenapostel zu nennen pflegen. Paulus ist für uns der Typus der Auseinandersetzung des Christentums mit den heidnischen Kulten. Mit dem Überschreiten der palästinensischen Landesgrenzen trat der Kult der syrischen Göttin Atargatis in den Gesichtskreis der Missionare. Heidnische Syrer sollten von ihrem Kulte gelöst und der neuen Lehre zugänglich gemacht werden. Da ist es eine ganz naturgemäße Erscheinung, daß die Missionare der landesüblichen heidnischen Liturgie auch einmal die christliche entgegensetzten. Nun haben wir gehört[1], daß in Syrien die heidnischen Priester der Göttin Atargatis täglich Fische auf den Altartisch legten, um dann diese Fische in der auf das Opfer folgenden Kultmahlzeit zu genießen. Wir brauchen uns da gar nicht weit von dem Gesichtskreis des Apostels Paulus zu entfernen, um hier die Art und Weise der Auseinandersetzung von Heidentum und Christentum zu ahnen. Paulus hat mit aller Schärfe die antiken Götzenopfer als Tisch der Dämonen gekennzeichnet und diesem in wirkungsvoller Gegensätzlichkeit den Tisch des Herrn gegenübergestellt, der Speise vom Tische der Dämonen die Speise vom Tische des Herrn (I Kor. 10, 14—21). Lag nun auf dem Tische der syrischen Göttin ein Fisch, so war es psychologisch durchaus naheliegend, die Eucharistie auf dem Tische des Herrn als den eigentlichen, großen, reinen Fisch zu kennzeichnen, als den mystischen Fisch, der allen christlichen Brüdern und Freunden, allen Kultgenossen zur Speise dienen sollte im Gegensatze zum syrischen Kulte, der nur der auserlesenen Kaste der Priester den geopferten Fisch zusprach, die Masse der Gläubigen aber vom Opfermahle ausschloß. Und wenn

---

[1] Siehe oben S. 175 ff.

Dölger, Eucharistie.　　　　　　　　　　　　　　　　　　8

der Fisch im heidnischen Kulte der Syrer als eine Opfergabe bezeichnet wurde, so konnte auch hier ein Vergleichspunkt herausgefunden werden, da die wissenschaftliche Forschung der Gegenwart immer einhelliger zur Überzeugung kommt, daß die Eucharistie
vor 150 als Opfer gewertet wurde[1]. Auch anderwärts konnte die
gleiche Gegensätzlichkeit auftreten. Ägypten freilich wird weniger
in Betracht kommen[2], da wir dort den Fisch wohl als Göttersinnbid,
aber im einheimischen Kulte nicht als Opfer bezeugt fanden. Dagegen stieß die christliche Mission, in Kleinasien westwärts wandernd, auf die Kulte der Artemis, Artemis-Anaïtis und Bendis, in
denen ein Fisch als Opfergabe den Mittelpunkt einer liturgischen
Feier ausmachte. Auch hier konnte die christliche Predigt die
Antike überbieten und überwinden, indem sie deren Sprache redete
und ihr eigenes Mysterium als den wahren Fisch bezeichnete. Daß
sich vor 150 schon solche Bekämpfung des Heidentums gezeigt hat,
ist mir sehr wahrscheinlich, für die Zeit der zweiten Hälfte des
zweiten Jahrhunderts ist es mir gewiß.

Als ich in *IXΘΥC* I solchen Oppositionskult mit besonderem
Nachdruck zur Geltung brachte, hielt mir V. SCHULTZE in einer
sonst durchaus sachlichen Rezension entgegen: „Es ist bekannt,
daß die nachkonstantinische, vor allem aber die frühmittelalterliche
Kirche diese Praxis geübt hat. Daß aber schon die Kirche des
zweiten Jahrhunderts und zwar an einem Zentralpunkte ihres
Glaubens auf solche schwächliche und im Grunde unlautere Praktiken sich eingelassen habe, widerspricht aufs schärfste allem,
was wir von ihr wissen. Man vergegenwärtige sich nur einmal
die Einzelheiten. Die Apologeten des zweiten Jahrhunderts haben,
wo sie solche Parallelen wahrnahmen, sie umgekehrt gedeutet.
Darin irrten sie, aber man sieht doch, wie sie solche Dinge beurteilten"[3]. Dieses Urteil ist der Widerhall der von Schultze auf

---

[1]) Vgl. z. B. O. CASEL, Oblatio rationabilis (Tübinger Theol. Quartalschrift
IC (1917/18) 419 ff. — J. BRINKTRINE, Der Meßopferbegriff in den ersten zwei Jahrhunderten (Freiburg i. B. 1918). — R. KNOPF, Die Lehre der zwölf Apostel (Handbuch z. Neuen Testament: Ergänzungsband [Tübingen 1920] 24): „Didache, weiter
I Clem. 40—44, Ign. Eph. 5, 2, Philad. 4, Justin Apol. 1 65—67, Dial. 41, 117 sind
vollwichtige Zeugen für die Auffassung des Mahles als eines Opfers." Vgl. noch
K. G. GOETZ, Abendmahl und Meßopfer (Schweiz. theol. Zeitschr. 35 [1918] 15—24)
nach Jahrbuch für Liturgiewissenschaft 1 (1921) 147 Nr. 158.

[2]) Wohl aber konnten die vielen ägyptischen Fischamulette den christlichen
Fischphylakterien den Weg bahnen. Darüber in *IXΘΥC* IV. Bd.

[3]) V. SCHULTZE in Byzantinische Zeitschrift XX 3. 4 S. 515.

Grund der von mir gesammelten Beispiele von *IXΘΥC* als Kürzung ausgesprochenen These: Die *IXΘΥC*-Kürzung sei der Ursprung des christlichen Fischsymbols [1], während ich behauptete: Am Anfange der christlichen Fischsymbolik stehe das Fischbild (d. h. Christus ist der wahre Fisch), das die Grundlage bietet für *IXΘΥC* = Ἰησοῦς Χριστὸς θεοῦ υἱὸς σωτήρ. F. Cumont hat sich kraftvoll auf meine Seite gestellt [2]. Schultze hat die berechtigte Forderung erhoben: „Diejenigen, welche für das Bild, den Fisch, das höhere Alter in Anspruch nehmen, sind verpflichtet, die innere, ich möchte sagen persönliche Beziehung zwischen Christus und dem Fische nachzuweisen" [3]. Die Forderung dürfte durch *IXΘΥC* II in vollem Umfang erfüllt worden sein.

Noch ein Wort zur behaupteten Unmöglichkeit des Oppositionssymbols. Schultze verweist darauf, daß diese Art der Opposition erst nach Konstantin einsetze. Gewiß ist, daß sie hier besonders häufig wird. Ich erinnere nur an das kennzeichnendste Beispiel, an die etwa 345 geschriebene Schrift des Firmicus Maternus *De errore profanarum religionum*. Man braucht sich von da an nicht mehr zu wundern, wenn z. B. Zeno von Verona von Christus als dem himmlischen Wassermann spricht [4]. Solche Gegensätzlichkeit ist jedoch nicht ein Kennzeichen der Zeit nach Konstantin. Wie die vor 200 entstandene Naassenertheologie die antiken Mysterienreligionen im Christentum erfüllt sein läßt, hat Hippolyt von Rom ausführlich beschrieben. Doch handelt es sich hier um einen Synkretismus, der in kirchlichen Kreisen abgelehnt wurde; wir brauchen diese gnostischen Versuche auch gar nicht, um unsere Behauptung zu begründen. Hat nicht schon Klemens von Alexandrien mit direkter Anlehnung an die Sprache des Sonnenkultes von Christus als dem „über das All dahinfahrenden Helios der Gerechtigkeit" [5]

---

[1]) V. Schultze, *IXΘΥC* (Greifswald 1912). Dazu meine Besprechung und Gegenformulierung „Zum altchristlichen Fischsymbol" in Theologische Revue 13 (1914) 21 f.

[2]) F. Cumont, Ichthys bei Pauly-Wissowa RE IX 1, 850: „Die Vermutung, daß die Kürzung I. älter sei als das Fischsymbol und zu diesem Anlaß gegeben hätte, ist meines Erachtens unannehmbar. Man wäre nie auf den sonderbaren, ja anstößigen Vergleich des Heilandes mit einem Fische geraten, wäre nicht der Fisch seit alter Zeit in Syrien als göttlich verehrt worden. Die Buchstabenspielerei ist die Folge, nicht die Ursache des Sinnbildes, aber sie hat seine ursprüngliche Bedeutung bald in den Hintergrund gedrängt und vergessen lassen."

[3]) V. Schultze, *IXΘΥC* (Greifswald 1912) 9.

[4]) Zeno von Verona II 43 (Migne PL 11, 496 A).

[5]) Dölger, Sonne der Gerechtigkeit 48.

8*

und dem λόγος παντεπόπτης[1] gesprochen. Hat nicht schon vorher
Melito von Sardes Christus als die Sonne des Aufgangs und die
allein wahre Sonne bezeichnet[2], wobei dem griechischen Kleinasiaten ἥλιος und Ἥλιος, Sonne und Sonnengott nebeneinander lag.
SCHULTZE meinte, die Abwehrstellung der Apologeten gegenüber
dem Heidentum hätte die Übernahme einer antiken Bezeichnung
unmöglich gemacht. Ein einziges Beispiel, das ich aus Philo von
Alexandrien entnehme, möge den Gegenbeweis erbringen. In
der Septuaginta steht in Deut. 23, 18 (17) der Einschub: „Keine von
den Töchtern Israels soll in die Mysterien einweihen und keiner
von den Söhnen Israels soll in die Mysterien eingeweiht werden.“
Getreu diesem Worte hält Philo das Mysterienwesen für Trug und
Schwindel und die Teilnahme daran für eine große Sünde. Das
Aufsuchen von Höhlen und Finsternis ist ihm Zeichen schädlichen
Tuns, es sei bezeichnend, daß rechtschaffene Männer von diesen
Weihen sich vielfach ferne halten, während Diebe, Räuber und
liederliche Frauen aufgenommen werden, wenn sie nur den Weihe-
priestern und den Hierophanten Geld dafür bieten[3]. Philo lehnt
hier das Mysterienwesen ab, er konnte also nach Schultze auch
keine Mysterienausdrücke zur Darstellung seiner Lehre gebrauchen
— aber der gleiche Philo spricht von Moses als dem „Hierophanten
der Mysterien und dem Lehrer göttlicher Dinge“[4]. Die Ausdrucksweise ist Philo so geläufig, daß er von Moses als „dem Hierophanten“ schlechthin spricht, ohne weiteren Beisatz[5]. Was hier im
hellenistischen Judentum Tatsache ist, konnte doch auch im ältesten
Christentum Möglichkeit sein. Doch brauchen wir nicht einmal
von bloßer Möglichkeit zu reden. Ich habe schon darauf hingewiesen, daß der Bischof Ignatius die Christen von Ephesus mit
durchaus antikem Wort als Miteingeweihte des Paulus (Παύλου
συμμύσται) bezeichnet[6], daß der Bischof Melito von Sardes einen
antiken Mysterienausdruck ganz von selbst in seine christliche
Predigt miteinfließen läßt[7]. Klemens von Alexandrien, dessen

---

[1]) DÖLGER, Sonne der Gerechtigkeit 107. [2]) DÖLGER, Sol Salutis 267.

[3]) Philo, De special. legibus I §§ 319—325 (V 77 f. COHN).

[4]) Philo, De gigantibus § 54 (II 52 Z. 19—21 WENDLAND): „γίνεται δὲ οὐ
μόνον μύστης, ἀλλὰ καὶ ἱεροφάντης ὀργίων καὶ διδάσκολος θείων, ἃ τοῖς ὦτα
κεκαθαρμένοις ὑφηγήσεται.“

[5]) Philo, Legum allegoria III 151 (I 146 Z. 11 COHN); De sacrificiis Abelis
et Caini § 94 (I 241 Z. 4 COHN). Andere Stellen derart bei O. CASEL, De philo-
sophorum Graecorum silentio mystico (RVV XVI 2 [Gießen 1919]) 73 ff.

[6]) Ignatius, Ad Eph. 12, 2 (PA I² 222 FUNK). [7]) Vgl. oben S. 472.

Sprache von Mysterienausdrücken ganz durchtränkt ist[1], stellt den von ihm verabscheuten antiken Mysterien in bewußter Gegensätzlichkeit die Mysterien des Logos gegenüber, die er mit den Fachausdrücken der Mysterien zur Darstellung bringt[2]. Diese Art der Gegensätzlichkeit ist viel älter, denn der Apostel Paulus hat sie bereits geübt[3], und am Anfang des Johannesevangeliums steht die Bezeichnung Jesu als des Logos. Wie der christliche Logosbegriff die philosophische und theologische Gegensätzlichkeit gegen das Heidentum darstellte[4], so konnte auch der christliche *IXΘΥC* der bewußte Gegensatz antiker Fischmysterien sein. Die Entdeckung, daß *IXΘΥC*, das griechische Wort für Fisch, die gekürzten Namen Jesu (Ἰησοῦς Χριστὸς Θεοῦ Υἱὸς Σωτήρ) darstellte, gab dem Fischsymbol seine volle Weihe und seine Volkstümlichkeit.

<h2 style="text-align:center">§ 8.</h2>

<h1 style="text-align:center">Das Todesgedächtnis Jesu
und die antike Memoria mortuorum.</h1>

Noch ein anderer Weg scheint aus der antiken Kultur zum eucharistischen Fischsymbol hinzuführen: sein Ausgangspunkt ist der Totenkult. Wie aus der Satzung des Totenkollegiums der Epiktete erhellt[5], kannte die Antike ein Jahresgedächtnis der Toten. Solche Totengedächtnisfeiern, besonders an der alljährlichen Wiederkehr des Geburtstages der Toten, waren in der Antike oft bezeugte Sitte[6]. Diogenes Laërtios berichtet, Epikur († 271/270 v. Chr.) habe in seinem Testamente unter anderem auch dieses bestimmt: „Aus den Einkünften, die unsere Stiftung bringt, sollen sie dem Amynomachos und Timokrates nach Möglichkeit zusammen mit Hermarchos zuteilen, dabei besonders das Augenmerk auf die Totenopfer (τὰ ἐναγίσματα) für Vater, Mutter, Brüder

---

[1]) Vgl. C. HONTOIR, Comment Clément d'Alexandrie a connu les mystères d'Eleusis (Musée Belge IX 2, 180—188). — J. GABRIELSSON, Über die Quellen des Clemens Alexandrinus I (Upsala-Leipzig 1906) 38. — H. WALTERSCHEID, Die Nachrichten des Clemens Alexandrinus über die griechischen Mysterien (Bonner Diss. 1921).

[2]) Klemens von Alexandrien, Protreptikos XII § 119, 1 (I 84 STÄHLIN). Dazu besonders O. CASEL, Die Liturgie als Mysterienfeier (Freiburg i. B. 1922) 104 ff.

[3]) I Kor. 2, 7; Eph. 3, 9 u. ö. Vgl. E. REUSCHEN s. v. μυστήριον.

[4]) E. KREBS, Der Logos als Heiland im ersten Jahrhundert (Freiburg i. B. 1910) 99.   [5]) Siehe oben S. 383.

[6]) Ich benutze die Zusammenstellung bei B. LAUM, Stiftungen in der griechischen und römischen Antike. Ein Beitrag zur antiken Kulturgeschichte I (Leipzig-Berlin 1914) 74 f. und die entsprechenden Urkunden des II. Bandes.

und für uns richten und ebenso darauf, daß am 10. Gamelion der Geburtstag gefeiert werde, wie denn eine ähnliche Feier auch für die Zusammenkunft der Schüler, die am 20. eines jeden Monats stattfindet, zur Erinnerung an mich und Metrodor (εἰς τὴν ἡμῶν καὶ Μητροδώρου μνήμην) verordnet worden ist"[1]. Stiftungen zum Gedächtnis (εἰς μνήμην) mit Totenopfer nennt eine Inschrift des 2. Jahrh. n. Chr. aus Magnesia[2]. Eine Stiftungsurkunde aus der Kaiserzeit, enthalten in einer Grabschrift zu Nikomedia, bestimmt: „Ich (Aurelius Festus) gebe und hinterlasse dem Dorfe der Rakeler ... Silberdenare mit der Bedingung, daß sie mein Gedächtnis feiern; sie sollen es veranstalten in der Verwandtschaft zu Dradizane"[3]. „Ἐπὶ τῷ ποιεῖν αὐτοὺς ἀνάμνησίν μου" lautet die griechische Formel. In lateinischen Stiftungsurkunden heißt es *ob memoriam, in memoriam* und ähnlich[4]. Die Antike kannte also eine *commemoratio mortuorum*[5].

Die Christen konnten natürlich für das antike Totengedächtnis kein anderes Wort gebrauchen als die Heiden[6], aber auch für ihre Totengedächtnisfeiern behielten sie das Wort ἀνάμνησις bei[7]. Wurde die ἀνάμνησις der Toten genannt, dann stand dem aus der griechischen Kultur stammenden Christen sofort die ἀνάμνησις Ἰησοῦ vor Augen und umgekehrt, sodaß sich ein Vergleich von selbst darbot. Man höre nur etwa Johannes Chrysostomus: „Wie? Du feierst das Gedächtnis Christi mit, übersiehst jedoch die Armen und zitterst nicht? Aber wenn du das Gedächtnis eines gestorbenen Sohnes oder Bruders begingst, würdest du von deinem Gewissen gequält worden sein, wenn du nicht das Herkommen beobachtet und die Armen dazu eingeladen hättest. Das Gedächtnis des Herrn aber willst

---

[1]) Diogenes Laërtios X 16 bei LAUM II 16 Nr. 14.

[2]) LAUM II 117 Nr. 126.   [3]) LAUM II 141 Nr. 202.

[4]) Vgl. die Zusammenstellungen bei LAUM I 75. Vgl. noch Apuleius, Metamorph. IV 22 S. 91 Z. 9. 10 HELM: (Die Räuber gedenken der gefallenen Kameraden) *„poculis aureis memoriae defunctorum commilitonum vino mero libant."*

[5]) FR. MARX, Ausonius und die Mosella [Bonner Jahrbücher 120 (1911)] 9 A. 4 hat bereits die antiken Bezeichnungen *commemoratio* und *commemorare* aus den Parentalia (Totenfest) des Ausonius zusammengestellt.

[6]) Lactantius, Divin. instit. IV 28: *„qui superstitem memoriam defunctorum colunt."*

[7]) Vgl. z. B. Canones Hippolyti 169 (bei L. DUCHESNE, Origines du culte chrétien[3] [Paris 1903] 536): *„Si fit ἀνάμνησις (fiunt ἀναμνήσεις) pro iis qui defuncti sunt, primum antequam consideant mysteria sumant, neque tamen die prima."* W. RIEDEL, Die Kirchenrechtsquellen des Patriarchats Alexandrien (Leipzig 1900) 221 liest freilich ἀνάλημψις

du feiern und nicht einmal von deinem Tische (den Armen) etwas
zukommen lassen?"[1] Das Wort eines mit der griechischen Kultur
so vertrauten Mannes wie Chrysostomus ist uns besonders wertvoll,
wenn er das im Griechentum übliche Totengedächtnis und das
eucharistische Gedächtnis Jesu zusammen nennt. G. P. WETTER
hätte dies beachten sollen; er hätte dann kaum so leicht die Behauptung niedergeschrieben, „daß die Christen, wenn sie vom
Erinnern der Leiden des Herrn reden, die Terminologie der Mysterienreligionen verwenden"[2]. Die angeführten, von Wetter völlig
unbeachtet gelassenen Stellen über die antiken Totengedächtnis-
stiftungen sind als die allgemeinen kulturellen Unterlagen zu be-
werten, aus denen sowohl die Mysteriensprache verständlich wird[3]
als auch die Sprache des frühen Christentums. Man lese noch einmal die Texte des Totengedächtnisses und halte dagegen den Ein-
setzungsbericht des Abendmahls bei Paulus und Lukas.

Paulus als der für uns älteste Zeuge berichtet I Kor. 11, 24
die Worte Jesu also: „Nehmet hin und esset, dies ist mein Leib,
der für euch hingegeben wird; dies tuet zu meinem Gedächtnis"
(τοῦτο ποιεῖτε εἰς τὴν ἐμὴν ἀνάμνησιν — *hoc facite in meam commemorationem*) und I Kor. 11, 25: „Desgleichen nahm er auch den
Kelch nach dem Mahle und sprach: »Dieser Kelch ist der neue
Bund in meinem Blute; dies tut so oft ihr ihn trinket, zu meinem
Gedächtnis«" (τοῦτο ποιεῖτε ... εἰς τὴν ἐμὴν ἀνάμνησιν — *hoc facite ...
in meam commemorationem*). An Paulus anschließend steht auch
bei Lukas 22, 19 nach dem Worte: „Dies ist mein Leib, der für

---

[1]) Chrysostomus, In ep. I Cor. Homil. XXVII 4 (Migne PG 61, 229f.)
„*Tί λέγεις; ἀνάμνησιν τοῦ Χριστοῦ ποιεῖς, καὶ πένητας παρορᾷς, καὶ οὐ φρίττεις;
Ἀλλ᾽ εἰ μὲν υἱοῦ ἢ ἀδελφοῦ τετελευτηκότος ἀνάμνησιν ἐποίεις, ἐπλήγης ἂν ὑπὸ
τοῦ συνειδότος, εἰ μὴ τὸ ἔθος ἐπλήρωσας, καὶ πένητας ἐκάλεσας· τὴν δὲ τοῦ
Δεσπότου σου ποιῶν ἀνάμνησιν, οὐδὲ τραπέζης ἁπλῶς μεταδίδως.*" Vgl. Apostolische Konstitutionen VIII 42, 4. 5 (I 554 FUNK): „*καὶ ἐνιαύσια ὑπὲρ μνείας
αὐτοῦ. καὶ διδόσθω ἐκ τῶν ὑπαρχόντων αὐτοῦ πένησιν εἰς ἀνάμνησιν αὐτοῦ.*"

[2]) G. P. WETTER, Altchristliche Liturgien: Das christliche Mysterium (Göttingen 1921) 67. Wetter's Darstellung ist allzusehr von der Auffassung der
eucharistischen Feier als eines kultischen Mysteriendramas beherrscht. Dadurch
muß die Beurteilung den besprochenen Texten öfters widerstreiten. Man vgl.
z. B. S. 92 A. 7 zu Thomasakten 58, S. 123 zu Ignatius. Überhaupt ist W.s Methode, Hauptgedanken der eucharistischen Feier zu rekonstruieren, sehr gewagt.

[3]) Die von WETTER angeführten Beispiele haben keine sonderliche Kraft.
Lukian, Περὶ τῆς Συρίης θεοῦ 6: „*μνήμην τοῦ πάθεος τύπτονταί τε ἑκάστου
ἔτεος καὶ θρηνέουσι καὶ τὰ ὄργια ἐπιτελέουσιν ...*" Wetter hätte auch das
καθαγίζουσι τῷ Ἀδώνιδι dazu nehmen sollen; dann wäre ihm die Verbindung mit
dem Totengedächtnis klar geworden.

euch hingegeben wird" der Befehl Jesu: „Dies tut zu meinem Gedächtnis" (τοῦτο ποιεῖτε εἰς τὴν ἐμὴν ἀνάμνησιν — *hoc facite in meam commemorationem*). Der paulinische Bericht ist besonders beachtenswert, weil der Apostel ihn mit starker Betonung auf eine Überlieferung „vom Herrn her" (ἀπὸ τοῦ κυρίου)[1], d. h. auf eine durch die Urapostel vermittelte[2] und von Paulus selbst kontrollierte[3] Überlieferungsreihe zurückführt. Der von dem angenommenen visionären, ekstatischen Erlebnis des Apostels her unternommene Versuch, seinen Bericht als geschichtlich unbrauchbar auszuschalten, ist damit aussichtslos geworden. Der Apostel fügt noch I Kor. 11, 26 bei: „Denn so oft ihr dieses Brot esset und den Kelch trinkt, verkündet ihr den Tod des Herrn (τὸν θάνατον τοῦ κυρίου), bis er (sc. der Herr) kommt." Ganz im Geiste des Apostels nennt der Apologet J u s t i n die Eucharistiefeier „das Gedächtnis des Leidens" Jesu[4], das Gedächtnis seines Todes.

Es liegt durchaus in der Linie dieser Entwicklung, wenn die Kleinasiaten ihre Paschafeier als ein Gedächtnis des Todes Jesu mit einem eucharistischen Gottesdienst und mit der Agape Jesu verbanden. In der aus Kleinasien stammenden sog. E p i s t o l a A p o s t o l o r u m, die von A. BAUMSTARK der Zeit vor 180 n. Chr.[5] zugewiesen wurde, während C. SCHMIDT sie „genauer auf 160—170 n. Chr." datieren[6] und H. J. CLADDER sie der Zeit vor 147/48[7],

---

[1]) Paulus gebraucht hier nicht παρά, ὑπό oder διὰ τοῦ κυρίου. Vgl. etwa C. CLEMEN, Der Einfluß der Mysterienreligionen auf das älteste Christentum (RVV XIII 1 [Gießen 1913] 17 f.); C. F. G. HEINRICI, Die Hermesmystik und das Neue Testament (Leipzig 1918) 177.

[2]) Wichtig ist, daß Paulus das παραλαμβάνειν sonst vielfach gebraucht, wo nur eine mündliche Überlieferung von der Urgemeinde her in Frage kommen kann, wie z. B. bei Berichten über Tod und Erscheinungen Jesu usw. Vgl. auch JOHS. HEHN in Theologische Revue 1 (1902) 79.

[3]) Gal. 2, 2, wo Paulus ausdrücklich den Inhalt seiner Missionspredigt mit dem der Apostel vergleicht.

[4]) J u s t i n, Dialog 41, 1 S. 138 GOODSPEED: „καὶ ἡ τῆς σεμιδάλεως δὲ προσφορά (Lev. 14, 10). . . τύπος ἦν τοῦ ἄρτου τῆς εὐχαριστίας, ὃν εἰς ἀνάμνησιν τοῦ πάθους . . , Ἰησοῦς Χριστὸς ὁ κύριος ἡμῶν παρέδωκε ποιεῖν." Ferner Dialog 70, 4; 117, 3 S. 181; 235 GOODSPEED.

[5]) Theologische Revue 13 (1914) 168. Die Ausführungen wurden von C. SCHMIDT übersehen, sodaß A. BAUMSTARK in Theologische Revue 20 (1921) 262 daran erinnern mußte.

[6]) C. SCHMIDT, Gespräche Jesu mit seinen Jüngern nach der Auferstehung. Ein katholisch-apostolisches Sendschreiben des 2. Jahrhunderts (TU III. Reihe 13. Bd. [Leipzig 1919] 402).

[7]) H. J. CLADDER, Zur neuen „Epistola apostolorum" (Theol. Rev. 18 [1919] 453).

A. EHRHARD sogar der Zeit 130—140 zuweisen möchte [1], liest man nach der koptischen und äthiopischen Überlieferung dieses [2]:

Äthiopisch:	Koptisch:
„... Ihr aber feiert den Gedenktag meines Todes, das ist das Passah. Dann wird man einen von euch, die ihr vor mir dastehet, ins Gefängnis um meines Namens willen werfen. Und er wird bitterlich trauern und jammern, weil, während ihr das Passah feiert, wird er im Gefängnis sich befinden, und nicht wird er das Fest mit euch mitmachen. Und ich werde meine Kraft in der Gestalt meines Engels schicken, und es wird sich öffnen das Tor des Gefängnisses, und er wird zu euch kommen, um mit euch zu wachen und auszuruhen. Und wenn der Hahn kräht und ihr meine Agape vollendet und meinem Gedächtnis (Genüge getan habet), wird man ihn wiederum fortführen und zum Zeugnis ins Gefängnis zurückbringen, bis er frei geht und zu predigen (fortsetzt), wie ich euch befohlen habe.“ Und wir sagten ihm: „O Herr, hast du denn nicht selbst den Trank des Passah vollbracht? Ist es denn notwendig, daß wir es wiederum vollbringen?“ Er antwortete uns: „Ja, bis ich vom Vater mit meinen Wunden zurück bin.“	„Nach meinem Heimgang zum Vater, so gedenket ihr meines Todes. Wenn nun das Passah stattfinden wird, dann wird einer von euch ins Gefängnis geworfen sein um meines Namens willen, und er <wird sein> in Trauer und Sorge, daß ihr feiertet das Passah, während er sich im Gefängnis befindet und <fern> von euch ist; denn er wird trauern, daß er nicht feiert das Passah <mit> euch. Ich werde nämlich schicken meine Kraft in der <Gestalt> des Engels Gabriel, und es werden sich öffnen die Tore des Gefängnisses. Er wird herausgehen und kommen zu euch, er wird eine Nachtwache mit <euch> verbringen und bei euch bleiben, bis daß der Hahn kräht. Wenn aber ihr vollendet habt das Gedächtnis, das stattfindet in bezug auf mich, und die Agape, so wird er wiederum ins Gefängnis geworfen werden zum Zeugnis, bis daß er von dort herauskommt und predigt das, was ich euch übergeben (befohlen) habe.“ Wir aber sprachen zu ihm: „O Herr, ist es denn wiederum eine Notwendigkeit, daß wir den Kelch nehmen und trinken?“ [3] Er sprach zu uns: „Ja, eine Notwendigkeit ist es nämlich bis zu dem Tage, wo ich kommen werde mit denen, die um meinetwillen getötet sind.“

---

[1] A. EHRHARD in Hist.-pol. Blätter 165 (1920) 645—655; 717—729. Vgl. Jahrbuch für Liturgiewissenschaft 1 (1921) 152 Nr. 209 a.

[2] Äthiopisch nach WAJNBERG, koptisch nach SCHMIDT bei C. SCHMIDT a. a. O. 52 ff.

[3] Wie lebendig „der Kelch des Leidens“ (Matth. 20, 22. 23; 26, 39; Mark. 10, 38. 39) damals war, bekundet das Martyrium Polycarpi 14, 2 (PA I², 330 FUNK): „εὐλογῶ σε, ὅτι ἠξίωσάς με τῆς ἡμέρας καὶ ὥρας ταύτης, τοῦ λαβεῖν με μέρος ἐν ἀριθμῷ τῶν μαρτύρων ἐν τῷ ποτηρίῳ τοῦ Χριστοῦ σου ...“

Wie schon C. Schmidt erkannt hat[1], handelt es sich hier um zwei verschiedene Akte der Feier, um die Eucharistie und das Liebesmahl (Agape). Nach der äthiopischen Überlieferung scheint die Agape der Eucharistie vorauszugehen, nach der koptischen Überlieferung aber folgt sie der Eucharistie, so daß diese nüchtern empfangen wurde.

Bei den Ebioniten, also bei den Judenchristen, hat der Paschagedanke als Todesgedächtnis Jesu so stark gewirkt, daß sie die Eucharistiefeier als Jahresfest begingen[2]. A. Baumstark rechnete

---

[1]) C. Schmidt a. a. O. 703.

[2]) Epiphanius, Haeres. XXX 16, 1 (GCS: Epiph. I 353 Z. 10—12 Holl): „μυστήρια δὲ δῆθεν τελοῦσι κατὰ μίμησιν τῶν ἁγίων ἐν τῇ ἐκκλησίᾳ ἀπὸ ἐνιαυτοῦ εἰς ἐνιαυτὸν διὰ ἀζύμων καὶ τὸ ἄλλο μέρος τοῦ μυστηρίου δι’ ὕδατος μόνον.“ C. Schmidt a. a. O. 609 erklärte, die Worte seien ihm nicht deutlich. Ich finde sie völlig klar. Τῶν ἁγίων kommt nicht von οἱ ἅγιοι, wie A. Scheiwiler, Die Elemente der Eucharistie in den ersten drei Jahrhunderten (Mainz 1903) 139 übersetzt, sondern von τὰ ἅγια. Τὸ ἅγιον heißt die Eucharistie. Didache 9, 5 (PA I² 22 Funk); Dionysios von Alexandrien bei Eusebius KG VII 7, 4 (GCS: Euseb. II 2, 644 Z. 13 Schwartz); die Lateiner haben sanctum (Tertullian, De spectaculis 25 oben S. 518 A. 1. 4) und sanctum Domini; vgl. Cyprian, De lapsis 15, 26 (CSEL III 1, 248 Z. 5; 256 Z. 7. 11 Hartel). Statt des Singulars gebrauchte man auch τὰ ἅγια, denn Dionysius von Alexandrien (bei Eusebius KG VII 9, 4 (GCS: Euseb. II 2, 648 Z. 11 Schwartz) nennt die Teilnahme an der Eucharistie eine μετοχὴ τῶν ἁγίων; Cyrill von Jerusalem, Catech. mystagog. V 19 (II 392 Rupp) und Johannes Chrysostomus, Matthäuskommentar Homilie VII 6 (Migne PG 57, 80) nennen den Diakonruf τὰ ἅγια τοῖς ἁγίοις. Vgl. Apostolische Konstitutionen VIII 13, 12 (I 516 Funk): „καὶ ὁ ἐπίσκοπος προσφωνησάτω τῷ λαῷ οὕτω Τὰ ἅγια τοῖς ἁγίοις.“ Vgl. VIII 9, 5 (I 486 Funk): „(Die Büßer) καταξιωθῶσιν κοινωνοὶ γενέσθαι τῶν ἁγίων αὐτοῦ ἱερῶν καὶ μέτοχοι τῶν θείων μυστηρίων.“ VI 15, 4 (I 337 Funk): „μυστηρίζουσι τὰ ἅγια.“ VII 40, 1 (I 444 Funk): „τῶν ἁγίων μεταλαχεῖν.“ Man wird dabei im Auge behalten müssen, daß christliche Schriftsteller der Frühzeit mit τὰ ἅγια auch die Symbole antiker Mysterien bezeichneten. Besonders kennzeichnend ist z. B. Klemens von Alexandrien, Protreptikos II § 22, 4 (GCS: Clem. I 17 Z. 4—9 Stählin): „δεῖ γὰρ ἀπογυμνῶσαι τὰ ἅγια αὐτῶν καὶ τὰ ἄρρητα ἐξειπεῖν ... ταῦτ’ ἔστιν αὐτῶν τὰ ἅγια.“ — Der Gebrauch des Wassers allein statt des sonst üblichen Mischweins entspringt der eigenartigen Christologie. Volle Klarheit gibt Irenaeus, Adv. haer. V 1, 3 (II 316 Harvey). Die Ebioniten wollten von der Gottheit Jesu nichts wissen, sie leugnen, wie Irenaeus sich ausdrückt, „die Vereinigung Gottes mit dem Menschen“; „sie wollen nicht einsehen, daß der Hl. Geist über Maria gekommen ist und die Kraft des Allerhöchsten sie überschattet hat“. Und nun schließt Irenaeus unmittelbar an: „Reprobant itaque hi commixtionem vini coelestis, et sola aqua secularis volunt esse, non recipientes deum ad commixtionem suam.“ Diese Christologie hat also Einfluß geübt auf die Liturgie. Die μίμησις der kirchlichen Eucharistie ist eine „Nachäffung“, wie Justin, Apol. I 66, 4, das Mithrasmahl mit Brot und Wasser eine μίμησις der christl. Eucharistie nennt, die nach ihm mit Brot und Mischwein gefeiert wurde.

mit der Möglichkeit, daß auch in der Epistola die regelmäßige
Wiederholung der Eucharistie als auf das Osterfest [lies Pascha]
beschränkt gedacht sei[1]. Doch wäre in diesem Falle recht auffällig, wenn die Gegner der Quartodecimaner diesen Punkt nicht in
den Streit mit einbezogen hätten. Wir hören jedoch sonst nichts
von einer derartigen Praxis.

Nach der Satzung des Totenkolleginms der Epiktete von Thera
(um 200 v. Chr.) war mit dem Jahresgedächtnis der Toten ein
Fischopfer verbunden. Da nun die eucharistische Feier nach der
Stiftung Jesu eine *ἀνάμνησις Ἰησοῦ* war, so konnte dies bei den
Griechen den Gedanken an die Totengedächtnisopfer der Antike
auslösen. Es wäre daher nicht gerade unmöglich, daß in solchen
Gedankengängen die Eucharistie als das wahre Fischopfer dem
Fischopfer des antiken Totenkultes entgegesetzt wurde. Doch lege
ich hierauf noch nicht ein besonderes Gewicht. Wertvoller ist es,
daß die Eucharistie tatsächlich als „Fisch der Lebendigen" dem
„Fische der Toten" entgegengesetzt wurde.

§ 9.

Die Totenmesse.

Die Eucharistiefeier war nicht nur das Gedächtnis des Todes
Jesu, sie mußte in der Umgebung der griechisch-römischen Kultur
auch zur Gedächtnisfeier für die einfachen Gläubigen werden. Was
wir heute Toten- oder Seelenmesse nennen, darf ein sehr hohes
Alter für sich in Anspruch nehmen. Im zweiten christlichen Jahrhundert ist die Eucharistiefeier als ein Totengedächtnis bezeugt.
In der Drusianageschichte der zwischen 150 und 180 in Kleinasien
verfaßten Johannesakten heißt es: „Am folgenden Tage kommt
Johannes mit Andronikos und den Brüdern beim Morgengrauen
zum Grabe, da Drusiana den dritten Tag hatte, damit wir dort (das)
Brot brächen"[2]. Die ganze Darstellung läßt darauf schließen, daß Drusiana wie Ananias und Saphira[3] am Tage ihres Todes und zwar in

---

[1] A. Baumstark in Theologische Revue 13 (1914) 167.

[2] Acta Johannis (AAA II 1, 186 Z. 4—7 Bonnet): „*Τῆς δὲ ἐξῆς ἡμέρᾳ
παραγίνεται ὁ Ἰωάννης ἅμα τῷ Ἀνδρονίκῳ καὶ τοῖς ἀδελφοῖς ἐξ ἑωθινῆς εἰς τὸ
μνῆμα, τρίτην ἡμέραν ἐχούσης τῆς Δρουσιανῆς, ὅπως ἄρτον κλάσωμεν ἐκεῖ.*"

[3] Apg. 5, 6—10. Vgl. Deut. 21, 23. Zur jüdischen Sitte vgl. S. Krauss,
Talmudische Archäologie II (Leipzig 1911) 62. Hier werden als Bestimmungen
des Talmud angegeben: „Auf den Tod hat gleich die Beerdigung zu folgen."
„Wer seinen Toten über Nacht liegen läßt, schändet ihn." Nach der Beerdigung

einem bereits vorhandenen Familiengrabbau[1] beigesetzt wurde. Zwa
dürfen wir die jüdische Sitte nicht ohne weiteres in die Kultur de
Johannesakten übernehmen, aber auch bei zwei anderen Todes
fällen in dieser Schrift ist es deutlich, daß Tod und Beerdigung au
einen Tag fallen. Nach K. 46 bringt der Verwandte des von

---

war es Sitte, „den Toten in den zimmerartigen Höhlengräbern drei Tage hindurcl
zu besuchen und zu bewachen". Vgl. Matth. 28, 1 und Parallelen. Die dreitägig
Totentrauer und dreitägige Leichenwache ist für den Bereich der syrischen Kultu
auch für die christliche Zeit erweisbar. Nur so wird verständlich, was Ephrän
der Syrer, Rede über Is. 26, 10: „Der Sünder werde hinweggenommen" c. ;
(BKV 37, 98 EURINGER) vom Pelikan erzählt: „Wenn der Vogel Junge bekommei
hat, so freut er sich darüber ungemein und erstickt sie durch viele Liebkosung
so daß sie sterben. Wenn er nun sieht, daß sie tot sind, daß sie sich nicht meh
rühren und regen, so ist er darüber drei Tage lang traurig und betrübt; voi
Schmerz und Leid nimmt er weder Futter noch Trank zu sich, weicht aber nich
von ihrer Seite, sondern bleibt bei ihnen und bewacht sie. Dann ritzt er sich der
Leib auf und beträufelt sie mit seinem Blute, und nach Gottes Anordnung werden
die toten Jungen wieder lebendig." — Todestag und Beerdigungstag scheint bei
den syrischen Christen im allgemeinen zusammengefallen zu sein. Vgl. z. B.
Ephräm der Syrer, Rede über „Alles ist Eitelkeit" 2 (BKV 37, 83 EURINGER):
„Man trägt ihn aus dem Hause und gestattet ihm nicht, auch nur einen Tag länger
in seinen Prunkgewändern zu verweilen. Eilig schafft man ihn fort, damit er ins
Grab komme, um darin zu wohnen."

[1]) Wie eine solche Grabanlage zu denken ist, mag man aus dem in Ephesus
entdeckten Grabbau mit dem Unterweltsarkophag ersehen. Nach J. KEIL (Jahres-
hefte d. österr. arch. Instituts 17 [1914] 144) scheinen Stil und Arbeit des Sarko-
phags „ins 2. Jahrh. n. Chr., etwa in die Zeit des Antoninus Pius, zu weisen".
Beachtenswert ist, daß sich unter einer größeren Zahl gewöhnlicher Tonlampen
auch eine mit eingepreßtem Kreuzzeichen befand, wodurch die Benutzung des
Grabraumes noch in christlicher Zeit erwiesen ist. Der monumentale Befund bestätigt damit eine Selbstverständlichkeit beim Übergang der antiken Kultur in
die christliche. — Zu kleinasiatischen Grabbauten vgl. Paulusakten 23
(AAA I 251 LIPSIUS). Gerade für Ephesus sei auf einen weiteren Beleg einer
kleinasiatischen Grabanlage hingewiesen, auf Petronius, Saturae 111, 1. 2
S. 77 Z. 10—16 BÜCHELER[4]: „*Matrona quaedam Ephesi tam notae erat
pudicitiae ut vicinarum quoque gentium feminas ad spectaculum sui evocaret.
Haec ergo cum virum extulisset, non contenta vulgari more funus passis pro-
sequi crinibus aut nudatum pectus in conspectu frequentiae plangere, in condi-
torium etiam prosecuta est defunctum, positumque in hypogaeo Graeco more
corpus custodire ac flere totis noctibus diebusque coepit . . . assidebat aegrae
fidissima ancilla, simulque et lacrimas commodabat lugenti, et quotiescunque
defecerat positum in monumento lumen renovabat.*" 112 § 8 S. 79 Z. 5 BÜCHELER[4]
heißt es: „*iubet ex arca corpus mariti sui tolli*", die Leiche des Mannes war
also in einem Sarge der Grabkammer beigesetzt. So haben wir uns Drusiana
nach der ganzen Schilderung der Akten in einem Sarge ihrer Familiengruft beigesetzt zu denken.

Tempelgebälk erschlagenen Artemispriesters den Leichnam nur bis vor das Tor der Stadt, und ohne sich weiter um den Toten zu kümmern, geht er sofort zur Versammlung des vom Tempel in das Haus des Andronikos heimgekehrten Johannes. Das Niederlegen der Leiche wird mit der Betrachtung begründet: Besser ist es, wenn ich für den Lebenden sorge als für den Toten. Der Verwandte hält mitten in seinem Vorhaben inne, er wollte den Artemispriester zum Grabe tragen, deshalb brachte er ihn nach antikem Brauch vor die Tore der Stadt. Die Beerdigung sollte also hier nach kleinasiatisch-griechischem Ritus am gleichen Tage vor sich gehen und zwar sogleich nach dem Tode[1]. Der Verwandte hatte es so eilig, daß er, nachdem er die Leiche vor dem Tore abgesetzt hatte, noch mit den Christen den Versammlungsraum im Hause des Andronikos erreichte. Noch deutlicher zeigt die Beerdigung am Todestage das K. 115, denn Johannes läßt sich sein Grab ausheben, legt sich noch lebend hinein und gibt darin seinen Geist auf. Die Darstellung der Drusianageschichte verbindet das Begräbnis ebenfalls mit dem Todestag. Nach dem Begräbnis ist Versammlung im Hause des Andronikos. Die Versammlung wird in den zweiten Tag hineingereicht haben. Dieser zweite Tag oder der Beginn des zweiten Tages hat als Zeit der häßlichen Grabgeschichte zu gelten.

Der dritte Tag — von der Beerdigung und vom Tode ab — bringt den Gang zum Grabe, der mit dem Worte begründet wird „τρίτην ἡμέραν ἐχούσης τῆς Δρουσιανῆς". Die Übersetzung von G. Schimmelpfeng[2] „ . . . zum Grabe, in welchem Drusiana am dritten Tage lag" scheint mir dem Texte nicht völlig zu entsprechen, da sie den Gedanken aufkommen läßt, als ob ein über drei Tage sich erstreckendes Ruhen im Grabe im Texte ausgesprochen wäre. Näher läge „da Drusiana den dritten Tag hatte" im Sinne von „den dritten Tag tot war", wie auch τριταίου κειμένου bei Philostratos[3] und in ähnlicher Weise bei Lukian von Samosata gebraucht

---

[1] Um freilich völlig sicher urteilen zu können, möchte man gerne wissen, ob bei plötzlichem oder auch gewalttätigem Tode die Beerdigung rascher erfolgte. Vgl. z. B. Apuleius, Metamorph. IX 31 S. 226 Helm. (Beerdigung eines Selbstmörders am gleichen Tage.)

[2] G. Schimmelpfeng bei E. Hennecke, Neutestamentliche Apokryphen (Tübingen 1904) 446.

[3] Philostratos, Vita Apollonii III 38. Hier wird als schreckliche Tat erzählt, daß eine Frau am dritten Tage nach dem Tode ihres Mannes wieder heiratete. Dies wird in die Worte gefaßt „ἐπεὶ δὲ ἡ γυνὴ περὶ τὴν εὐνὴν ὕβρισε τριταίου κειμένου γαμηθεῖσα ἑτέρῳ."

wird [1]. Aber all dies befriedigt nicht. Hier muß die Kultgeschichte den Sprachgebrauch zu bestimmen suchen. Eine gute Parallele findet sich bei Synesios von Kyrene, der sich in herbem Spott über eine Verwandte also beklagt [2]: „Es war der Dritte für den verstorbenen Aischines [3]. Zu dieser Zeit kam die Tochter seiner Schwester zum ersten Male an das Grab. Denn sie hielt, wie ich glauben möchte, es nicht für schicklich, daß Verlobte mit der Beerdigung gehen. Aber auch jetzt kam sie im Purpurkleid und leuchtendem Haarnetz [4] und hatte Goldschmuck und Edelsteine angelegt, damit ja dem Bräutigam keine schlimme Vorbedeutung (aus der Trauerfeier) entstehe. Sie setzte sich, wie man erzählt, auf einen (Prunk-)Sessel mit Doppellehne ($\dot{\varepsilon}\pi$’ $\dot{\alpha}\mu\varphi\iota\varkappa\varepsilon\varphi\dot{\alpha}\lambda o\upsilon$ $\varkappa\alpha\vartheta\dot{\varepsilon}\delta\varrho\alpha\varsigma$) [5] und silbernen Füßen und klagte über das Ungelegene des Trauerfalls. Der Oheim hätte früher oder erst nach der Hochzeit sterben sollen. Auch auf uns war sie erbost, daß wir die Trauerzeit einhielten. Mit Mühe nur hatte sie den siebenten Tag abgewartet, an dem wir das Totenmahl ($\tau\dot{o}$ $\delta\varepsilon\tilde{\iota}\pi\nu o\nu$ $\tau\dot{o}$ $\dot{\varepsilon}\pi\iota\tau\dot{\alpha}\varphi\iota o\nu$) gaben, da stieg sie mit ihrer alten Amme, die ihre Possen mitmachte, bei menschengefülltem Markte, mit all ihrem Schmuck auf den Reisewagen und reiste sofort nach Teucheria ab; denn sieben Tage · später wollte sie ja mit Bändern behangen und mit einer Turmfrisur wie Kybele (bei der Hochzeit) einherstolzieren.“

Wie hier „Der Dritte“, so ist auch „der dritte Tag“ in den Johannesakten ein liturgischer Ausdruck, er begegnet als $\dot{\eta}$ $\tau\varrho\dot{\iota}\tau\eta$ wahrscheinlich schon im Ritual von Keos im 5. Jahrh. v. Chr. [6] und beim Scholiasten

---

[1]) Lukian, Totengespräche XIII 3 (I 1, 143 SOMMERBRODT): Alexander sagt, daß er schon drei Tage tot in Babylon liege, ohne beerdigt zu sein: „$\dot{\varepsilon}\tau\iota$ $\dot{\varepsilon}\nu$ $B\alpha\beta\upsilon\lambda\tilde{\omega}\nu\iota$ $\varkappa\varepsilon\tilde{\iota}\mu\alpha\iota$ $\tau\varrho\dot{\iota}\tau\eta\nu$ $\tau\alpha\dot{\upsilon}\tau\eta\nu$ $\dot{\eta}\mu\dot{\varepsilon}\varrho\alpha\nu$.“ Man vgl. dazu den lateinischen Sprachgebrauch *corpus iacentis* $=$ „Leiche des Toten“ bei Petronius, Sat. 111, 8. 10. 12 S. 77 f. BUECHELER [4].

[2]) Synesios, Epist. 3 (Migne PG 66, 1324 f.): „$T\varrho\dot{\iota}\tau\eta$ $\mu\dot{\varepsilon}\nu$ $\tilde{\eta}\nu$ $A\dot{\iota}\sigma\chi\dot{\iota}\nu\eta$ $\varkappa\varepsilon\iota$-$\mu\dot{\varepsilon}\nu\omega\cdot$ $\dot{\eta}$ $\delta\dot{\varepsilon}$ $\dot{\alpha}\delta\varepsilon\lambda\varphi\iota\delta\tilde{\eta}$ $\tau\dot{o}\tau\varepsilon$ $\pi\varrho\tilde{\omega}\tau o\nu$ $\tilde{\eta}\varkappa\varepsilon\nu$ $\dot{\varepsilon}\pi\dot{\iota}$ $\tau\dot{o}\nu$ $\tau\dot{\alpha}\varphi o\nu$ $\varkappa\tau\lambda$.“

[3]) Nur so ist zu übersetzen. „*Tertia die, quam obierat Aeschines*“ PETAVIUS gibt den Inhalt nicht wieder. Auch die freie Wiedergabe von G. GRÜTZMACHER, Synesios von Kyrene, ein Charakterbild aus dem Untergang des Hellenismus (Leipzig 1913) 16: „Erst am dritten Tage nach dem Tode des Oheims besuchte sie sein Grab“ sagt zu viel und zu wenig. Der Zeitpunkt für die Berechnung des Dritten ist nicht angegeben.

[4]) Um so auffallender als $\varkappa\varepsilon\varkappa\varrho\dot{\upsilon}\varphi\alpha\lambda o\varsigma$ zur Trauertracht der Frau gehörte. Vgl. Plutarch, Aetia Romana 26 (II 267 Z. 10 BERNARDAKIS).

[5]) Eine wichtige Stelle für die $\varkappa\alpha\vartheta\dot{\varepsilon}\delta\varrho\alpha$ im Totenkult.

[6]) Vgl. unten S. 561 A. 1.

zu Aristophanes, Lysistrata v. 614[1], „der Dritte der Entschlafenen" in den Apostolischen Konstitutionen[2] und als „Dritter des Toten" in der Historia Lausiaca des Palladius[3]. Da die Johannesakten von hellenischer Kultur ganz durchtränkt sind[4], so ist die

---

[1] Vgl. unten S. 561 A. 1.

[2] Vgl. Apostolische Konstitutionen VIII 42 (I 552 Z. 19 Funk): „Ἐπιτελείσθω δὲ τρίτα τῶν κεκοιμημένων . . ." Eigentlich „die Feierlichkeiten des Dritten".

[3] Palladius, Historia Lausiaca 21 S. 68 Z. 14—16 Butler: „καὶ συνέβη τοῦ μὲν τὰ τεσσαρακοστὰ (Var. τριακοστά) ἐπιτελεῖσθαι, τοῦ δὲ τὰ τρίτα παρὰ τῆς ἀδελφότητος." Zu den Textvarianten vgl. Butler a. a. O. 200.

[4] Ich hebe einige unbeachtet gebliebene Beispiele heraus: Daß Jesus die Augen nicht schließt (K. 89 S. 194 Z. 26—28 Bonnet), entspricht der antiken Auffassung, daß die Götter nicht blinzeln. Vgl. etwa Heliodor, Aethiopica III 13 S. 90 Z. 23 ff. Bekker: (Bei Erscheinung der Götter in Menschengestalt) „τοὺς μὲν δὴ βεβήλους κἂν διαλάθοιεν, τὴν δὲ σοφοῦ γνῶσιν οὐκ ἂν διαφύγοιεν, ἀλλὰ τοῖς τε ὀφθαλμοῖς ἂν γνωσθεῖεν ἀτενὲς δι᾽ ὅλου βλέποντες καὶ τὸ βλέφαρον οὔ ποτε ἐπιμύοντες . . ." Wenn ferner Johannes keine Fußspur des Herrn entdecken kann und ihn über der Erde schwebend sieht (K. 93 S. 197 Z. 4—7 Bonnet), so ist dies der antike Glaube, daß ein Gott keine Spuren in den Boden drückt, sondern schwebend sich bewegt. Vgl. Heliodor, Aethiopica III 12 S. 90 Z. 10 ff. Bekker: (Bei der Frage, ob die Götter wirklich oder nur in der Einbildung erscheinen): „ἴχνια γὰρ μετόπισθεν, ὡς ἐκεῖνος (sc. Ὅμηρος) λέγει, ποδῶν ἠδὲ κνημάτων ῥεῖ᾽ ἔγνων ἀπιόντος. ἀρίγνωτοι δὲ θεοί περ." Eustathios zu Ilias XIII 71 (III [Lipsiae 1829] 136 Z. 15 ff.): „καὶ γάρ τοι ὁ ῥηθεὶς Αἴας ἐκ μόνων ἰχνῶν ἔγνω παρουσίαν θεοῦ, ὡς οἷα τοῦ Ποσειδῶνος ἐν τῷ ταχὺ ἀπιέναι καὶ κοῦφα θέειν, ἢ μηδὲ ἔχνη ἐντυποῦντος ὡς χαράξεις ποδῶν τὴν γῆν ἀπομάξασθαι . . ." Vgl. auch Arnobius VII 45 (CSEL 4, 279 Z. 13 Reifferscheid). Daß eine solche Auffassung leicht in die Bestreitung der Körperlichkeit Jesu und ins Doketische umschlägt, ist klar. Sie wird deshalb von der Epistola apostolorum 11 (22) bekämpft. Hier sagt nach dem klareren äthiopischen Text S. 42 Schmidt-Wajnberg der Auferstandene zu den Jüngern: „Damit ihr aber wisset, daß ich es bin, so lege, Petrus, deine Hand in die Nägelmale meiner Hände, und du, Thomas, in meine Seiten, du aber, Andreas, sieh, ob mein Fuß die Erde berührt und ob eine Fußspur bleibt. Denn es ist im Propheten geschrieben worden: »Die Erscheinung eines Gespenstes [der Kopte: δαίμων-φαντασία] hat keine Fußspur auf der Erde«." Guerrier hat nicht „fälschlich", wie Schmidt meint, sondern richtig auf Daniel 14, 18 ff. geraten, wohl aber hat A. Harnack irrig auf Sap. Salom. 18, 17 hingewiesen. Die Danielszene setzt die antike Auffassung voraus, daß ein Gott keine Spuren hinterläßt; aber Guerrier, Harnack und Schmidt haben die antike Auffassung nicht gekannt. — In K. 90 wird gesagt, daß zuweilen das Haupt Jesu bis an den Himmel ragte; vgl. auch K. 89, wo Schimmelpfeng bei E. Hennecke, Handbuch zu den neutestamentl. Apokryphen (Tübingen 1904) 522 mit Recht übersetzt „gen Himmel ragend". Ähnlich heißt es im Petrusevangelium 10, 39 S. 19 Preuschen[2], daß das Haupt des Auferstandenen bis in den Himmel hineinragte. Vgl. noch Petrusakten 20 S. 68 Z. 2 Lipsius: „hunc magnum et minimum." Auch bei Hermas, Simil. IX 6, 1 (PA I[2] 586

Vermutung am Platze, daß der Besuch des Grabes in der Frühe des dritten Tages auf eine antike Sitte Rücksicht nimmt. Tatsächlich

FUNK) erscheint ein „$\dot{\alpha}\nu\dot{\eta}\varrho$ $\tau\iota\varsigma$ $\dot{\upsilon}\psi\eta\lambda\dot{o}\varsigma$ $\tau\tilde{\omega}$ $\mu\varepsilon\gamma\dot{\varepsilon}\vartheta\varepsilon\iota$, $\ddot{\omega}\sigma\tau\varepsilon$ $\tau\dot{o}\nu$ $\pi\dot{\upsilon}\varrho\gamma o\nu$ $\dot{\upsilon}\pi\varepsilon\varrho\dot{\varepsilon}\chi\varepsilon\iota\nu$". Dieser den Turm überragende Mann wird Sim. IX 12, 8 (PA I² 600 FUNK) als Sohn Gottes erklärt. Demnach wird man den riesengroßen Kampfrichter in der Perpetuavision (Act. Passio Perpetuae 10, 8 S. 77 GEBHARDT), der sogar das Amphitheater überragt, auch auf Christus deuten dürfen, besonders wenn man sich des gewaltig großen Hirten erinnert. Siehe oben S. 468 A. 4. Vgl. noch Hippolyt, Elenchos IX 13 § 2 S. 251 WENDLAND und Epiphanius, Haeres. XIX, 4 § 1 und XXX 17 § 6 S. 221. 356f. HOLL, wonach Elchasai Christus eine Höhe von 96 Meilen zuschrieb. Man könnte vermuten, daß etwa Sap. Salom. 18, 16 eingewirkt hat, wo es von dem $\pi\alpha\nu\tau o\delta\dot{\upsilon}\nu\alpha\mu o\varsigma$ $\lambda\dot{o}\gamma o\varsigma$ Gottes heißt: „$\varkappa\alpha\dot{\iota}$ $o\dot{\upsilon}\varrho\alpha\nu o\tilde{\upsilon}$ $\mu\dot{\varepsilon}\nu$ $\ddot{\eta}\pi\tau\varepsilon\tau o$, $\beta\varepsilon\beta\dot{\eta}\varkappa\varepsilon\iota$ δ' $\dot{\varepsilon}\pi\dot{\iota}$ $\gamma\tilde{\eta}\varsigma$." Doch geht dies alles zurück auf die antike Auffassung, nach der ein göttliches Wesen über Menschenmaß hinausragt. Vgl. z. B. den Gott Onuris, der 21 Ellen groß ist (DREXLER, Onuris bei Roscher III 920). Die bithynisch-thrakische Göttin Bendis erscheint in der Größe von zehn Männern. Vgl. H. USENER, Übersehenes (Rhein. Museum NF 50 [1895] 145). Bei Lukian, Philopseudes 22 ist Hekate 63 m groß. Bei der Umwertung der antiken Götter zu Dämonen entstand auch die Vorstellung vom riesengroßen, bis an die Wolken ragenden Teufel. Vgl. Palladius, Historia Lausiaca 21 S. 69 Z. 7f. BUTLER: „$\varkappa\alpha\dot{\iota}$ $\dot{\varepsilon}\vartheta\varepsilon\alpha\sigma\dot{\alpha}\mu\eta\nu$ $\mu\alpha\varkappa\varrho\dot{o}\nu$ $\tau\iota\nu\alpha$ $\gamma\dot{\iota}\gamma\alpha\nu\tau\alpha$ $\mu\dot{\varepsilon}\chi\varrho\iota$ $\tau\tilde{\omega}\nu$ $\nu\varepsilon\varphi\varepsilon\lambda\tilde{\omega}\nu$, $\mu\dot{\varepsilon}\lambda\alpha\nu\alpha$ . . .“; vgl. Daniel Stylites bei H. LIETZMANN, Byzantinische Legenden (Jena 1911) 6 u. a. m. — Wenn in K. 97 ff. so stark betont wird, daß Christus eigentlich nicht litt, so steht auch hier ein antiker Gedanke im Hintergrund, daß zur Definition der Gottheit die Leidens-unfähigkeit gehöre. Man vgl. dazu aus gleicher Zeit Maximus von Tyrus IX 2a S. 101 Z. 9ff. HOBEIN: „$\varkappa\alpha\dot{\iota}$ $\tau\dot{\iota}\vartheta\varepsilon\sigma o$ $\vartheta\varepsilon\dot{o}\nu$ $\mu\dot{\varepsilon}\nu$ $\varkappa\alpha\tau\dot{\alpha}$ $\tau\dot{o}$ $\dot{\alpha}\pi\alpha\vartheta\dot{\varepsilon}\varsigma$ $\varkappa\alpha\dot{\iota}$ $\dot{\alpha}\vartheta\dot{\alpha}\nu\alpha\tau o\nu$, $\delta\alpha\dot{\iota}\mu o\nu\alpha$ $\delta\dot{\varepsilon}$ $\varkappa\alpha\tau\dot{\alpha}$ $\tau\dot{o}$ $\dot{\alpha}\vartheta\dot{\alpha}\nu\alpha\tau o\nu$ $\varkappa\alpha\dot{\iota}$ $\dot{\varepsilon}\mu\pi\alpha\vartheta\dot{\varepsilon}\varsigma$, $\ddot{\alpha}\nu\vartheta\varrho\omega\pi o\nu$ $\delta\dot{\varepsilon}$ $\varkappa\alpha\tau\dot{\alpha}$ $\tau\dot{o}$ $\dot{\varepsilon}\mu\pi\alpha\vartheta\dot{\varepsilon}\varsigma$ $\varkappa\alpha\dot{\iota}$ $\vartheta\nu\eta\tau\dot{o}\nu$ . . .“ — Wenn K. 56 Johannes das Rebhuhn als Sinnbild für die Seele des ärgerlichen Priesters bezeichnet, so ist das Rebhuhn als Symbol der Bosheit und Gottlosigkeit vorausgesetzt. Die Symbolik ist damals im hellenistischen Kleinasien ganz geläufig. Vgl. Artemidoros, Oneirokritika II 46 S. 149 Z. 9—12 HERCHER: „$\Pi\dot{\varepsilon}\varrho\delta\iota\varkappa\varepsilon\varsigma$ $\varkappa\alpha\dot{\iota}$ $\ddot{\alpha}\nu\delta\varrho\alpha\varsigma$ $\varkappa\alpha\dot{\iota}$ $\gamma\upsilon\nu\alpha\tilde{\iota}\varkappa\alpha\varsigma$ $\sigma\eta\mu\alpha\dot{\iota}\nu o\upsilon\sigma\iota\nu$, $\dot{\omega}\varsigma$ $\delta\dot{\varepsilon}$ $\dot{\varepsilon}\pi\dot{\iota}$ $\tau\dot{o}$ $\pi\lambda\varepsilon\tilde{\iota}\sigma\tau o\nu$ $\gamma\upsilon\nu\alpha\tilde{\iota}\varkappa\alpha\varsigma$ $\dot{\alpha}\vartheta\dot{\varepsilon}o\upsilon\varsigma$ $\varkappa\alpha\dot{\iota}$ $\dot{\alpha}\sigma\varepsilon\beta\varepsilon\tilde{\iota}\varsigma$ $o\dot{\upsilon}\delta\dot{\varepsilon}$ $\pi o\tau\varepsilon$ $\tau o\tilde{\iota}\varsigma$ $\tau\varrho\dot{\varepsilon}\varphi o\upsilon\sigma\iota\nu$ $\varepsilon\dot{\upsilon}\nu o o\dot{\upsilon}\sigma\alpha\varsigma$ $\varkappa\alpha\dot{\iota}$ $\gamma\dot{\alpha}\varrho$ $\delta\upsilon\sigma\tau\iota\vartheta\dot{\alpha}\sigma\varepsilon\upsilon\tau o\dot{\iota}$ $\varepsilon\dot{\iota}\sigma\iota$ $\varkappa\alpha\dot{\iota}$ $\pi o\iota\varkappa\dot{\iota}\lambda o\iota$ $\varkappa\alpha\dot{\iota}$ $\mu\dot{o}\nu o\iota$ $\tau\tilde{\omega}\nu$ $\dot{o}\varrho\nu\dot{\iota}\vartheta\omega\nu$ $\vartheta\varepsilon\tilde{\omega}\nu$ $\sigma\dot{\varepsilon}\beta\alpha\varsigma$ $o\dot{\upsilon}\varkappa$ $\ddot{\varepsilon}\chi o\upsilon\sigma\iota$." — IV 56 S. 235 Z. 20 ff. HERCHER: „$o\tilde{\iota}o\nu$ $\pi\dot{\alpha}\varrho\delta\alpha\lambda\iota\varsigma$ $\varkappa\alpha\dot{\iota}$ $\mu\varepsilon\gamma\alpha\lambda\dot{o}\varphi\varrho o\nu\alpha$ $\sigma\eta\mu\alpha\dot{\iota}\nu\varepsilon\iota$ $\delta\iota\dot{\alpha}$ $\tau\dot{\alpha}$ $\ddot{\eta}\vartheta\eta$ $\varkappa\alpha\dot{\iota}$ $\pi o\iota\varkappa\dot{\iota}\lambda o\nu$ $\delta\iota\dot{\alpha}$ $\tau\dot{o}$ $\chi\varrho\tilde{\omega}\mu\alpha$, $\dot{o}\mu o\dot{\iota}\omega\varsigma$ $\varkappa\alpha\dot{\iota}$ $\pi\dot{\varepsilon}\varrho\delta\iota\xi$ $\varepsilon\ddot{\upsilon}\mu o\varrho\varphi o\nu$ $\varkappa\alpha\dot{\iota}$ $\pi\alpha\nu o\tilde{\upsilon}\varrho\gamma o\nu$." — Die Symbolik wirkt noch nach bei Ambrosius, Ep. 32 § 2—6 (Migne PL 16, 1069f.). In § 3 sagt Ambrosius geradezu: „*Clamavit ergo perdix, qui a perdendo nomen accepit, Satanas ille, qui Latine Contrarius dicitur.*" Vgl. Eucherius, Formulae 4 (CSEL 31, 23 Z. 10 WOTKE): „*Perdix diabolus.*" Das Urteil des Origenes, In Exodum Homilia I 5 (GCS: Origenes VI 153 Z. 15ff. BAEHRENS) beruht jedoch auf Jerem. 17, 11. — Neben der antiken Göttin Dike (K. 20), der Bekränzung des Johannesbildes und seiner Auszeichnung mit Leuchtern und Altar nach Art der antiken Götterbildverehrung, der antiken Sitte, im weißen Kleide zum Tempelfest zu kommen (K. 38), sei noch besonders auf den durchaus hellenischen $\varepsilon\dot{\upsilon}\varepsilon\varrho\gamma\dot{\varepsilon}\tau\eta\varsigma$-Begriff im K. 27 hingewiesen. Dazu DÖLGER, *IXΘΥC* I 421, wo noch eine große Zahl antiker Belege hinzugefügt werden könnte.

war bereits im 5. Jahrh. v. Chr. in Griechenland das Totenopfer in der Frühe des dritten Tages (vor Sonnenaufgang) üblich [1]. Die Bezugnahme auf antike Totenkultbräuche läßt sich beim christlichen Totengedächtnis noch vielfach beobachten. Wenn z. B. das kirchliche Recht verbot, für Selbstmörder [2] und solche, die sich gegen

---

[1] Aristophanes, Lysistrata v. 614:

„μῶν ἐγκαλεῖς ὅτι οὐχὶ προυθέμεσθά σε;
ἀλλ' ἐς τρίτην γοῦν ἡμέραν σοι πρῷ πάνυ
ἥξει παρ' ἡμῶν τὰ τρίτ' ἐπεσκευασμένα."

Der Scholiast betont dazu, daß am dritten Tage das Totenopfer dargebracht wurde: „ἐπειδὴ τῇ τρίτῃ τὸ τῶν νεκρῶν ἄριστον ἐκφέρεται." Ein mit Aristophanes gleichaltes Zeugnis für das Totengedächtnis am dritten Tage bietet ein Gemeindegesetz von Julis auf der Insel Keos. Es lautet mit den Ergänzungen von L. ZIEHEN, Leges Graecorum sacrae I 1, 267 Nr. 93 B:

<table>
<tr><td>

᾿Εδο]ξεν τῆι
β]ουλῆι καὶ
τῶ]ι δήμωι
τῆ]ι τρίτηι
5 κα]ὶ τοῖς ἐνι-
αυ]σίοις κα-
θ]αροὺς εἶ-
ν]αι τοὺς ποι-
</td><td>

οῦ]ντας — ἐς ἱ-
10 ερὸν δὲ μὴ ἰ-
έναι — καὶ τὴν
ο]ἰ[κ]ίαν καθα-
ρ]ὴν εἶναι μ
. . . (α)ν ἐκ τοῦ
15 σ]ήματος ἐλ.
</td></tr>
</table>

W. DITTENBERGER, Sylloge inscriptionum graecarum III [3] 366 Nr. 1218 liest freilich [τ]ῆι τρίτηι [ἐπ]ὶ τοῖς ἐνι[αυ]σίοις, wobei natürlich von einem Totengedächtnis am Dritten nicht mehr die Rede wäre. An und für sich gäbe auch der Dritte des Jahresgedächtnisses zur Not einen Sinn, da ja oben S. 383 ein Jahresgedächtnis genannt wurde, das sich auf drei Tage erstreckte. Da jedoch bei dieser Annahme die kultische Reinheit am Jahresgedächtnis strenger gehandhabt worden wäre als bei der Beerdigung, da in der Satzung ferner nur das Gedächtnis am Dreißigsten abgelehnt wird, so wird die Ergänzung von ZIEHEN der Sache mehr gerecht. — Da die ἐκφορά zur Beerdigung nach altgriechischem Brauch am Morgen des dritten Tages vor Sonnenaufgang stattzufinden pflegte (E. ROHDE, Psyche I [5] 224 A. 1 und 223 A. 3), so erhebt sich die Frage, von wann ab das Totengedächtnis des Dritten gerechnet wurde, vom Tode oder von der Beerdigung. DITTENBERGER, Sylloge III [3] 366 zu Nr. 1218 A. 12 rechnet mit SCHOEMANN und KOEHLER von der Beerdigung, nicht vom Tode ab, ebenso L. ZIEHEN, Leges Graecorum sacrae II 1, 268. Die Frage kann nur durch kritische Zusammenfassung aller einschlägigen Texte einer Lösung nahegebracht werden. Ob nicht der Dritte zuweilen mit der Beerdigung zusammenfiel?

[2] Palladius, Historia Lausiaca 33 S. 97 Z. 16 ff. BUTLER: (Es handelt sich um zwei Nonnen, von denen sich die eine ertränkte, die andere erhängte: „ἐλθόντι οὖν τῷ πρεσβυτέρῳ ἀνήγγειλαν τὸ πρᾶγμα αἱ λοιπαὶ ἀδελφαί· καὶ ἐκέλευσε τούτων μὲν μηδὲ μιᾶς προσφορὰν ἐπιτελεσθῆναι· τὰς δὲ μὴ εἰρηνευσάσας αὐτάς, ὡς συνειδυίας τῇ συκοφαντησάσῃ καὶ πιστευσάσας τοῖς εἰρημένοις, ἐπταετίαν ἀφώρισεν ἀκοινωνήτους ποιήσας." Den einen wird also auf sieben Jahre die Eucharistie vorenthalten, die Selbstmörderinnen durften beim eucharistischen Opfer nicht ge-

die kirchliche Satzung schwer vergangen hatten, das eucharistische Totengedächtnis zu feiern [1] sowie ihre Namen beim Opfer zu nennen, so ist dies Forterhaltung des antiken Brauches, dem Selbstmörder und Verbrecher das Totenopfer und die Nennung seines Namens zu verweigern [2]. Wenn die antiken Griechen glaubten, daß beim Totenopfer die Seelen der Verstorbenen anwesend seien, so finden wir auch im Christentum zuweilen die Vorstellung, daß die Seelen bei der Eucharistiefeier zu ihrem Gedächtnis den Altar umschweben [3],

---

nannt werden. Geistig umnachteten Selbstmördern verwehrte man jedoch das eucharistische Totengedächtnis nicht. Vgl. Timotheos von Alexandrien, Quaestio 14 (I 633 Pitra).

[1]) Cyprian, Epistula 1, 2 (CSEL III 2, 466 Z. 16—21 Hartel): *„Quod episcopi antecessores nostri religiosi considerantes et salubriter providentes censuerunt ne quis frater excedens ad tutelam vel curam clericum nominaret, ac si quis hoc fecisset, non offerretur pro eo nec sacrificium pro dormitione eius celebraretur. Neque enim apud altare dei meretur nominari in sacerdotum prece qui ab altari sacerdotes et ministros voluit avocari."* Auch die Namen der Irrgläubigen wurden bei der Messe nicht genannt. Vgl. Vita Melaniae 28 S. 16 Z. 30 ff.; S. 58 Z. 2 ff. Rampolla.

[2]) Artemidoros, Oneirokritika I 4 S. 11 Z. 9—11 Hercher: *„ἄτιμός τε καὶ φυγὰς γενόμενος ἀναρτήσας ἑαυτὸν ἐτελεύτησε τὸν βίον, ὡς μηδὲ ἀποθανὼν ἔχειν ὄνομα. τούτους γὰρ μόνους ἐν νεκρῶν δείπνοις οὐ καλοῦσιν οἱ προσήκοντες."* Der Text ist E. Rohde I [5,6] 174 A. 1 entgangen, sonst hätte er das Nennen des Namens kaum als besondere Ehre, sondern als das Natürliche bezeichnet. Das Nichtnennen war eine Ausnahme. — Hierher gehört auch Pausanias VIII 23, 7 (II 310 Spiro): Kinder hatten im Spiel ein Seil dem Artemisbild um den Hals gewunden und im Scherz gesagt, Artemis sei erwürgt; sie wurden ob des Frevels von den Einwohnern von Kaphyai gesteinigt, worauf die Frauen durch Fehlgeburten bestraft wurden *„ἐς δ ἡ Πυθία θάψαι τε τὰ παιδία ἀνεῖπε καὶ ἐναγίζειν αὐτοῖς κατὰ ἔτος· ἀποθανεῖν γὰρ αὐτὰ οὐ σὺν δίκῃ."* Den Kindern war also Beerdigung und Totenopfer vorenthalten worden.

[3]) Vgl. Jakob von Batnä in Sarug, Gedicht über die Messe für die Verstorbenen Vv. 80—110 (BKV 6, 308 [60] Landersdorfer): „Ein Gastmahl veranstalte und lade deine Toten ein, auf daß sie kommen zum Opfer, das allen Seelen zur Ausrüstung und Stärkung dient ... Rufe den Toten nicht am Grabe, denn er hört dich doch nicht, da er jetzt nicht dort ist. Suche ihn vielmehr im Hause der Barmherzigkeit, dort versammeln sich die Seelen aller Verstorbenen, denn das ist der Ort, wo das Leben zu haben ist, mit dem sie sich stärken. Hier bewahrt man ihr Andenken und ihre Namen auf im großen Buche Gottes, in dem alle enthalten sind. Das Blut des Gekreuzigten träufelt Auferstehung auf die Seelen und verleiht ihnen die Kraft, zu ihm zu kommen. Da nun dein Toter, o Weib, wahrhaftig hier ist, warum läufst du zwischen den Gräbern umher, als ob du von Sinnen wärest?" — Die Anwesenheit der Seelen beim Gottesdienst ist schon viel früher vertreten worden. Origenes hat sie angenommen: *Περὶ εὐχῆς* 31, 5 (GCS: Orig. II 399 Z. 9—11 Koetschau): *„οὐκ ἀπογνωστέον οὕτω καὶ τοὺς ἐξεληλυθότας μακαρίους φθάνειν τῷ πνεύματι τάχα*

und wenn die Antike die Seele zum Totenopfer und zum Toten-
mahle rief[1], so wurde beim eucharistischen Gottesdienst (Diptychon-
Verlesung) mitunter Ähnliches geübt[2].

Dagegen tritt auch oft die klarste Gegensätzlichkeit zu antiken
Totenbräuchen zutage. War z. B. im Heidentum vielfach die Leichen-
verbrennung in Übung, so hielt das Christentum im Anschluß an
die jüdische Sitte (Begräbnis Jesu) an der Beerdigung fest. Auch
sonst suchte man sich von dem, was allzu heidnisch war, zu lösen,
besonders, wenn man ein Schriftwort als Gebot zu haben meinte.
Tobias 4, 17 las der lateinische Text: *Panem tuum et vinum
tuum super sepulturam iusti constitue et noli ex eo manducare
et bibere cum peccatoribus.* Ein gemeinschaftliches Totengedächtnis
mit Heiden war damit ausgeschlossen. Dem spanischen Bischof
Martialis, der um die Mitte des dritten Jahrhunderts solche Mahle
im Kreise eines heidnischen Totenkollegiums mitmachte, wurde
dies von spanischen Bischöfen in einer Beschwerde bei Cyprian
von Karthago als schlimmes Vergehen angerechnet[3]. Auch das
Essen und Trinken an den Gräbern der Martyrer verbot Ambrosius
weil es nach seiner Ansicht dem heidnischen Totenkult allzu ähnlich sah[4]. Wie sollte man es nun mit den Totengedächtnistagen

---

μᾶλλον τοῦ ὄντος ἐν τῷ σώματι ἐπὶ τὰς ἐκκλησίας." — Religionsgeschichtlich
wertvoll ist ein umgekehrter Fall bei Gregor d. Gr., Dialog 2 = Vita S. Patris
Benedicti 23. Nonnen, die von Benedikt exkommuniziert waren, werden in der
Kirche begraben. Beim Ruf des Diakons: *„Si quis non communicat, det locum"*
entfernen sich die Seelen der Begrabenen: *„nutrix earum, quae pro eis oblationem Domino deferre consueverat, eas de sepulcris suis progredi, et exire de
ecclesia videbat."* Das wird dem Heiligen gemeldet, er' gibt selbst eine Oblation,
die er für sie darzubringen pflegt. Da gingen die Seelen nicht mehr hinaus.

[1]) Vgl. den Zitierruf bei Epiphanius, Ancoratus 86 § 5 (GCS: Epiph.
I 106 Z. 26 HOLL): *„ἀνάστα ὁ δεῖνα, φάγε καὶ πίε καὶ εὐφράνθητι."* Vgl. Luk. 12,19.

[2]) Jakob von Batnä a. a. O.: (Vom Priester) „alle Abgeschiedenen ruft
er zum Opfer herbei, auf daß sie Verzeihung erlangen" (S. 64). „Beim Geruche
des Lebens, der von dem erhabenen Opfer ausgeht, versammeln sich alle Seelen,
sie kommen herbei, um entsühnt zu werden. Und an der Auferstehung, die der
Leib des Sohnes Gottes ausströmen läßt, atmen die Verstorbenen Tag für Tag das
Leben ein und werden dadurch gereinigt" (S. 64). (Die Kirche erwähnt beim
Opfer) „die Namen all ihrer Verstorbenen und verbindet sie eng mit sich selbst
mittels der geistigen Opfergaben. Sie versammelt dieselben zum Genusse des
Leibes und Blutes und sie erfreuen sich mit ihr geistigerweise an ihrem Gast-
mahle" (66).

[3]) Cyprian, Ep. 67, 6 (CSEL III 2, 740 HARTEL).

[4]) Augustinus, Confessiones VI 2. Vgl. ähnliche Äußerungen, gesammelt
bei E. LUCIUS, Die Anfänge des Heiligenkults in der christlichen Kirche (Tübingen
1904) 29 A. 1.

halten? Der Versuch, auch hier eine Trennung zwischen Antike und Christentum zu vollziehen, war zuweilen ein ernstlicher. Die Heiden hatten z. B. die Gewohnheit, am Geburtstage des Verstorbenen das jährlich wiederkehrende Totengedächtnis zu begehen, die Christen aber gedachten ihrer Verstorbenen am Jahrestage ihres Todes. Tertullian sagt in seiner Schrift „Über den Kranz des Soldaten“ in seiner bekannten kurzen Sprache: „Oblationen für die Verstorbenen bringen wir am Jahrestage dar statt an den Geburtstagen“[1]. Unter Jahrestag versteht Tertullian die Wiederkehr des Todestages, wie er an einer Parallelstelle deutlich hervorhebt[2]. Wird vielleicht von hier aus nahegelegt, daß die anderen Totengedächtnistage der Christen ebenfalls vom Todestage an gezählt worden sind? Ganz im Sinne Tertullians faßt auch Ambrosius das Anniversarium als Gegensatz zur jährlichen Geburtstagsfeier. Er sagt: „Um die Geburtstage der Verstorbenen kümmern wir uns nicht, wir begehen vielmehr den Tag, an dem sie starben mit besonderer Feierlichkeit“[3]. Hier ist deutlich, daß man mit Absicht den Geburtstag aus der christlichen Totenliturgie auszuschalten suchte. Es war aber nicht reine Oppositionslust, die dazu führte, sondern eine eigenartige Exegese, die sich bereits im hellenistischen Judentum herausgebildet hatte. Der jüdische Exeget Philo von Alexandrien sagt bereits im ersten Jahrhundert, da er den Geburtstag des Ägypterkönigs Pharao behandelt, nur einem bösen Menschen sei es eigen, das Geborene und Vergängliche für etwas Glänzendes zu erachten. Diesen Gedanken griff die christliche Exegese auf und betonte, in der Hl. Schrift lese man nur von Sündern, daß sie ihren Geburtstag gefeiert hätten, wie Pharao, Herodes, von einem Gerechten lese man derlei nicht.

---

[1]) Tertullian, De corona 3 (I 422 Oehler): „*Oblationes pro defunctis, pro nataliciis annua die facimus.*“ Oehler irrt, wenn er sagt, Tertullian verstehe unter *natalitia* das Martyrergedächtnis; nein, die heidnische Geburtstagsfeier in der Totenliturgie. Auch F. Probst, Kirchliche Disciplin in den drei ersten christlichen Jahrhunderten (Tübingen 1873) 299 und J. P. Kirsch, Die Lehre von der Gemeinschaft der Heiligen im christl. Altertum (Mainz 1900) 106 haben den Text mißverstanden, wenn sie meinen, Tertullian erwähne die Oblationen für die Verstorbenen am Jahrestage ihrer Geburt für den Himmel. Zu unserer Deutung vgl. den Ambrosiustext A. 3.

[2]) Tertullian, De monogamia 10 (I 776 Oehler): „*Enimvero et pro anima eius orat, et refrigerium interim adpostulat ei, et in prima resurrectione consortium, et offert annuis diebus dormitionis eius.*“

[3]) Ambrosius, De excessu fratris Satyri II 5 (Migne PL 16, 1316 C): „*Nos quoque ipsi natales dies defunctorum obliviscimur, et cum quo obierunt diem celebri solemnitate renovamur.*“

So weiß es Origenes, der wiederholt auf Philo zurückgreifend dieses ausführt. Es ist bezeichnend, daß derselbe Origenes dabei die Bemerkung macht, kein Mensch trete ja ins Dasein ohne Sünde und Befleckung[1]. Es gewinnt also den Anschein, als ob die Lehre von der Erbsünde mitbestimmend gewesen wäre, um den Geburtstag der antiken Totenliturgie zu verdrängen und ihn durch das Jahresgedächtnis des Todes zu ersetzen. Im Hintergrund steht aber das jüdische Jahrgedächtnis, das die stärkste Unterlage bot. Wir haben hier eines der wertvollsten Zeugnisse, wie das Christentum sich kulturgeschichtlich mit Heidentum und Judentum auseinandersetzt. Teilweise erhob sich auch der Versuch, den neunten als antik-heidnisch zu kennzeichen und dafür den siebenten als biblisch zu begründen. Augustinus hat in dieser Richtung seine Autorität eingesetzt[2], und zwar mit Erfolg, denn die abendländisch-römische Liturgie hat keine Totenmesse am neunten; aber für den Orient ist der neunte vielfach bezeugt. Dies ist ein Beleg dafür, daß sich die antike Sitte auch im Christentum forterhielt.

Daß die antiken Totengedächtnistage in der so stark vom Hellenismus berührten Gnosis teilweise beibehalten wurden[3], ist nicht auffällig. Aber auch die allgemeine Kirche konnte den Dritten nicht verdrängen. Mailand hat im vierten Jahrhundert anscheinend den Dritten nicht gehalten[4], aber sonst wurde er üblich. Da die Antike nach dem Scholiasten zu Aristophanes[5] an diesem Tage ein Totenmahl zum Grabe bringen ließ, schuf das Christentum einen Ersatz, indem es die eucharistische Feier (mit der Totenagape) als das dem Toten wertvollere Mahl bezeichnete und mit ihm das

---

[1] Vgl. die Texte bei F. J. Dölger, Sol Salutis: LF 4/5 (Münster i. W. 1920) 298 A. 5. Dazu möge man ergänzen Origenes, In Genes. Homilia VII 1 (GCS: Orig. VI 70 Z. 17 Baehrens): *„Huius pueri* (sc. Isaac) *diem natalem non celebrat Abraham sed celebrat diem depulsionis a lacte ...“*

[2] Augustinus, Quaestionum in Heptateuchum lib. I 172 (Migne PL 34, 596).

[3] Vgl. z. B. die monatliche Geburtstagsfeier des verstorbenen Gnostikers Epiphanes bei Klemens von Alexandrien, Stromata III 2 § 5, 2 (GCS: Clem. II 197 Stählin). Klemens nennt dies freilich eine Vergottung.

[4] Ambrosius, De obitu Theodosii 3 (Migne PL 16, 1386): *„... alii tertium diem et trigesimum, alii septimum et quadragesimum observare consueverunt.“* Ambrosius läßt beides gelten, aber Mailand feierte nach der gleichen Stelle den Vierzigsten und nach De excessu fratris Satyri II 2 (Migne PL 16, 1315 B) auch den Siebenten. Von dem Dritten ist nicht die Rede, nach der von Ambrosius ausgesprochenen Doppelpraxis scheint er für Mailand nicht in Frage zu kommen.

[5] Siehe oben S. 561 Á. 1.

antike Ritual zu überwinden suchte. Damit konnte zugleich die morgenländische Volksvorstellung, daß die Seele noch drei Tage in der Nähe des Leibes weile und am Ende des dritten Tages endgültig aus der Zeitlichkeit abscheide, um vor dem Richter zu erscheinen, mit dem eucharistischen Totengedächtnis gerade am dritten Tage (*redemptionis sacramenta* nach Evodius [1]) in Zusammenhang gebracht werden[2].

Nach den Johannesakten kommt der Apostel an das Grab, um dort das Brot zu brechen. Der Ausdruck „Brot brechen" ist neutral. Er kann an und für sich auch mit dem ἄριστον, dem Frühmahl verbunden sein, das am Grabe stattfand. Brotbrechen gehört zum Amte des Vorsitzenden beim Mahle und zwar auch des Laien. So heißt es z. B. in den Canones Hippolyti 35: „Wenn kein Presbyter bei einem Mahle zugegen ist, aber ein Diakon, so tritt dieser an die Stelle des Presbyters beim Gebet und beim Brot, welches er bricht und den Geladenen gibt. Einem Laien ist es nicht erlaubt, das Brot zu bekreuzigen"[3]. Also auch Laien brechen das Brot. Aber in den Johannesakten ist mehr gemeint. Es wird die Auferweckung des Kallimachus, der Drusiana und des Verwalters Fortunatus geschildert mit den begleitenden Worten des Apostels. Dann heißt es: „Nach diesen Worten betete Johannes, nahm ein Brot und brachte es in den Grabbau, um es zu brechen"[4]. Es folgt das Lob- und Dankgebet[5]. „Und als er so gebetet und den Lobpreis gesprochen und alle Brüder an der Eucharistie des Herrn hatte teilnehmen lassen, verließ er das Grab"[6]. Der Apostel hat

---

[1]) Siehe unten S. 567 A. 4.

[2]) Das sind natürlich nur Andeutungen, deren Ausführungen wieder ein Buch erheischen. Am 12. Juli 1906 verteidigte ich bei meiner Habilitation in Würzburg als Nr. 9 diese These: „Es ist nicht unmöglich, daß die Abhaltung der Totenmesse gerade am dritten Tag mit dem parsisch-jüdischen Volksglauben vom Schicksal der Seele unmittelbar nach dem Tode zusammenhängt." Die Frage wird freilich weiter sein, ob die griechisch-römische Kultur nicht stärker dabei zu betonen ist. Man staunt, was hier noch alles zu leisten und wie wenig getan ist.

[3]) W. RIEDEL, Die Kirchenrechtsquellen des Patriarchats Alexandrien (Leipzig 1900) 222.

[4]) Acta Johannis 85 (AAA II 1, 193 Z. 1 f. BONNET): „Καὶ ταῦτα εἰπὼν ὁ Ἰωάννης ἐπευξάμενος καὶ λαβὼν ἄρτον ἐκόμισεν εἰς τὸ μνῆμα κλάσαι."

[5]) Das Gebet selbst enthält eine starke Betonung der εὐχαριστία in viermaliger Wiederholung des εὐχαριστοῦμεν. K. 85 (AAA II 1, 193 Z. 7—12 BONNET).

[6]) Acta Johannis 86 (AAA II 1, 193 Z. 12—15 BONNET): „Καὶ εὐξάμενος οὕτως καὶ δοξάσας ἐξῄει τοῦ μνήματος, κοινωνήσας τοῖς ἀδελφοῖς πᾶσι τῆς τοῦ κυρίου εὐχαριστίας."

also das Vorhaben des „Brotbrechens" [1] am Grabe doch ausgeführt, wenn es auch nach der Auferweckung der Drusiana keine Beziehung zur Totenfeier mehr hatte. Die Austeilung des gebrochenen Brotes wird eine Teilnahme an der Eucharistie des Herrn genannt. Wir haben hier genau wie in Kapitel 109 und 110 das Abendmahl, für das ja $\varepsilon \dot{v} \chi \alpha \varrho \iota \sigma \tau \iota \alpha$ damals geläufiger Ausdruck war [2].

Da man die Johannesakten Kreisen zuweisen darf, die nicht weit abstehen von der Lehre der katholischen Kirche [3], so dürfen wir sie als Zeugnis dafür anrufen, daß um 170 in Kleinasien das eucharistische Totengedächtnis am dritten Tage nach der Beerdigung heimisch war. Die fast insgesamt aus dem vierten Jahrhundert stammenden Zeugnisse über die Totenmesse am dritten Tage [4] haben also eine fest eingewurzelte liturgische Übung als Unterlage. War das eucharistische Totengedächtnis am Dritten um 170 in Übung, dann dürfen wir ein Gleiches vom Jahresgedächtnis annehmen, zumal ja für Polykarp von Smyrna ein Jahrgedächtnis seines Todes

---

[1]) Es ist demnach ein Irrtum, wenn J. WILPERT, Fractio panis (Freiburg i. B. 1895) 62 behauptet, zur Zeit Justins sei der Name „Brotbrechung" für Eucharistie bereits außer Gebrauch. Damit fällt natürlich auch ein Beweis für seine Datierung der Mahlszene in der Capella greca.

[2]) Besonders deutlich Justin, Apologie I 66 S. 106 RAUSCHEN[2]: „$K\alpha\grave{\iota}$ $\dot{\eta}$ $\tau\varrho o\varphi\dot{\eta}$ $\alpha\ddot{v}\tau\eta$ $\varkappa\alpha\lambda\varepsilon\tilde{\iota}\tau\alpha\iota$ $\pi\alpha\varrho'$ $\dot{\eta}\mu\tilde{\iota}\nu$ $\varepsilon\dot{v}\chi\alpha\varrho\iota\sigma\tau\iota\alpha$." Auch schon Didache 9, 5 (PA I[2] 22 FUNK): „$\mu\eta\delta\varepsilon\grave{\iota}\varsigma$ $\delta\grave{\varepsilon}$ $\varphi\alpha\gamma\acute{\varepsilon}\tau\omega$ $\mu\eta\delta\grave{\varepsilon}$ $\pi\iota\acute{\varepsilon}\tau\omega$ $\dot{\alpha}\pi\grave{o}$ $\tau\tilde{\eta}\varsigma$ $\varepsilon\dot{v}\chi\alpha\varrho\iota\sigma\tau\iota\alpha\varsigma$ $\dot{v}\mu\tilde{\omega}\nu$."

[3]) Man beachte die vertrauensselige Art, mit der sie Klemens von Alexandrien in Fragm. zu I Joh. 1, 1 (GCS: Clem. III 210 Z. 12—15 STÄHLIN) benützt.

[4]) Außer Ambrosius oben S. 565 A. 4; vgl. noch besonders den Brief des Evodius an Augustinus über den Tod eines jugendlichen kirchlichen Notars unter den Briefen Augustins Ep. 158, 2 (CSEL 44, 490 GOLDBACHER): „*Solutus est ergo. Exequias praebuimus satis honorabiles et dignas tantae animae; nam per triduum hymnis dominum conlaudavimus super sepulcrum ipsius et redemptionis sacramenta tertio die obtulimus.*" Der Text ist völlig klar für die Totenmesse am dritten Tage nach der Beerdigung. Ostia, das jedenfalls zugleich die römische Praxis übte, hatte ein eucharistisches Totengedächtnis schon vor der Beisetzung. Augustinus empfand dies als eine von Nordafrika abweichende Sitte. Vgl. Augustinus, Confessiones 9, 12 von der Beerdigung seiner Mutter Monika: „*Nam neque in eis precibus, quas tibi fudimus, quum tibi offerretur pro ea sacrificium pretii nostri iuxta sepulcrum posito cadavere, priusquam deponeretur, sicut illic fieri solet nec in eis precibus flevi.*" Damit stimmt die Rubrik des Gelasianischen Sakramentars S. 312 WILSON: „*Item missa in depositione defuncti, tertii, septimi, tricesimi dierum sive annualem . . .*" *Deposito* ist hier Beerdigung. — Zum Totengedächtnis am Dritten vgl. oben S. 557 ff. Dazu Philippusakten 143. 147 S. 84. 88 BONNET. Eine volle Aufzählung der Texte kann hier nicht erfolgen.

in der Absicht der Smyrnaer Gemeinde lag[1] und sicherlich auch ausgeführt wurde. Das Martyrergedächtnis aber ist ein aus dem Rahmen des Alltags gehobenes Totengedächtnis[2]. Auch Tertullian darf als Zeuge für das eucharistische Jahresgedächtnis im zweiten Jahrhundert angerufen werden. Die *annuae oblationes*[3] bedeuten zwar zunächst nur die Gaben, die die Gläubigen im Namen des Verstorbenen und für ihn zum Altar bringen, sie können aber nicht vom eucharistischen Gottesdienst getrennt werden.

Nun beachte man dieses: Das antik-heidnische Totenopfer enthielt vielfach als Totenspende den Fisch, im christlichen Totengedächtnis war die heilige Speise Christus. Die Gegensätzlichkeit drängte dazu, die eucharistische Speise als den wahren Fisch zu kennzeichnen. Die Christen haben sich im Gegensatz zu den Heiden als „die Lebendigen" bezeichnet[4], womit sie eine bereits im Judentum[5], aber auch bei den Pythagoreern geläufige Bezeichnung[6]

---

[1]) Martyrium Polycarpi 18, 3 (PA I[2] 336 FUNK). Vgl. noch das Jahrgedächtnis des Gregorios Thaumaturgos bei Gregor von Nyssa, Vita s. Gregorii Thaumaturgi 27 (Migne PG 46, 953).

[2]) Cyprian, Epistula 39, 3 (CSEL III 2, 583 Z. 10—12 HARTEL): „*Sacrificia pro eis semper ut meministis, offerimus, quotiens martyrum passiones et dies anniversaria commemoratione celebramus.*" — Epistula 12, 2 (CSEL III 2, 503 Z. 14 ff. HARTEL): Von den im Kerker gestorbenen Bekennern: „*Denique et dies eorum quibus excedunt adnotate, ut commemorationes eorum inter memorias martyrum celebrare possimus ... et celebrentur hic a nobis oblationes et sacrificia ob commemorationes eorum ...*" Vgl. noch J. P. KIRSCH, Die Lehre von der Gemeinschaft der Heiligen im christl. Altertum (Mainz 1900) 92.

[3]) Vgl. außer den Texten oben S. 564 A. 1 und 2 noch Tertullian, De exhortatione castitatis 11 (I 753 OEHLER): „*... pro cuius spiritu postulas, pro qua oblationes annuas reddis. Stabis ergo ad dominum cum tot uxoribus, quot in oratione commemoras, et offeres pro duabus, et commendabis illas duas per sacerdotem ...*" Vgl. zu diesen Stellen J. P. KIRSCH a. a. O. 105 ff. und F. PROBST, Kirchliche Disciplin in den drei ersten christlichen Jahrhunderten (Tübingen 1873) 301 ff.

[4]) DÖLGER, *IXΘYC* I 168 ff. Danach auch A. HARNACK, Die Mission und Ausbreitung des Christentums I[3] (Leipzig 1915) 395 A. 3.

[5]) Philo, De specialibus legibus I § 345 (V 84 Z. 7 f. COHN): „ὄντως γὰρ οἱ μὲν ἄθεοι τὰς ψυχὰς τεθνᾶσιν, οἱ δὲ τὴν παρὰ τῷ ὄντι θεῷ τεταγμένοι τάξιν ἀθάνατον βίον ζῶσιν." I. HEINEMANN verweist in seiner Übersetzung zur Stelle auf T. Berachot 18 b: „Die Sünder heißen bei Lebzeiten Tote." Vgl. dazu noch Luk. 15, 32.

[6]) Vgl. das Pythagoreerwort: „Ἄγρυπνος ἔσο κατὰ νοῦν· συγγενὴς γὰρ τοῦ ἀληθινοῦ θανάτου ὁ περὶ τὸν νοῦν ὕπνος." H. SCHENKL, Pythagoreersprüche in einer Wiener Handschrift [Wiener Studien 8 (1886) 264]. Siehe auch die schöne Ausführung bei Origenes, *Κατὰ Κέλσου* III 51 (GCS: Orig. I 247 Z. 20 — 248

auf sich übertrugen [1]. Der Nicht-Christ ist der Tote, der Christ der Lebendige [2]. Aber nicht nur die auf Erden weilenden Christen sind „die Lebendigen" im geistigen Sinne, auch von den Verstorbenen sagte man ein Gleiches. Eine an der Via Latina gefundene Inschrift sagt von einer verstorbenen Flavia:

> „Nicht empfing die Tote hier des Lebens gemeinsam Ende,
> Sie starb und lebt und sieht das wahrhaft unsterbliche Licht.
> Den Lebenden lebt sie — sie starb nur den wahrhaft Toten" [3].

Die Garantie dieser seligen Unsterblichkeit sahen die Christen im Genusse der Eucharistie.

§ 10.

Die Eucharistie als Fisch der Lebendigen.

Seit das Johannesevangelium 6,48 von Jesus das Wort niedergeschrieben hat: „Ich bin das Brot des Lebens" ist diese Bezeichnung der Eucharistie nicht mehr aus dem Christentum gewichen [4]. Die Christen Nordafrikas prägten in ihrer punischen Volkssprache den Gedanken sogar noch kürzer aus, indem sie die Eucharistie schlechthin „das Leben" nannten [5]. Ignatius von Antiochien, der der Zeit des Johannesevangeliums so nahe steht, bezeichnet die Eucharistie als „ein Gegenmittel gegen den Tod", „eine Arznei

---

Z. 3 KOETSCHAU): „Καὶ τὸ μὲν τῶν Πυθαγορείων σεμνὸν διδασκαλεῖον κενοτάφια τῶν ἀποστάντων τῆς σφῶν φιλοσοφίας κατεσκεύαζε, λογιζόμενον νεκροὺς αὐτοὺς γεγονέναι· οὗτοι δὲ ὡς ἀπολωλότας καὶ τεθνηκότας τῷ θεῷ τοὺς ὑπ' ἀσελγείας ἢ τινος ἀτόπου νενικημένους ὡς νεκροὺς πενθοῦσι, καὶ ὡς ἐκ νεκρῶν ἀναστάντας, ἐὰν ἀξιόλογον ἐνδείξωνται μεταβολὴν, χρόνῳ πλείονι τῶν κατ' ἀρχὰς εἰσαγομένων ὕστερόν ποτε προσίενται."

[1] Die Belege in *ΙΧΘΥC* I, 168 ff. könnten noch vermehrt werden.

[2] Tertullian, De carne Christi 2 (II 427 OEHLER): „*Nam et mortuus es, qui non es Christianus.*"

[3] Den griechischen Text siehe DÖLGER, *ΙΧΘΥC* I 169.

[4] Vgl. dazu Acta Thomae 133 (AAA II 2, 240 Z. 6f. BONNET): „ἄρτον ζωῆς, ὃν οἱ ἐσθίοντες ἄφθαρτοι διαμείνωσιν· ἄρτος ὁ κορεννὺς ψυχάς." Auch der Johannesakten 109 mag man sich erinnern, wo der Hymnus auf Christus steht: „σὺ γὰρ εἶ μόνος, κύριε ἡ ῥίζα τῆς ἀθανασίας καὶ ἡ πηγὴ τῆς ἀφθαρσίας καὶ ἡ ἕδρα τῶν αἰώνων." Zum Formalen des Hymnus siehe J. KROLL, Die christliche Hymnodik bis zu Klemens von Alexandreia (Progr. Braunsberg W. S. 1921/22) 58 A. 1.

[5] Augustinus, De peccatorum meritis et remissione I 24, 34 (Migne PL 44, 128): „*Optime Punici Christiani baptismum ipsum nihil aliud quam salutem, et sacramentum corporis Christi, nihil aliud quam vitam vocant.*"

der Unsterblichkeit" [1]. Dies waren profane Ausdrücke der griechisch-römischen Kultur [2], sie gaben aber treffend die Gedanken und Hoffnungen wieder, die man am Anfang des zweiten Jahrhunderts mit der Eucharistie verband. Die Auffassung der Eucharistie als eines Unterpfandes der leiblichen Auferstehung und seligen Lebens [3] war so stark, daß man sie auch als Vorbeugemittel gegen tödliches Gift ansah [4], wie man in der umgebenden Kultur bei drohender

---

[1]) Ignatius von Antiochien, Ad Ephes. 20, 2 (PA I² 230 Z. 7f. Funk): „. . . ἕνα ἄρτον κλῶντες, ὅς ἐστιν φάρμακον ἀθανασίας, ἀντίδοτος τοῦ μὴ ἀποθανεῖν, ἀλλὰ ζῆν ἐν ᾿Ιησοῦ Χριστῷ διὰ παντός." Sinnentsprechend Ad Smyrn. 7, 1 (PA I² 280 Funk). Vgl. die Weiterwirkung des Gedankens bei Ephraem, Epiphaniehymnus VII 6 (I 66 Lamy): „Putrefacta est manna in vasibus. Vos autem manducate corpus vivum, pharmacum vitae omnes vivificans." VII 23 (I 72 Lamy): „venite, et estote e numero comedentium pharmacum vitae omnes vivificans." — Bei Klemens von Alexandrien, Protreptikos X 106 § 2 (I 76 Z. 3f. Stählin) wird die christliche Lehre (λόγος) φάρμακον τῆς ἀθανασίας genannt.

[2]) Th. Schermann, Zur Erklärung der Stelle epist. ad Ephes. 20, 2 des Ignatius von Antiocheia: φάρμακον ἀθανασίας κ. τ. λ. (Theol. QS. 92 [1910] 6ff.). — C. Weyman, Miszellen Nr. 2 (Rheinisches Museum 70 [1915] 152) zieht zur Stelle noch heran Seneca, De providentia 3, 12: „male tractatum Socratem iudicas quod illam potionem publice mixtam non aliter quam medicamentum inmortalitatis obduxit et de morte disputavit usque ad ipsam?" — Brinkmann (Rheinisches Museum 70 [1915] 335): „Chorikios beginnt den zierlichen Hochzeitsspruch für seine Schüler Prokopios, Johannes und Elias, den R. Förster aus dem cod. Matrit. N—101 herausgegeben hat (Duae Choricii orationes nuptiales, Ind. lect. Vratisl. aest. 1891) mit dem Preise des γάμος als der ἀντίδοσις πρὸς θάνατον . . ."

[3]) Irenaeus, Adversus haereses IV 31, 4 (II 204 ff. Harvey); V 2, 2. 3 (II 319 ff. Harvey). Statt vieler anderer Stellen vgl. man noch die herrlichen Worte bei Firmicus Maternus, De errore profanarum religionum 18, 2 S. 43 Ziegler, wo dem todbringenden Mysterienmahl die Eucharistie als heil- und lebenspendende Speise und als Unterpfand der ewigen Unsterblichkeit entgegengesetzt wird.

[4]) Dies war schon in der zweiten Hälfte des 2. Jahrhunderts der Fall. Vgl. z. B. Hippolyt, Ἀποστολικὴ παράδοσις S. 117 Hauler: „Omnis autem fidelis festinet, antequam aliquid aliud gustet, eucharistiam percipere. Si enim ex fide percipit, etiamsi mortale quodcumque datum illi fuerit, post hoc non potest eum nocere." Danach ist Tertullian, Ad uxorem II 5 (I 690 Oehler) zu erklären: „Non sciet maritus quid secreto ante omnem cibum gustes? Et si sciverit panem, non illum credit esse qui dicitur." — Testamentum Domini nostri J. Chr. II 25 S. 147 Rahmani: „Sit semper fidelis sollicitus, ut antequam cibum sumat, fiat particeps eucharistiae, ut evadat nesciens laedi." — Vita Melaniae LXII S. 36 Z. 17—20 Rampolla: „Nunquam haec cibum corporalem accepit, nisi prius corpus Domini communicasset, quod maxime propter tutelam animae percipiebat, quamquam et consuetudo Romanis sit per singulos dies communicare." Näheres hierüber und über die Aufbewahrung der Eucharistie zu Hause wird meine Schrift „Arznei der Unsterblichkeit" bringen.

Vergiftung ein Gegenmittel vor dem Essen nahm [1], eine Sitte, die am Hofe der Kaiser alltäglicher Brauch war [2].

Die Christen haben sich nicht aus der antiken Kultur völlig gelöst. Was allgemein kulturell war und nicht eine unmittelbare Verbindung mit dem antiken Götterglauben kennzeichnet, wurde von den Christen weitergeübt. Wo aber der Totenkult eigentlich heidnische Formen aufwies, begann die Trennung. So konnten die Christen das Totengedächtnis wie die Heiden am dritten Tage begehen, konnten auch das Gedächtnismahl beibehalten, die Totenspende jedoch konnten sie nicht mitmachen. Hier begann die kultische Trennung. Diese erfolgte natürlich nicht plötzlich und gleichmäßig. Die Auseinandersetzung von Ambrosius und Monika über das Mahl am Martyrergrab ist ja bekannt genug; in Serbien hält man heute noch am Totenfest ein Mahl am Grabe der Toten, auf das man das Essen niedersetzt, während der Pope den Toten ein Gläschen Wein in das Grab gießt [3]. Wir werden Ähnliches auch im christlichen Altertum anzunehmen haben. Eine christliche Grab-

---

[1]) Agrippina, die Mutter Neros, nahm aus Furcht vor Vergiftung durch ihren Sohn Gegenmittel. Dies kleidet Tacitus, Annalen XIV 3 (I 291 Z. 20 ANDRESEN) in die Worte: *„atque ipsa praesumendo remedia munierat corpus.“* — Sueton, Nero 34, 4: Von Nero, der Agrippina vernichten will: *„Et cum veneno ter tentasset, sentiretque antidotis praemunitam . . .“* — Sueton, Caligula 23, 7: Caligula ließ seinen Adoptivbruder Tiberius umbringen, weil *„ille antidotum oboluisset, quasi ad praecavenda venena sua sumptum.“* Dabei ist zu beachten, daß *antidotum* medizinischer Fachausdruck ist. Vgl. Celsus, Medicinae V 23, 1 S. 209 Z. 31 ff. MARX: *„Maxime autem (sc. antidota) desideranda sunt adversus venena, vel per morsus vel per cibos aut potiones nostris corporibus inserta.“* — Juvenalis, Satura VI 660 f. S. 162 JAHN-LEO [4]:
> *„sed tamen et ferro, si praegustabit Atrides*
> *Pontica ter victi cautus medicamina regis.“*

Dazu bemerkt ein Scholion: *„Mithridates nam tale sibi fecit medicamentum, ut non posset aliquando veneno perire.“* Das Rezept für dieses *antidotum* ist erhalten bei Celsus, Medicina V 23, 3 S. 210 Z. 18 ff. MARX. Zum Fachausdruck vgl. auch Tertullian, De ieiunio 12 (CSEL 20, 291 Z. 4 f. REIFFERSCHEID-WISSOWA): *„condito mero tamquam antidoto praemedicatum . . .“* T. wirft hier den Katholiken vor, sie hätten einem ihrer Bekenner vor dem Gerichtsverhör stark gewürzten Wein gegeben.

[2]) Herodian, Ab excessu Divi Marci I 17. 10 S. 38 MENDELSSOHN: Auf das Gift der Marcia wurde Kommodus schwindelig und Erbrechen folgte „ἢ τῆς προεγκειμένης τροφῆς ἅμα ποτῷ πολλῷ ἐξωθούσης τὸ φάρμακον, ἢ διὰ τὸ προλαμβανόμενον, ὅπερ εἰώθασι βασιλεῖς ἑκάστοτε πρὸ πάσης τροφῆς λαμβάνειν, κώλυμα δηλητηρίων.“

[3]) Vgl. Tafel XLVI. Bild und Mitteilung verdanke ich einem Teilnehmer meiner religionsgeschichtlichen Übungen, Herrn stud. theol. B. HUNOLD.

platte in der Galleria lapidaria des Vatikan zeigt eine durchlöcherte halbkugelförmige Vertiefung, die wie in der Antike nur den Zweck haben konnte, eine Spende in das Grab zu gießen. Wie uns aber die Johannesakten belehren, hat die eucharistische Feier am Grabe das antike Totenopfer verdrängt. Nun war es vielfach bezeugte antike Sitte, dem Toten einen Fisch auf die *mensa* seines Grabes zu legen[1]. Diese Gabe galt es, im Christentum zu ersetzen. Bei der hohen Bedeutung, die man dem Alten Testamente zur Bestimmung neutestamentlichen Brauches beimaß, wollte man Tobias 4, 18 nicht umgehen. Dort las man: „Setze dein Brot und deinen Wein auf das Begräbnis des Gerechten." An diesen Text anschließend sagt Ambrosius in seinem Lukaskommentar: „Auch von einer anderen Bestattung ist beim Propheten die Rede, daß wir über die Gräber der Vorfahren gewisse Dinge setzen, die dir, dem Leser, bekannt sind, die der Ungläubige aber nicht erfahren darf. Nicht als ob eine Anordnung von Speise und Trank damit getroffen würde, vielmehr soll die ehrwürdige Gemeinschaft der heiligen Opfergabe damit angedeutet werden"[2]. Diese geheimnisvolle Sprache der Arkandisziplin weist für uns deutlich auf die Eucharistie, die über dem Grabe oder über der Leiche gefeiert wurde. Bei einem Mensagrab ist die Szenerie leicht verständlich. In Ostia, wo die Leiche beim ersten Totengottesdienst neben dem Grabe niedergelegt war[3], werden wir uns den Altartisch wohl über der Leiche aufgestellt denken dürfen. Die Totenliturgie fand in den Grabanlagen statt. Diese Versammlungen hatte der Kaiser Valerian im Jahre 257 zugleich mit den Zusammenkünften in den Gemeindekirchen verboten[4]. Daß diese Coemeterienversammlungen

---

[1]) Vgl. Tafel XXXVII 2. 3. 5. 6 und oben S. 291 ff.

[2]) Ambrosius, In Lucam VII 43 (CSEL 32, 300 Z. 4—7 SCHENKL): *„Est et illa (sc. sepultura) prophetica, ut supra sepulchra maiorum quaedam ponamus, quae lector agnoscis, infidelis intellegere non debet, non quo cibus imperetur aut potus, sed sacrae oblationis veneranda communio reveletur."*

[3]) Vgl. oben S. 567 A. 4.

[4]) Eusebius, KG VII 11, 10 (GCS: Euseb. II 2, 656 f. SCHWARTZ): „οὐδαμῶς δὲ ἐξέσται οὔτε ὑμῖν οὔτε ἄλλοις τισὶν ἢ συνόδους ποιεῖσθαι ἢ εἰς τὰ καλούμενα κοιμητήρια εἰσιέναι." Auch das Gehen in die Koimeterien ist zu Versammlungszwecken gemeint; denn gleich folgt: „εἰ δέ τις φανείη ἢ μὴ γενόμενος εἰς τὸν τόπον τοῦτον ὃν ἐκέλευσα (Verbannung), ἢ ἐν συναγωγῇ τινι εὑρεθείη." Vgl. noch Eusebius KG IX 2, 1 (II 2, 806 SCHWARTZ) von Maximinus: „πρῶτον μὲν εἴργειν ἡμᾶς τῆς ἐν τοῖς κοιμητηρίοις συνόδου διὰ προφάσεως πειρᾶται." — Acta proconsularia 1 (CSEL III 3, CXI Z. 8 f. HARTEL): *„praeceperunt etiam (sc. imperatores), ne in aliquibus locis conciliabula fiant nec in coemeteria ingrediantur."*

mit der Eucharistie verbunden waren, lehrt uns die gleichzeitige, aus Syrien stammende Didaskalie[1]. Dem Charakter als Buch des Kirchenrechts eignet es, daß es überkommenen Brauch aufführt; daß solche Totengedächtnisse tatsächlich viel älter waren, haben uns die Johannesakten und Tertullian gelehrt.

Trat an Stelle der antiken Totenspeisung mit dem Fisch die Eucharistie, so war es eine naturgemäße Entwicklung, die Eucharistie oder Christus in Gegensatz zu stellen zum antiken Opfer. So drängt sich von selbst die Zusammenstellung „Fisch der Toten" und Eucharistie auf, und was war natürlicher, als im Kampf mit dem Heidentum den eucharistischen Christus als den „Fisch der Lebendigen" zu bezeichnen? Ein glücklicher Zufall hat es gefügt, daß dieses Wort auf einem Grabstein steht, der hinter St. Peter in Rom auf dem Vatikanischen Hügel gefunden wurde und jetzt ein Kleinod des Museo Kircheriano in Rom bildet[2]. Eine Marmorplatte von 30 cm Höhe und 33 cm Breite trägt im Giebel einen eingeschnittenen Kranz mit Bändern; rechts und links davon, gegen die Akroterien zu, stehen die grabsymbolischen Zeichen D und M. Dann folgt eine Zeile mit *IXΘΥC ZΩNTΩN*; darunter ein schräg gestellter stilisierter Anker zwischen zwei ihm zugekehrten Fischen. Von der Gedenkinschrift sind noch zwei Zeilen erhalten:

Liciniae Amiati be-

nemerenti. Vixit

Die Inschrift *IXΘΥC ZΩNTΩN* ist völlig im Buchstabencharakter des DM gehalten, sie ist auch nach der Flächenverteilung original. Da im Heidentum eine Analogie bisher nicht nachgewiesen ist, die Inschrift aber aus dem Christentum restlos verständlich wird, so ist sie als christlich zu betrachten. Meinem früheren Beweis[3] habe ich nichts beizufügen. Aber in einem Punkte ging ich zu weit,

---

[1]) **D i d a s c a l i a** VI 22, 2 (I 376 FUNK): „*et eam quae secundum similitudinem regalis corporis Christi est acceptam eucharistiam offerte tam in collectis vestris quam etiam et in coemeteriis et in dormientium exitibus, panem mundum proponentes, qui per ignem factus est et per invocationem sanctificatur, sine discretione orantes offerte pro dormientibus.*" Vgl. ebenso **A p o s t o l i s c h e K o n stitutionen** VII 30, 2 (I 381 FUNK).

[2]) Siehe unsere Tafel XLVIII 2.

[3]) Vgl. F. J. DÖLGER, *IXΘΥC* I 159—177. Auch das gegen G. FICKER Gesagte halte ich aufrecht. G. FICKER fragt in Briegers Zeitschrift für Kirchengeschichte 31 (1910) 594: „Ob der Verfasser von Religionsgeschichte wohl eine Ahnung hat?" Eine Ahnung muß doch wohl dagewesen sein, sonst wäre weder *IXΘΥC* I noch II und III verständlich.

indem ich kühn die Worte niederschrieb: „Daß die Inschrift nicht als *Ἰχϑὺς ζώντων* = »Fisch der Lebendigen« gedacht war, ist eigentlich selbstverständlich; denn »Fisch der Lebendigen« gibt keinen Sinn"[1]. Vor zwölf Jahren wollte ich nur die Kürzung =*Ἰησοῦς Χριστὸς Θεοῦ Υἱὸς Cωτὴρ ζώντων* gelten lassen. Allein unsere neuen Ausführungen haben „den Fisch der Toten" in einem Ausmaß erwiesen, daß nun „der Fisch der Lebendigen" sogar einen recht guten Sinn gibt. Man hat Christus als Fisch der Lebendigen dem Fisch der Toten gegenübergestellt, wobei allerdings der herrliche zweite Gedanke „Heiland der Lebendigen"[2] mitgedacht war. Ich habe die Inschrift der Zeit um 200 zugewiesen — und dies stimmt trefflich zum eucharistischen Totengedächtnis am dritten Tag, das um 170 vorhanden war. Es kann kaum eine bessere Formel geben, um die Auseinandersetzung zwischen heidnischem und christlichem Kult auszuprägen als diese Inschrift, in der ein Christ seine Hoffnung und den Glauben der Toten zusammenfaßt in das Wort

IXΘYC ZΩNTΩN.

---

[1] A. a. O. 167.

[2] Man möchte sich hier an Origenes, In Leviticum Homilia XII 3 (GCS: Orig. VI 459 Z. 20—460 Z. 7 BAEHRENS) erinnern, der das Wort Lev. 21, 10 „*Et ad omnem animam defunctam non intrabit*" auf Jesus deutet, der nicht zu einer durch die Sünde gestorbenen Seele kommen kann, weil er selbst Hoherpriester ist.

Verzeichnis der Schriftstellen.

Altes Testament.

Neues Testament.

Namen-, Wort- und Sachregister

Die hochgestellten Zahlen verweisen auf die Anmerkungen und den entsprechenden Haupttext. Eine ⁰ bedeutet eine Anmerkung, die auf der vorhergehenden Seite beginnt, aber auf der durch die Ziffer bezeichneten Seite das Stichwort bietet. Eckige Klammern um einen Namen bedeuten soviel wie Pseudo, also [Hippokrates] = Pseudo-Hippokrates.

Aal, als Opfer 19³f 382²; schmutzig 28¹; im Votivopfer verboten 36 41; Speiseverbot 37 41 46⁴ 48² ³; dem Nilgott heilig 103² 112² ³ ⁴; nicht = Phagros 141⁸ ⁹; des Zeus 177³ ⁴; chthonisches Opfer 19⁴ ⁵f 114f 377¹; und Schlange 36f 310³; dem Atum von Heliopolis heilig 113¹ 114f; A.-Blut als Zaubertinte 113⁴; Bilder in Saḳḳâra 114²; Gizeh 114³; von Aegyptern nicht gegessen 114f; als Hieroglyphenzeichen 115⁴; altgriech. Naturlehre 36f 44³ 115⁵—⁸; Abbild 160; verboten in „hl. Krankheit" 362⁵ff 374ff; auf der Buratti-Inschrift? 387²; und Brote im Coemeterium S. Lucinae 402f; vgl. Muräne (Meeraal), Seeaal, Flußaal

Abaton, am Hause des Osiris 102² ³f

Abd-Allatif 76⁰ 83 84¹ ² 144⁴

Abdariš 273 ²

Abdera (Südspanien) 391⁰

Ἀβδηρίτης, ὁ Ἀ. σοφιστής 399³

Abdeschmun 272 273¹ ⁴

Abdmelqart 275³

abdomen 539¹

Abd-Tanit 268²

Abdu 124² 126² ³ ⁴ ⁵ ⁶ 142¹

Abdul Hamid 454¹

Abel E. 333²

Aberglauben, bei Plutarch 164² 165⁶; vgl. *superstitio*

Aberkiosinschrift, Text 454—462; Kommentar 462—507; und Arkandisziplin 515⁴f 519f; und Athenaios 375⁰

Aberkiosvita 454² 455¹ ² ³ 458f 471 474 479¹ 481⁴

Abessinien 85³

Abführmittel, Fische 47⁵ 70² 315⁴

Abgar v. Edessa 189²

Ἀβίρκιος 460²

ablal-Fisch 213²

Aboṭ-Fisch 125⁰

Abrahams J. 541³

Abrahamsteich b. Edessa 156¹ 157⁴ ⁶ 173⁷

Abramić M. 422⁷ 424² ³ 426⁴ 429³

absolvere (liturg.) 356⁰

Abt Ad. 11² 113² 170¹ 288² 334¹ 406³ ⁴

439⁰ 444² 453¹

Abu, Monat 242²

Abû Saï'd Wahb 203¹

Abûl-Faraǵ Bárhebraeus 76²

Abwehrkult, Heroen- u. Totenkult 8⁴ verunreinigend für Verkehr m. Lichtgottheiten 23⁴f; vgl. Apotropäisch

Abydenos 232¹

Abydos 106² 107¹ 109⁰ 110¹ ⁷ 120³ ⁴ ⁵

abyssus, mortalitatis 34³

Acatius (quidam) 529³

„*accepit*" 520f

accipiter 116¹ 124¹

Ἀχαιὸς Ἀπολλωνίου 182¹

Achelis H. 29² 31⁰ 34² 449⁰ 450³ 451³ 508²

Ἀχελῷος 317⁰

Acheron X¹

Achilles, im Totenkult 13⁵ 37²

ἄχραντος 14³

acipenser (accipienser) = Stör 322³ ⁴ 452¹

Acta Pauli et Theclae 462³ 490³ 556⁰; Joannis s. Johannes, Apostel

Acta proconsularia 572⁴

Acta Thomae cf. Thomasakten

Actus Petri cum Simone 495²

acusma 350²

ΑΔΔ = Ἥρα vel = Ἰτέα 247⁴

Adad, babyl. Gott vgl. Hadad

Ἀδάδου δάκτυλος 254⁵

Ἀδάδου ὀφθαλμός 254⁵

Adam 32³ 487²

Ἄδαμνας (Attis) 246²

Adams F. 93³

ἀδελφή, ἡ 561³

ἀδελφός 504⁴f 508 551¹ 555² 566²

ἀδελφότης, ἡ 559³

ἄδικος 15³

Adler, Speiseverbot 43 44¹; von Ägyptern verehrt 82² 145²; heiliges Sinnbild des Jupiter 109; Fisch-Adler 149⁰; Tempel in Arabia 203²; am Pferdeschmuck 207¹; als Glückszeichen 224⁷; vgl. ἀετός

Ἀδμήτου κόρη 419⁴

adôn = dominus 277⁴

Ἀδωναί (Ἀδονέ) 511⁰

heilig 65[1] 316[8]f 325[1] 334[2] 441[6];
= Bast (Ägypten) 108; A.-Anaïtis 165[1]
183[2] 429[5] [6] 438f 446; A. von Ephesos
178—181 184 204 438ff 441 445f; als
orientalische Lebens- und Muttergöttin 179[6] 180f 419 441—444; böo-
tisch-euböische 179[5]; πότνια θηρῶν 180;
persische A. 180[4]; A. und Bendis 181
209 419 438—444; = phönizische
Tanit 268[2] Unterweltsgöttin m. Lichtkuchenopfer 304[7]; A.-fest 317 334[2];
= Selene = Hekate 319 326[2] 367[8];
Mainisopfer 319[1] 372[6]; A. und Wahn-
sinn 319[1] 370[7] 372[6]; als Hafengöttin
325[3]; roter Stier als Opfer 357[2];
Ziegenopfer 367[3]; A., mit Persephone
= Hekate = Mondgöttin 367[8]; der
Hirsch ihr heilig 370[6] 438; A.-fest in
Milet 414; als Rachegöttin 419; auf
der Smyrna-Inschrift? 181ff 441[3]; auf
thrakischen Reitertäfelchen? 419 438
—444; A.-Bruderschaft 504[4]; Fischopfer und christl. Fischsymbolik 546;
Kinderscherz 562[2]

Ἄρτεμις 178[8] 179[2] 419[2] [3] 440[1]; Ἀ. λιμε-
νῖτις 325[1]; Ἀ. μαινάς, θυιάς, φοιβάς,
λυσσάς 370[7]; Ἀ. Ἀναεῖτις 438[4]; vgl.
die Belege zu Artemis

Ἀρτεμίσια, τά 318[1]

Ἀρτεμίσιε 511[0]

ἄρτος, ὁ 457 ff. 492 495[4] 497 500[3] [4] 501[4] [6]
518[3] 552[4] 566[4]; τῆς εὐλογίας 500[2];
ἁγιαζόμενος 501[2]; ζωῆς 569[4]; vgl.
κλάσαι τὸν ἄ.

Arvad (Phönizien) 263[1]

Arvalbrüder, Hammelopfer an Summanus 304[4]

Aryasis (Sabierprophet) 75[3]

Arzneien, Wirkung 89[1]; aus dem Zitterrochen 92[3] 93[1] [3]; aus Sardellen
315[1-9]; vgl. Honig, Knoblauch, Öl,
medicamen, medicamentum, φάρμακον

Arzt 529[3]; im Fischgewand? 310[6]

Ašakku, Krankheitsdämon 236[2]

Ascalaphus, Stygis filius 337[4]

Ἀσχάνδιος 508f

Aschera, mit Mondsichel 224[4]

Aschmunên 108[4] 330[2]

Asdod 266[1] 267

ἀσεβής 44[1] 101[4] 187[2] 560[0]

ἀσεβῶν χῶρος 26[1]

asellus, Fisch 250[5]

Aši, Rabbi 251[1]

Asien X 210[1] 285[4] 379[1] 461[3] 468[0]

Askalon 181 190 191[2] 192 203[2] 204[3]
205 241 253[3] 263[3] [6] 266[1]

Askese, und Bohnen vgl. Bohnen; und
77[5]; der aegypt. Priesterphilosophen
51[3] 99[2]

ἄσκησις 368[6]

Asklepiades, Arzt 386[1]

Asklepios 178[8] 367[3]; -tempel 13[8] 24[4]
187[1]; Schwein als Votivgabe 187[1];
Hahnopfer, ein apotropäisches, stellvertretendes Lebensopfer 307[3-5]; Herr
über Leben und Tod 307[5]; Schlangensymbol 431[3]

Asmodeus, daemon 34[0]

Asmus R. 17[1]

Asowsches Meer 141[10] 152[1]

ἀσπάζεσθαι (kultisch) 281[2]

ἄσπιλος 406[3] 476[6]

Aspis-Schlange 116[1] 146[1] 162[1]

ἄσπορον (τέκνον) 254

Assemani 189[3]

Assuan 138 144; vgl. Syene

Assyrien, Assyrer 191[4] 199[3] 200[2] 202[1] [2]
211 232[0] 241 246[2] 252[3] 265; vgl.
Fischopfer, Fisch, Sinnbild d. Glückes,
d. Lebens

Assyrien, = Syrien 200[2] 246[2]

Ἀσταρὼθ Καρναείμ 192[1]

Astarte, Gegensatz des jüd. Fischverbots
48[5]; und syrisches Fischverbot 173[2];
vgl. 161—175; entsprechend ʻAtar
188; von Tanit unterschieden 268[5];
Taube der A. 272[2]; Ast.-Kult auf dem
Eryx 292; und Anaitis 436[2]; vgl. Atargatis, Ištar

ἀστήρ 187[3] 282[2] 417[1]; ἀστέρες οἱ θαλάτ-
τιοι 357[1]

Asteropaios 37[2]

ἀστραπή 405[1]

ἀστράπτει ὁ Θεός 244[1]

Astrologie 232[0] 282[3] [4] [6] [7] 287[1] 289[3]

ἄστρον 192[4] 246[2] 465 468[2]

Astronomica, des Hyginus 195

Astronomie 231[2]; aethiopische Erfindung? 212[2]

astrum 193[1] 195[2] 282[3]

Astypalaia 182[4]

Asurbanipal 220[1] 222[1]

ʻAtarʻata 188[3] 196[3]

Ἀταρ-ατη 245[1]

Atarathe 186[1]

Ἀταργάτη 247[1]

Ἀταργατεῖον 192[1]

Atargatis, Taube hl. Vogel der A. 81
181[1]; straft Fischgenuß mit Aussatz
162[3]—165[5] [6] 169 244; Fischopfer für
A. 175—192 213 255 262 437[1] 446
489[3] 545[1]; = Rhea 180 181[1]; =
Aphrodite 171[3] 182; Lebensgöttin
181[1]f 199[2] [3] [4] [5] 200—211 436[2] 441; auf
Delos 182[1] [2] [3]; auf Astypalaia 182[4]; in
Rom 182[5]; in Afrika 183[1]; nach
Mnaseas 184—188; Namenserklärung
188f; halb fischgestaltig 190[4]f; 262
264; A. von Hierapolis = Derketo
189[4]f 191f 199—211 243ff 252—262;
A. von Karnaim 192[1] [2] 205; A. in der
Fischgestirnmythe 192—196; die

„huldreiche" Landesgöttin 196f; A.-Amulette 204—211; A. und Adad 181 182[1-5] 203[7] 217 243[2]f; die „Weberin" 218[5]; ‚die Göttin' 103[1] 161[5] 162[3] 165[6]f 171 174 177ff 188—211 247; Opferliturgie 243[2]f; Menschenopfer 244[2]; ihr Sohn Ichthys 190[2] 247[7]; A. = Hera 199[5]f 243[2] 252[1 2 3] 254; Vorbild Mariens? 253f 257f; A. mit Löwen 430[4]; auf thrakischen Reitertäfelchen? 436[2]—437[3] 441; A.-Kult und junges Christentum 446f; und eucharistisches Fischsymbol 545ff

Ἀταργάτις 182[1] 196[3] 203[5] 204[4]; = *ἄτερ Γάτιδος* 185

Atargatis (Syrorum) 182[6] 191[6]; *dea benignissima* 195[1] 196; *Adargatis* 199[3]

'Ate, syr. Gottesname 188[3] 245[3]ff; = Adonis 246[2]f; = *Ἐθαῖος* 247[8]; = *ΙΧΘΥΣ* 247[8]

ater 14[9] 304[4]; *atrae hostiae* 353[3]; *vinum atrum* 355[4]; *oves atrae* 384[6]

Aṭfīḥ = Aphroditopolis 121[1]

ἀθανασία, ἡ ῥίζα τῆς ἀ. 569[4]; *φάρμακον τῆς ἀ.* 570[1]

Athanasius 136[2] 501[4]

[Athanasius] 46[3]

ἀθανατίζειν 435[2]

ἀθάνατος 463[1] 560[0] 568[5]

Athara 189[4]

Ἀθάρη 189[4]

ἄθας = *θεός* 189 247[2]

Athen 178[3] 197[1] 268[2] 308f 318[1] 321[2 3] 407[2] 445 487[1] 510[3]

Athenagoras 161[5] 191[3]

Ἀθηναῖοι 201[3] 308[2]

Athenaios 19[4 5 6] 20[1 2 4] 36[4] 38[0] 44[4] 46[2] 48[1] 50[1] 61[1] 64[4] 67[2 3 4] 68[0] 69[4] 71[0] 79 80[1] 88[6 7 8] 89[3] 90[2] 95[1 2] 99[3] 100[1] 103[3] 112[3 4] 115[5 6 7] 117[3 4] 138[4] 140[4] 141[1 2 10] 144[3] 149[2 3 4] 158[4] 171[3] 173[1] 179[4] 184[2] 185[2] 186[1 2] 190[2] 194[0] 198[3 5] 201[3] 248[1] 249[2] 250[3 4 5] 260[2] 286[4] 304[7] 309[1] 314[0] 316[3] 317[1] 318[1 2] 319[2] 320[1] 321[4] 322[5] 323[3 4] 324[1 4] 328[5] 333[2] 335[5] 343[3 4] 346[1 7] 347[4] 348[3 4 5] 353[4 5 6] 354[6-9]; zu 354[7] vgl. 415[2]; 364[2] 374[4] 375[6] 376[2] 379[1 5] 380[1 2] 381[1-3] 382[1-3] 412[3]—416[6] 444[2] 448[1] 450[2] 493[5]

Athene, Göttin 41[1] 178[3] 308[2] 411[3] 502[1]; -tempel 55[3] 58[2]; auf Vase 74[0]; in Latopolis 117[2]; = Neith 142[6]

ἄθεος 26[1] 361[3] 560[0] 568[5]

Athi, syr. Gottheit 245[0]

ἄθικτος (kultisch) 375[1]

Ἄθυρι = Hathor 129[1]

ἄθυτον 367[2]

ἄτιμος 505[5] 562[2]

Ἄτλας 267[1]

ἄτρακτον 218[4]

Ἀτταγάθη 189[4]

Attes, der Rheaprophet 246[1]

Attis 246[2] 464[6 7]; Reinheitsvorschriften 17[1] 25 56[0]; und Veilchen 133[2]; heilige Pinie 133[2]; phrygischer A. = Adonis = Dionysos 247[6]; und Christus 256[1]; A.-mahl und Eucharistie 256[5]; und Granatapfel 17[1] 336[5]; kultischer Brustschmuck der A.-Priester 435[5]; Kultverbreitung 441[2]; und der „Hirte" des Aberkios 464[2 3]ff 468[2]; „Glaube" der A.-diener 482[5]; Tod und Auferstehung 497[3]

Atum (= Abendsonne) 113[1] 160[1]

Aubaigne, Inschrift v. 400[4]

Auferstehung und Fisch 28f; als *μεταβολή* 497[3]

Auferweckung von Toten 11[3]

Auge Gottes 542[4] 543[0]; stets offenes der Götter 542[4] 543[0] 559[4]; Augenkrankheit, Götterstrafe 165[2]; geheilte 165[2]; vgl. *ὀφθαλμός*

Augustinus 5[3] 23[2] 34[3] 35[1] 40[4] 122[3] 263[7] 280[3] 281[1] 302[2] 303[6] 407[6] 449[3 4 5 7] 451[2] 514[0] 524 529[3] 537[3] 563[4] 565[2] 567[4] 569[5]

[Augustinus] 34[2]

Augustus, Kaiser XI[4] 289[2] 304[2] 321

αὐλός (kultisch) 246[2] 412[2]?

aurata (= *χρύσοφρυς*, Goldbrasse) 198[3]

auratae vestes 237[4]

Ausonius 150[5] 316[0] 357[6] 550[5]

Aussatz, „syrische Krankheit" 163 164[1 2] 165[6]; in der Bibel 166f; als „heilige Krankheit" 166—168; im Christentum 167f; durch Fischgenuß 162[3] 165[6] 169[1 2] 244; und Blindheit 173[8]; durch Maena-Asche geheilt 315[1]; vgl. Leprosen; *λέπρα*; *lepra, ἀλφός, θήλεα νοῦσος, λεύκη, λωβᾶσθαι, λώβη*

Aussätzige, aus Ägypten vertrieben 48[2];

Autun 118[0] 485[2] 507[4]

Auxerre, Synode 514[3]

Auzia 295[2 4]f

Aventinus, Chronist 396[1 2]

Avicenna, Mediziner 84 85[1] 99[2] 169

Avienus 193[2]

Avirkios Markellos 460[1 2]

Axt, des Adad 216 217[3] 227[3]; des Tešup 217[3]

Ayrton E. R. 110[7]

Ἄζα (= *Γάζα*) 190

Azot 205

Azrubaal 273[4]

azyma (*τὰ ἄζυμα*) 537[4] 554[2]

Baal, fischgeschwänzter B. von Arvad 263[1]; ebensolcher von Askalon 263[3]

Baal Ḥammon, punisches Fischopfer 271[2] 273[1 2 3 4] 274[1 2 3 4] 275[1 2 3]f 292?

βελόνη 117[3]
Βῆλος 232[0]
Belšamin 203[4]
Bel, -Tempel 203[2]
βεμβράς 67[8,4]
Βενδίδειος (Monat) 441
Βενδίδια (Βενδίδεια), τά 419[3,5]
Bendis, thrakische Lebensgöttin 181 184 418; Bedeutung des Fisches im B.-Kult 181 184 441 446 546; bithynische B. als Artemis 209; Namenserklärung 418[5]; = Hekate 418ff; B.-Artemis-Selene 419 439[4]; auf thrakischen Reitertäfelchen? 437—444; Kultverbreitung 441[1,2]; übergroß 560[0]
Βενδῖς 418[6] 419[0,2,3,4]; οὐρανία καὶ χθονία 419[2]; κραταιά 419[3]
benedicere 514[2]
Benedikt hl. 532[3] 563[0]
berachi = Krampfrochen, auch burachi 86[5]
Βερεκύνθιον ὄρος 373[3]
Berenike, Ptolemaios Philadelphos' Mutter, als Nacht- und Mondgöttin 324f; als Zaubername 113[2]
Berg, Sinnbild 466f
van den Bergh van Eysinga G. A. 509[4]
Berlin 105 110[2] 111[1,4] 118[6] 119[2] 125[2,3] 126[1] 129[3] 143[3] 144[1,2] 145[1] 158[5] 206[4] 207 216[4] 217[5] 219[2] 224[4] 225[4] 226[4,5] 239[3] 256[4] 269[6] 421[1] 423 425[0] 427[3] 431 433 540[1] 542[4]; vgl. Zauberpapyrus
Bernardakis 102[4]
Berossos 183[5] 230[1,2]ff
Βηρούτ (Βηρουτί) = Fisch? 264[4]
Beruth, die Fischgöttin? 264[4]
βῆρυς (= ἰχθύς?) 264[4] 265[1,2]
Berytos 264[4,5]f
Beschwörung, B.s-opfer 218[2]: B.s-priester 223[4] 237[2] 240; B. beim Finger Gottes 283; im Buche Job 3, 8: 490[7]; vgl. Krankenbeschwörung, Geisterbeschwörung
Besechana am Euphrat (= Begaz beim See Sirret) 204[4]
Besessenheit, vom Totengeist 221[1]; der Tochter Mark Aurels 454[2]; des Novatian 520[3]; vgl. Krankheitserreger, possessus
Besprengungen 15[4]
Beter, zum Sonnengott 225
Beth Dagon 205[0]; = domus tritici 266[5]
Betten im Totenkult 2[3]
Bezold C. 287[3]
biaeothanatos 113[2]
Bibel, Übersetzung altlateinische 67[4] 495[5]; vgl. Fische in der Bibel
Bickel E. 452[1,2]
Bickell G. 494[4]
Biedermann W. 83[3]

Bier, Hefe v. süßem B., Zaubermedizin 155[3]
Bigge, Nilinsel 102[2,3,4]
Bikélas M. D 349[3]
Bilderkult, Bilder der Laren 503[1]
Bilderverbot, der Juden 203[3,5] 262 272[2]
binnī (bunnī) 111[6]
binnītha 112[1]
Bir el Djebbana b. Karthago 236[6] 330[2,3]
Bir Oum Ali 294[2]
Bischoff 378[1]
von Bissing F. W. 125[3] 158[5]
Bithynien und bithynisch 184 246 329 440[3] 441 446 468[0] 539[2]
Bittgottesdienst, düsterer 23[2]; mit Votivgaben 186[3]
βλαβεραυγὴς ἀστήρ 282[2]
βλαβερός (Κρόνος) 282[2]
Bläschen, geheilt durch Maena 315[6]
βλασφημεῖν 244[1]
Blau, als Trauerfarbe 356[0]
Blaydes 45[5,9]
Blick, böser: Amulett gegen d. b. Bl. 209[2]
Blindheit, und hl. Fische 173[7,8] 174[1,2]
Blinkenberg Ch. 426[1] 435[3,4,5]
Blitz, -bündel des Adad 216 217[3] 224[3,4] 235[1] 243; des Tešup 217[3]; Nacht- und Tag-B. 302[2]; Unterweltsblitze 302[2] 303f; Schutzzauber gegen B. 304[2]; Blitz-Bestattung 304f 306[1]; Heroisierung 305[3] 306[1]; B. und kultische Unreinheit 304[9] 305[5-8]; Erde berühren beim Blitz 244[1] 305[9]; B.-bücher 305[6]
Blitzgötter: vgl. Hadad, Summanus, Tešup. Juppiter; neun etruskische B. 302[1]
Blitzsühne, etruskisch-römische 244 297—305: deren Legende 298[5]ff; Opfergaben 300f; der Blitzgott Summanus 301—304; das Fischopfer als Sühne- und Totenopfer 304f; im griech.-röm. Hephaistos-Volcanuskult 244 306—311; im phönizisch-nordafrikan. Kronos-Saturnuskult 244
Bloch 417[2]
Blümner H. 298[3] 312[2] 322[4] 348[5]
Blumen, in Kultsagen 133[2]; auf Gräbern 287[5]; in Heroenopfern 407[1]?; vgl. Narzisse, Rose, Veilchen, Kürbisblüte
Blumenkohl, gemieden von Sabiern 76[2]
Blut, und Lunge nötig für Opfertiere 76[2]; ohne wirkliches Bl. keine Sühne 288: und chthonischer Zauber 288; und Rot 288[2]; als Sühnemittel 361 517[1]; des Logos 517[1]; vgl. αἷμα. sanguis
βόαξ (βῶξ) 319 323; = λευκομαινίς 323f
Boaxfisch, dem Hermes heilig 317 319 323
Bochartus S. 37[7] 70[2]

Bodmelqart 274[1] 275[4]
Böhlig H. 196[4]
Böhm F. 244[1]
Boeotien 179[6] 180[1]
Boeotier 19[4] 354[3] 382[2]
Bohnen, Verbot des Pythagoras 15[4] 53[3] 332[1] 350[3]f; der Sabier 74[2]f 75[3] 76[2]; Begründung des Verbots 75 76[3] 77[5] 91[2] 344[2]; Verbot der Ägypter 76[3] [4] 77[1] 344[2]; der Inder 77[5]; B. und Totenkult 77[6] 316 351[1] 366[5]; Verbot in Eleusis 15[4] 78[1] 332[1] 352[2]; in Rom 78 366[4]; B. in der Zaubermedizin 155[4]; B. im Bindezauber 311· 312[1]; B. und Menschenentstehung 342[1]; indogermanisches Totenopfer 351[1]; vgl. κύαμος
Bohnensymbolik, Pythogoreische 78 350[3]
Boissonade 458[7]
Bolbe, Nymphe 382[1]
Bolbe-See 382[1]
Boldetti 401[5]
Boll F. 212[1] 278[3] 282[6] 287[2] [3] 509[5]
Bolliac, Cesar 426[6]
βωμίς 182[1]
βωμός 19[6] 29[10] 328[2] 378[5] 478[3]; κεράτινος 178[3]
Bonn 443[1]
βορβοροφόρβα (Ἑκάτη) 107 330[3-5]
βόρβορος 328[4] 329[4] [6] [7] 348[1]
Borčani 392[2]
Borinski K. 355[3]
Bormann E. 393[4]
Borsippa 203[2]
Borysthenes 150[4]
bos, kultisch 116[1]
Bosio 401[3]
Bostoner „Thronlehne" 338f 375[5]
Bothe 198[3]
βόθρος 10[2] [3] 11[3] 353[1] 416[2]
Bottari 28[2]
Boulenger D. M. 338[2]
Boulenger G. A. 111[2] 118[3]
Boulogne-sur-mer 394[3]
βοῦς = Seeochs (Rochenart) 66[3] 88[1] 94[3] [6] 100[1] [2] 251[1] 290[4]
βοῦς = Rind 19[1] 112[4] 121[1] 162[1] 244[2]; β. φοινικόνωτος 357[2]; β. φοινικόθριξ 357[2]; β. ἄζυγος 357[2]
„βοῦς ἕβδομος" 290[4]
Bousset W. 407[0] 498[1]
Boza 164[4]
βραχυλογία 507[1]
Bräune, geheilt durch Maena 315[3]
Brahmanen 123[8]
Brasilien, Aussatz 169[1]
Brasse, Phagros eine Brassenart 141[6]
Bratke E. 252[4] [5] 253[1] [2] [4] 254[2] 255[3] 256
Braun J. 356[0]
Braun O. 60[2]
Braut, im Hohen Lied 255; in der

Epistola apostolorum 446[2]; die Kirche als Jungfrau-Braut 475f; vgl. Maria
Bräutigam, Christus und der νυμφίος d. Mysterien 256[6]
Brehm Alfred 38[4] 39[1] 44[5] 45[1] 48[3] 82[3] 83[1] [4] [7] 87[1] 141[6] [7] 142[1] 157[3] 198[4] 229[4] 349[4] 376[3] 414[5]
Breiter 195[0]
Brescia, Lipsanothek v. 29[3]
Brightman 501[5]
Βριμώ (= Ἑκάτη) 334[4]
Βριμός 334[4]
Brinkmann 459[10] 477[3] 570[2]
Brinktrine J. 499[7] 546[1]
Britisches Museum 143[3] 206[1] 215[5] 218[5] 223[2] [4] 238[2] [6] 276[3] 437[5] 438[1] [2] 440[1] 543[0]; vgl. London
βροντᾷ ὁ Θεός 244[1]
Brosamen, den Geistern 514[1]
βρῶσις μελιηδής 508
Brot, der Demeter 20[5] 21[7]; vgl. *Cererem edere;* Enthaltung am Castustag 56[0]; Fischbrot 63[4] 64[1]; Opfergabe 270 294[1] [2] 383[4]; Tiere in Brotform 290[4]; Brotformen der Antike 292[1]; kreuzgekerbte B. 384[6] 401[5]? 403[1]; sechsstrahlig gekerbte B. 388[3] 399 424[1]; B. und Wein 270 457ff 491—505 525 572; vgl. Eucharistie; B. auf babylonischen Denkm. 216—220; auf thrakischen Reitertafeln 423ff.; Ringelbrot 424[2]; B. vom Himmel 449[7] 451 516[3]; Brotbrechen 536 555[2] 566f; auf jüdischen Goldgläsern 540?; des Lebens 569[4]; vgl. Fisch und Brot, Eucharistie, Tierform, Zwölfzahl, ἄρτος, δημήτηρ, panis, Fladenform, Kuchen
βρωτοί 15[4]
„Bruder", = Freund 504[4]; vgl. ἀδελφός. φίλος
Bruderschaften, antike 504[4]ff.; vgl. Kollegium, *collegium,* σύνοδος u. ä.
Brüderschaftstrank 493[5]
Brugsch H. 62[1] 105 106[1] 124[2] 129[2] 131[1] [3] 154[3]
Brunnengeist, der Arethusaquelle in Syrakus 214[4] 375[1]
Brunšmid J. 428[3]
Brust, -Krankheit als Götterstrafe 165[2]; geheilt 165[2]
De Bruyne D. 537[5]
Bubastis 153[2] [4] 154
bubula 36[2] 81[0]
Buch der Könige, babylon. 231
Buch Gottes 562[3]
Budapest 127[1] 389[4] 421[5] 426[2] [3]
Buddhisten 542[4]
Budge 126[5] 141[9]
Buecheler F. 5[1] [2] 11[1] 68[0] 116[2]
Bürchner 178[8]

Bukarest 425[4] 426[6] 427[2 3] 428[4] 433[2] 439
Bulgarien 422[6]
Bulič F. 330[5] 442[6]
Bunni 156[1] 157[6]
Buonarruoti 539[5]
Buratti, Graf 387[1]
Burchard von Worms 335[5]
Burnet J. 341[4]
Buresch K. 441[5]
Bury el Harib 156[4]
Busiris 124[1]
Bußgewand 162[3] 165[5]
Butler C. 117[5] 118[0] 527 559[3]
bw.t 157[2] 160
Byblos 251[2]; vgl. Philon v. B.
βυϑός 24 32[4] 36[4] 44[1]

Cabirus 432[5]
caedes (kultisch) 23[2]
caelestis, prandium caeleste 539[3]; *membra caelestia* 534[1]; *vinum caeleste* 554[2]
„*Caelestis Afrorum*" 182[6]; *C. sanctissima* 277[1]; cf. *Regina C.*
Caelum 429[2] 531[1]
Caelus, Vater Saturns 278
caepicium (caput) 299[3]
caeruleus 116[2] 152[1]
Caesarius von Arles 514[3]
calda 296[1]
C. Caligula 385[5] 571[1]
calix 442[5]? 513[6] 514[2]
Callionymus 453[1]
Calma (Kom. Szerém) 428[1]
calvus (kultisch) 248[0]
Cambridge 126[5]
Campus Martis 302[5]
candidatus 284[2] 468[4]
candidus 503[1]
candor 477[1]
canicula, Fisch 87[4]
canis 116[1 2] 124[1] 519[3] 534[1]; *silvestris* 124[1]
Canones Hippolyti 514[2] 550[7] 566[3]
Capart 151[5]
Capella greca 567[1]
caper 122[3]
capitatus (piscis) 111[3]
Capoeta fratercula 206[3]
cappa 356[0]
capra 303[3] 363[2] 365[2] 366[4]
capsa 480[3]
Caracalla, und Oppians Fischbuch 72[3]; -münze 437[5]
carduus 80[5]
Care (kare) vale! 402
Carlsburg 423[1]
Carnuntum 421[2]
caro, 368[5]; *incocta* 366[4]; *carnes agni* 451[2]; *Verbi Dei* 517[1]
Carolus Calvus 356[0]

cartilaginea = σελάχια 94[2]
caseus 36[2] 363[2] 364[4] 468[4]
Casel, Odo XII 15[2] 31[1] 314[2] 350[2] 358[5] 360[3] 458[6] 473 492[3] 496[5] 497[3] 498[4] 527[4] 546[1] 548[5] 549[2]
Cassius Dio 135[3]
Cassius Hemina 35f
castimoniae 95[5 6] 96[1 2 3 4 5]
Castor (et Pollux) 292[4] 417[3]
castrare 464[5]
castus 56[0]
Castustag, 23. März 56[0]
Catania 521[3] 533
cataplasma 529[3]
Catechismus Romanus 495[1]
catecuminus 544[2]
cat-fish 154
Cathedra, S. Petri 221[1]; in den Katakomben 221[1]; vgl. καϑέδρα
Cato 355[4]
Catullus 376[6]
cauda (coda) 539[3]
Cauer P. 384[3] 411[3]
de Caylus A. C. Ph. 119[3].210[2]
celebrare, deos 304[3] 398[0]; *solemnitates gentium* 446[1]; *oblationem* 530[1]; *diem dominicum* 536[1]; *sacrificium* 562[1]; *diem natalem* 565[1]; *dies martyrum* 568[2]
Celsus, Arzt 359[3] 368[5] 369[2] 571[1]
Celsus s. Kelsos
cena 295[4] 296[1] 539[1]; *c. feralis* 386[1]; *deidaemoniorum* 544[2]; vgl. *coena, Cena pura.*
Cena pura und Cena dominica 536-544.
cenatio (= triclinium) 295[4]
Censorinus 201[2] 302[5]
cepa 78[3 4] 81[0] 299[1] 300[2]; *caepe* 78[4]; *cepe* 300[5]
cercopithecus 116[2]
Cerdo 261[3] 503[1]
Cererem edere 20[5]; vgl. δημήτηρ
Ceres 51[3] 284[1 2 3] 337[4]; mit punischem Saturn 278; weißgekleidete Priesterinnen 284[1 2]; vgl. Demeter
Chäreas 385[5]
χαῖρε (an Götter) 246[2]; an Christus 285[1]
Chairemon, Stoiker 51[2 3] 52[3] 57 60 77[1] 81[6]f[8] 82[2] 99[2] 149[0]
Chaldäer 232[0]; = Sabier 75[3] und Pythagoras 77[7]; als Weissager 541f
Chalkeia, Schmiedefest 308[1 2] 379[4]
Chalkidike 381 382
Chalkis (auf Euböa) 374[4]f
χαλκίς (Fisch) 322[2]
Chanenko 208[4]
Chaos 326[2]
Χάρης ὁ Λίνδιος 178[3]
Charikleides 318
χάρις 355[0] 501[0] 508[1] 510[3]

Eannatum, Sumererkönig 214[5]
Ebene, Sinnbild 467
Ebenholz, im Kult u. Zauber 438[7] 439[0]
Ebers G. 142[1]
Ebioniten 258[4] 495[2] 554[2]
ecclesia 34[0] 446[1] 524[4] 532[1] 563[0]; *ecclesiastica mysteria* 516[3]
ἐχεμυθία 314[2] 344[1]
ἔχιδνα 36[4] 37[3] 45[4]
Eckhel J. 265[5]
Edelsteine, im Kult von Hierapolis 254[5]
Edessa, Abrahamsteich 156[1] 157[4,6] 173[7]; Entmannung in E. 189[2]; Atargatiskult 203[5]
Edfu, Osirisritual 128[2]; Hathorinschrift 129[2]; Haṭ-meḥit 131[1]; Latosinschrift 143[1]; großer Nomentext 154[3]
ἡδονή (μητρόπολις κακίας) 366[1]
Ἡδυπάθεια 69[3]
Efeublatt, des Dionysos 319; kultisch unrein 366[4]; vgl. *hedera*, κιττός
ἐγκάρδια, τά 469[6]
ἐγκράτεια 80[1]
Ἐγκράτεια 483[6]
ἔγχελυς, ἡ 19[6] 20[1] 37[2,3] 44[3] 94[5] 97[2] 99[3] 100 103[2] 112[3,4] 114[0] 115[1,4,5] 160 362[5]f 364[1,2] 376[2]
Egeria 299[3]
Ἔγλων 247[3]
Ehrhard A. 118[0] 148[3] 496[5] 553[1]
Ei, der Atargatis 195[1] 292[4]; der Venus 196[2]; auf syrischen Denkmälern 219[3] 292[2,3,5]; auf punischer Weihetafel 292[1-7] 294[1]?; Eianbetung 292[6]; im Sühnopfer 308[3]; in Eleusis verboten 15[4] 331[3]f 352[2]; weil Sinnbild des Lebens 336 342; im Totenopfer 407[1]; vgl. Luk. 11, 11, ᾠόν, ovum
Eichenschildlaus 285[2] 287[7]
Eid s. *iuro*; vgl. *iusiurandum*, Schwur
Eidechse, φολιδωτός 94[1]; Name für Helios 352[1,2]
εἴδωλον 205[3]
εἰκών, Καίσαρος 32[1]; τὴν εἰκόνα [τὰ] λόγια τοῦ Θεοῦ 32[2]; Εὐρυνόμης 181[2]
Εἰνοδία 360[1]
Einsiedler 530
εἰρήνη 455 462 508 527[2]
εἷς, θεός 463[1]; Ζεύς, Ἅιδης, Ἥλιος, Διόνυσος 478[3]
Eisele 430[0] 432[0,3,4]
Eisenhofer L. 500[2]
Eisler R. 180[1] 265[4] 268[4] 269[1] 341[6,8] 506[0,2] 542[4] 544[1]
εἰσόθεον δώρημα 508[1]
Eisvogel 248[1]
εἰθισμένα, τὰ ἐ. προσφέρεσθαι 526[6]
Eitrem S. 1[1] 14[3] 221[1] 287[6] 288[2] 301[5] 304[6] 429[1] 487[4] 510[3]
ἑκατόμβη 291[0]
Ekbatana 183[4]

ἐκκλησία, ἡ 259[2] 475[3] 479[3] 554[2] 563[0]; καθολική ἐ. 468[0]
ἐκλέκτη πόλις 455ff 463f
ἐκλεκτοί, οἱ 475[3]
ἐκφέρω 23[4]
ἐκφορά 10[1] 561[1]
ἐκθειόω 116[3]
El, der El der Karthager 277[2]; vgl. Ἦλος
Elagabal, Kaiser 461[5] 474 482
Elbern R. 345[1] 349[4]
Elchasai 560[0]
Eleazar, Hoherpriester 42[2]
ἐλεδώνη = Moschuspolyp 47[2]
ἠλεημένοι, οἱ 475[3]
Eleer 24[4]
Ἠλεῖαι 13[5]; Ἠλεῖοι 162[2]
Elektrische Fische 83 84[2] 85
Elementa 252[3]
ἐλέωτρις 99[3] 100
Elefant, und Schwein 412
Eleusis, heilige Fische in den Ῥειτοί 21[5] 487[1]; Speisegesetz: Verbot des Granatapfels 70[2] 331[3]; Begründung: Lebenssinnbild u. chthonisch 336—339 342; Apfelverbot 331[3] 352[2]; Geflügelverbot 15[4] 331[3] 352[2] 406[0]; Eierverbot 15[4] 331[3] 352[2]; Bohnenverbot 15[4] 78[1] 332[1] 352[2]; Fleischverbot 15[4]; Fischverbot 15[4] 331—342 352[2]; Reinigungsgesetze 15[4]; Mysterienruf 334[4]; Hekate u. E. 334[4] 367[6] 373[5]; Ziegenopfer an Hekate, Hermes und Chariten 367[6]; Schweineopfer 370[4]; vgl. Melanthios
Ἐλευσίς 318[1]
Eleutheropolis 530
ἐλεύθερος Χριστοῦ 471[4]
elephantiasis 167[2]
Elephantine 137[1,2] 138f 140 141 142 189
El Gamhud 123ff
El-Ḥâkim 115[2]
Elias 532[1]
Elis 13[5] 162[2]
Elisa, der Hebräer 245[0]
ἔλλοπος 25[1]
Ellopsfisch, und der „hl. Fisch" bei Homer 412[2]
ἔλλοψ 342[0]
ἐλλός 342[0]
Ἐλωέ 511[0]
Ἦλος (= Κρόνος) 267[1] 277[2]
ἐλπίς 529[2]
ἐλπίζειν 529[2]
Elysium 337[4]
Emerita (Lusitaniae) 285[6]
ἡμέρωσις 231[1]
Emesa 474, 476[4] 482[3]
ἡμιδαίμων 232[2]
ἐμμανής 373[3]
ἐμπαθής 560[0]

εὐσεβής 367[8]
Eusebius 167[2] 189[2] 192[1] 205[6] 230[1] 232[1]
 258[4] 267[1] 268[8] 277[2] 280[5] 281[1] 356
 357[1] 374[1] 417[3] 456[1 2 3] 460[1 2] 464[1]
 471[1] 476[2] 479[3] 488[7] 491[0] 505[4] 512[2 3]
 520[3] 522[1] 528[3] 535[3] 554[2] 572[4]
Eustathios 10[1] 319[1] 321[3] 354[11] 372[6]
 559[4]
Εὐθύδημος 250[5]
Euting Julius 271[1 2] 276[3]
Euting (Sammlung) 273[8]
Evagrius, Mönch 96[6]
evangelica traditio 369[0]
Evangelien 259[2]
Evodius 567[4]
Ewigkeit, Sinnbild der E. die Dioskuren
 433[4]
ἔξ, θυσίαι 19[1]
ἐξάδειν 438[4]
Excerpta Vaticana 178[3]
exequiae 302[6] 567[4]
ἐξιλάσκεσθαι 162[3]
ἔξω, οἱ 479
exocoetus 249[1]
ἐξώκοιτος (= Adonisfisch) 248[1 2] 249[3]
ἐξορκίζειν 283
Exorzismus s. Beschwörung, Dämon,
 Dämonenaustreibung *ἐξορκίζειν*
ἔξωθεν, οἱ 479
ἐξουσίαι 467[4]
expiare 299[3]
exta 307[1] 352[4]
Ex-voto-, Figürchen, von Thysdrus
 275[1]; -Terrakotten von Lokroi Epiz.
 430
Eznik von Kolb 259[4]—262

Fabianus, Bischof 520[3] 528[3]
Fabretti R. 387[1 2]
Fackel, im Heroenkult 14[2]; im Totenkult 386; der Anaïtis 430[1] 438[5]; um-
 gestürzte und emporgehaltene 434[3 4];
 vgl. Lampe, Licht usf.
Fächer, über dem Haupte babyl. Gottheiten 217[4]; Diener mit F. 218[1 3]
 219[2 3] 222[1]
Fächerkrone, hohe F. Abzeichen des
 Onuris 105 106[5]
faeles 116[1]
Falbe C. 274[3]
falcifer (Saturnus) 280[3] 283[2]
de Falguera, Antoni 390[2]
Falke, der verwandelte Apollo 41[1] 107
 108[1]; als Zeichen der Ägypter für
 Gott 58[1]; Liebesverkehr mit Turteltaube 81 82[1 2]; Kennzeichen des
 ägypt. Sonnengottes = Apollo 108;
 Falkenkopf d. Horus 108[3]; F.=Vogel
 des Horus 114[1] 129; F.-Blut als Zaubertinte 113[4]; von allen oder einigen

Ägyptern verehrt 116 117[1] 145[2];
 Name für Helios 352[1 2]; vgl. *ἱέραξ*
Faller Otto XII
Fallsucht, vgl. Epilepsie, Krankheit,
 „heilige"
falx (Saturni) 280[3] 287[1]
Familie, Frömmigkeit der antiken 14[4];
 F.-grab 556[1]
far 36[2]
Farazdak, arab. Dichter 111[6]
Farben, Platten zum Zerreiben d. F.
 158[5]; Färbungskunst in Phönizien
 285; F.-tafel der Planeten 287; F.-
 empfindung: rot u. schwarz 354—357
Farbensymbolik 13[2]; vgl. Schwarz,
 Weiß, Rot, Purpur, Violett, Blau
 (Braun vgl. Borinski), *ξανθότερος*;
 bläulich vgl. Saturn
Fasten, antik heidnisches 55[3] 289[2]; F.-
 begriff des Neuplatonismus 374[1];
 montanistische Xerophagien 56[0];
 -predigt christl. 73[4 5]; kleine Fische
 nach dem F. 170[4]; F. vor Teufelsbe-
 schwörung 364[0]; das „F." der Meeräsche 375; und Eucharistie 511[1];
 christliche u. jüdische Fasttage 536[2];
 vgl. Speiseverbot, *ἁγνεία, ἁγνεύειν,*
 Fleischenthaltung, *ieiunium, νηστεία,*
 νηστεύειν
Fatum, Dialog über d. F. 189[2]
Fatum, volucre 282[1]
Faunus, Halbgott 298[5] 299[2]
Faustina, Gemahlin Mark Aurels 454[2]
 474[2]
Favorinus 296
favus 11[1]
fax 386[1]
Fayum-See 144
Feathermann A. 229[0]
febris 365[2]
Fehrle E. 55[3]
Feiertagsarbeit, Sühne für 22[4]
Feigen, als Erstlinge 78[2]; F.-Hand und
 Fischphallos 444[2]; vgl. *ficus*
Feindschaftszauber, Saturn im F. 282[8]f;
 Osiris im F. 101[1]f; Bindezauber gegen
 Feinde 311f
Feldfrüchte, als Opfergabe 270
Felicio 503[1]
felis 122[3]; vgl. *faeles*
Felite 520[1]
Fenestella 357[4]
ferales dies (feralia) 311[1 2]; *feralis cena*
 386[1]
Feralien, röm. Totenfest 311ff
feriae 306[3]; *f. per novem dies* 312[2];
 Feriae Quadragesimae 356[0]
Feriana 294[2]
fermentum 534[2] 535[3]
Fest, der Bratfische 52[6] 54[1]; Castustag
 56[0]; = *sacrum* 96

festivitas 536¹
Festus 2⁴ 11⁴ 14⁹f 20⁵ 36² 68⁰ 280² 281³
302² 304⁵ 305⁷ ⁸ 306¹ ⁴ 309 367⁸ 368⁶
386² 539³
Festus, Aurelius 550³
Feuer, nach Anaximander 201¹; vor
Saturnusbüste 280⁴ ⁵ 281¹; Feuer-
sühne im Volkanusopfer 306³f; asia-
tisches Reinigungsmittel 379²
Feuergott, phönizischer Herakles =
Sardok, Feuergott 379²
Feuersäule, als Führerin 484⁵ ⁶ ⁷
Fichot C. 279⁴
Ficker G. 458f 474f 480f 515⁴ 573³
ficus, passa 36²
fidelis 94⁸ 495⁵ 504 514⁰ 517¹ 521ff
524⁴ 534¹ 570⁴
Fides 483⁸ 484¹
fides 477¹ 484⁸ 520 523¹ 570⁴; cf. *my-
sterium, sacramentum*
Fieberdämonin 236³ ⁴
Fiebig P. 524¹
figmentum 303⁸
Figulla H. H. 200⁸
Filius 489¹; *filius ἰχϑύος* 508¹; *Isidis*
248⁰
Finger Gottes, Beschwörung beim F. G.
283
Finsler G. 411¹ ²
Firmicus Maternus 237⁴ 252³ 256⁵ ⁶
257¹⁻⁴ 282⁶ 298³ 369⁰ 371⁴ 398⁸ 432⁵
547 570³
Fisch, Abführmittel 47⁵ 70² 315⁴; mit
Schlange verwechselt? 310¹⁻⁴
Fischadler 149⁰
Fischamulette, ägyptische 110f 119¹⁻⁴
120¹ ² 121⁵ 158f 204 205¹ ² ³ 269⁶
546²; syrische 204—211; phönizische?
265⁶ 266⁰
Fischbäckercien 452¹
Fisch, in der Bibel, von Moses verboten
26f 35; in der Parabel v. Netz 28;
in der Fischvermehrung 28²; der Sta-
ter-Fisch 29³ff 55; der Tobias-Fisch
33³f; der am Tiberias gebratene F.
35² 54³; Bericht der Genesis 73² ³
Fischblindheit 174¹ ²
Fischbrot 63⁴ 64¹ 176³ 233¹
Fischbrühe, vom Thunfisch 94⁸ 95⁸;
Beschreibung des Plinius 95⁴ ⁵ ⁶f;
Zeichen besserer Mahlzeit 97¹; der
Juden 95f 539²; vgl. γάρον, *garon,
liquamen*
Fischbuch, mittelgriechisches 327² 381;
vgl. Dorion, Oppian
Fisch-Darstellungen X¹ 30⁰ 44⁵ 47⁴ 62f;
Bild des F. = Haß 58² 62; = Un-
wetter 62¹; = Grabstätte 62¹; = Bö-
ses, Verabscheuungswürdiges 62²;
= Ekel, Unheil 62³; = Leichnam,
Mumie 62⁴ 124¹; im Grab der Sak-

kara-Pyramiden 83⁵; in Mastaba Ti
zu Sakkara 83⁶ 100⁸; Bild d. Krampfrochen = Mann, der viele Menschen
auf dem Meere rettet 86²; Lepidotos
104ᴺff; Kalksteinstele im Pelizaeusmuseum Hildesheim 108³; andere
ebenda 108⁴ 109⁰; im Grabe des
Meten bei Abusir; in Hieroglyphen
überhaupt 125²; auf altägyptischen
Bildern und zoologische Bestinmung
125³; auf Gewand der Lebensgöttin
180¹f; auf ägypt. Opfertuch 180³; in
Syrien 204f; in Südrußland 206—210;
auf assyr.-babylon. Denkm. 215—229;
in Phönizien 262f; in Kleinasien
267f; in Ägypten 269³⁻⁷; der Karthager 271—277 280; auf punisch-
röm. Altartischen 291—297; Fische
als Totenspende auf heidnischen
Grabdenkm. und Lampen 387—410:
auf den Täfelchen d. „Thrak. Reiter"
410—447; auf jüdischen Goldgläsern
540ff; vgl. Aal, Latos, Lepidotos,
Phagros, Oxyrhynchos, Sabutta, Silurus, Synodontis, Zitterwels, Phallos,
Fischamulett, Fischform
Fische, Braten der F. 381; vgl. ὄψον,
ἀποπυρίς und die Johanneszitate
Fische, Dummheit d. F. 25¹ 314⁰
Fisch-Enthaltung s. Fisch-Verbot; des
Kynokephalos 63⁴ 64¹; der Christen
73⁴ ⁵
Fisch, Entstehung eigenartige 57²; F.-
Entstehung und Menschenabstam-
mung 201¹ ² ³ 202 340f
Fischestechen, Sport 126¹
Fischfang, antike Darstellung 83⁵ 159⁶;
und tabu 132¹ ³ 133¹; zur Nachtzeit
324f; bei Homer 410ff; im Sprich-
wort, christlich gedeutet 448; Sinn-
bild für Empfängnis 487²⁻⁴
Fisch-Feste, F. der Bratfische 52⁶
Fischfett, Beleuchtungsmaterial 124¹
Fischform, von Platten und Schalen
158⁵; von Amuletten vgl. Amulett,
Fischamulett; von Weihrauchfässern
210²; von Lampen 211; von Siegeln
269⁷
Fischfraß, im Fluch 175⁴ 176¹; „den
Fischen zum Fraße werden" 176²⁻⁶
Fisch, Frevlerfisch 70² 134¹
Fischfruchtbarkeit 229² ³ ⁴; besonders
Mainis 322f 335³ 376; Trigle 335¹ ⁴
376; Meeräsche 376⁵⁻⁷; vgl. Fisch,
Sinnbild der Fruchtbarkeit
Fischgenius 238f
Fischgenuß und Aussatz 161—175; und
Denkfähigkeit 51³ 99²; u. geschlechtl.
Vorgänge 48¹ 70² 99² 346⁴; vgl.
Trigle, Melanuros, Liebeszauber; und
Gesundheit vgl. Fischg. u. Aussatz;

fratercula, cat-fish, χαλκίς, *Chasm el Benât,* χελαρίη, χελώνη, χοῖρος ποτάμιος, *Chondrostoma nasus,* χρύσοφρυς, *Clarias anguillaris, Clarias lazera, Clitorius, clupea, conger, coracinus,* 'd-Fisch, Delphin, Dickbauch, ἔγχελυς, ἐλεδώνη, ἐλέωτρις, ἔλλοπος *(ἔλλοψ,* ἐλλός, Ellopsfisch), Engelhai, Entenfisch, ἔψητός, ἐρυθρῖνος (Erythrinos), Esel-Fisch, ἐξώκοιτος *(exocoetus),* γαλῆ, γαλεός (Galeos), *gašar,* Gauor, γελαρίη, γενειῆτις *(τρίγλη), girgil, gišpi,* Glanis, γλαῦκος, Glinos, γόγγρος, Goldbrasse, Grabfisch, *Gymnotus electricus,* 'ḥ' (Latosfisch), ḥ³ (Oxyrhynchosfisch), Hai, Hecht (Hornhecht), Heilbutte, Heiligfisch, Hepatos (Lebias), Hering, ὕκκης (Hykes), *ibd* (Abdu), Ibrahim, *jn.t (int,* Antfisch), ἴουλος (Julfisch), Kabeljau, καλλίχθυς, καλλιώννυμος, *kalup,* καμασήν, Kammmuschel, κάραβος, Karpfen, *kašur,* Katzenfisch, κέφαλος, *kescher(i),* κεστρεύς, κῆτος, κίχλη, κίχλη περκάς, *kin, kirsin,* κιθαρός (Kitharosfisch), Kittosfisch, *kizi,* κωβιός, κωπηλάτης, κώραβος, κορακῖνος, κόσσυφος, Krampfrochen, κτείς, *kubar-kubar, kud,* κυπρῖνος, λάβραξ, λαγωὸς θαλάττιος, λάτος (Latosfisch), *Lates niloticus,* Laxierfisch, λειοβάτος, λεπιδωτός (Lepidotos), *lepus marinus,* λευκομαινίς, *lolligo, lupus,* λύχνος, Maifisch, μαινίς, μαίνη, μαινομένη, Mainiden *(maena),* μαιώτης, Makrele, Malgi, *malopterurus electricus,* Meeraal, Meeräsche, Meerbarbe, Meerbrasse, Meerbutte, Meerdrossel, Meerengel, Meergrundel, Meerkrebs, Meerphallos, Meerqualle, Meersardelle, Meerungeheuer, Meerwolf, Meḥit, μελάνουρος *(μελανοῦρι, melanurus),* μῆρυς *(μῆρυξ), mīnā,* μόρμυρος *(Mormyrus-kannume [caschive]),* μουδιάστρα, μπαρβοῦρι, *mugil, mullus (μύλλος),* Muräne *(murena,* μύραινα), *muš,* νάρκη, *naru (n'r), Naucrates ductor L.,* ναυτίλος *(nautilos),* νῆστις, *nigi,* Nilbarsch, Nilflösselhecht, Nilkarpfen, Nilschebut, Nilschildkröte, Nilsilurus, *N r, nutar, oblada melanura,* ὄνος, ὀνίσκος, ὄρφος, ὀξύρυγχος (Oxyrhynchos), *Πᾶν,* Papageifisch, πάρδαλις, πηλαμύς, *perca latus,* πέρκη, Pfaufisch, φάγρος *(phager pagrus),* Phalaris, Phallosfisch, φυκίς (Phykis), φύσα, πολύπους (Polyp), πομπίλος (Pompilosfisch), *porculus marinus,* πορφυρίων (Posthörnchen), *raâda,* Raâsch, Rabenfisch, *raia torpedo,* ῥαφίς, rd³ -Fisch, *Rhina squatina (*ῥίνη), ῥόμβος, *Šakan, Sallūr, samak nahri, saperda (*σαπέρδη, σαπέρδιον), *sar, sarda* (Sardelle), *sardina,* σαργός, *sca-*

rus, Schabbuṭa (Šabutta, Schebbut), Scharmut, Schicksalsfisch, Schildfisch, Schlammpeitzger, Schönfisch, Schuppenfisch (λεπιδωτός), Schwarzbauchfisch, Schwarzschwanz, Seeaal, Seebarbe, See-Esel, Seehase [Seehund, Seekalb], Seeochs, Seepapagei, Seewiesel, Sellure, σηπία *(sepia),* Serranus-Anthias, *shad-fish, sidon,* σίλουρος *(silurus, silura,* Silurus), σιμός, *sir,* σκάρος, σκορπίος, σμύραινα, *špt* (Schebbut), *squadro, squatus (squatina),* Stachelrochen, Steinbock, Steinbutte, Stör, *su, suḥur,* Sultan-Ibrahîm-Fisch, συνοδοντίς *(Synodontis Batensoda* Rüppel [Schall]), ταώς, τάριχος, *t' edeb, Testudo triunguis (Trionyx aegyptiacus),* Tetrodon Fahaka, τευθίς, θρίσσα, θύννος *(thynnus,* Thunfisch), *Tilapia nilotica* Linné, *tinca,* Tintenfisch, Torpedofisch *(torpedo: nigra, ocellata, raia),* τριχία, Trigle *(τρίγλη, τρίγλα, τριγλίς, trigle, tigle, triglia.* Meerbarbe), τρυγών *(τρυγώνι), turbot,* τύφλη, *urbar-ra, urtica,* Walfisch, Wels, wḥ' (= Synodontis), Ziegenfisch, Zitterfisch, Zitterrochen, Zitterwels

Fisch nichtsnutzig 63ff; Begründung des Volksglaubens 91[8]

Fischopfer, als Sühnopfer 17—24 81[1.6] 95[1] 187[2]f 291 297—311 447; nur ausnahmsweise an Lichtgottheiten 19[3] 20[4 5] 21[6] 136[2] 267[3] 447; chthonisches Opfer 17—24, 214[6] 488[3]; vgl. die folg. chthonischen Gottheiten; in Ägypten verboten 62 99 269; ebenso bei Sabiern 81[2] 99; an Lebens- und Wassergottheiten: Syrisches Atargatisopfer 175—192 213 255 446 489[3] 546; babylonisch-assyrische 211—229 447; syrisch-babylonisches Hadadopfer 241—244 255; symbolisch für Menschenopfer 244[2] 307[2]; im Adoniskult 251[2 3 4]; an der syrophönizischen Küste im Tanitkult 267—269; in Kleinasien 267[4 5]f 446f; der Karthager 270—297 (447); an Tanit und Baal-Hammon 270—277; an den punischen Saturn 277—291 447; vom Menschenopfer zum Fischopfer 290f 298[5]f; auf punisch-römischen Altartischen 291—297; als Sühn- u. Totenopfer in der Summanus-Blitzsühne 297—305 447; als stellvertretendes Lebens- und als Totenopfer in der Feuersühne des Volkanus 306—311 447; F. und Sprachgeschichte 309[4 5]; Sardellenopfer am röm. Totenfest an Dea Tacita 311—316; vgl. 22 Larunda; Sardellen- u. Barbenopfer an Hekate 316—330; vgl. Hekate; an

und Hahn s. Hahn; und Krug (Weinkrug) auf heidnischen Denkmälern
388 391¹ 392¹ ² ³ 393⁴f 396⁴f 409¹⁻⁴
423ff; auf jüdischem Goldglas 540;
und Löwe, Thrakische Reitertafeln
423f; und Taube 161² ⁵ 162¹ ² 181¹
187² 195¹ 275¹ ² 294⁴; und Wein 491³
541¹ 542²; und Weissagung 25f
Fischverbot, der Pythagoreer vgl. Pythagoreer; beim Preisopfer 17—24
188; der Juden 25ff 35³ 46¹ ³ ⁴ 48f
78⁶ 94⁷ 95³ ⁵ 96⁵ f 350¹ 358³; der Römer 25ff 36¹; der ägypt. Priester 49ff
52ff 81⁵ ⁶ 139²; der Ägypter 17² 22
35 39f 49²ff 63ff 99¹ 124¹ 339 344³ ⁴f;
vgl. Fische, heilige; der Zigeuner-
hexen 51¹! der Isismysterien 52¹f;
der Afrikastämme 61³; nach Hora-
pollon 63ff 139²; und Zitterfisch 74ff;
Zweck, Beweglichkeit und Klarheit
des Geistes 51³ 74; der Sabier 74²
81²f 99ff; der Neuplatoniker 17² 81⁴;
der Essener 93⁴ 97; der Syrer 161—
175 184f 191 193¹ ² 194¹ ² 195¹ ² 214f
220 339 342 446; der Poseidonspriester
200 201¹ 332² ³; des Anaximander
201¹ ² 340—342; der Eleusin. Mysterien 15⁴ 331—342 352²; des Empedokles 343¹ ²; gegen die „hl. Krankheit" 359—377; Verbot des Pompilos-
fisches 413
Fischvergiftung 172³; und Blindheit
173; vgl. Fischgenuß tödlich
Fischverkauf 67⁴ 185² 541⁴ 543¹
Fischversteinerungen IX¹ ² ³
Fischverwandlung, der Götter 41¹ 107
108¹ 122³ ⁵ 124¹ 190 191¹ 193³ 194⁰;
der Menschen 234¹ 238¹ 413; vgl.
Liebesgenuß
Fischwappen 265⁵
Fisch, das Wort „F." assyrisch 228¹;
hebräisch 228²; phönizisch 264⁴f 267;
im nord- und westsemitischen Alpha-
bet 265; arabisch 265⁴; ägypt. 131²;
indisch 309⁵; vgl. ὄψον, ὀψάριον, ψάρι
Fischzahl, auf Denkmälern 389; vgl.
Dreizahl, Vierzahl
Fisch, im Zauber vgl. Zauber
Fisch, Ziegenfisch s. Steinbock
Fischer, Poseidonsopfer der F. 20⁴;
-Sagen 21¹; -Lied 32⁴f; und Krampf-
rochen im Lied 89³ ⁶ 90¹; auf Tello-
Relief 222²; -Spiele 306⁴; Berenike-
opfer, λεῦκος-Fisch 324³; Beuteopfer
an die Nachtgöttin 353⁶; bekränzt
412²; -Sprichwort 448; verachtet 486⁴;
vgl. ἁλιεύς
Flamen dialis, Juppiterpriester 303³ 365f
Flaviainschrift 485¹ 569³
Flavius Josephus 48² 218⁵ 385⁵
Flechten, durch Maena-Asche geheilt
315¹

Fleisch, Herakles Fleischspender 21⁷;
i. Gegensatz z. Geist 27⁸f; unge-
kochtes F. kultisch unrein 366⁴; F.,
Wein und Fische 541¹
Fleischenthaltung, i. griechisch. Götteropfer 15⁴; im Zauberritual 50¹ ²f;
der ägypt. Priester 51³ 55³ 57⁴ 74¹ ²;
vor der Mysterienweihe 52¹ 96³ ⁴;
= *inanima castimonia* 96³⁴; der Marcioniten 259⁴—261; und Seelenwan-
derungslehre 342f; des Empedokles
343¹ ²; in „hl. Krankheit" 362⁵—371;
in Eleusis 15⁴; vgl. Geflügel; vgl. die
einzelnen Tiernamen
Fleischer 156⁴
Flinders Petrie 118⁶
Floerke H. 182⁵
Flöte, F.-klang u. Fische 177²; F.-spiel
beim Opfer 243²; F.-spieler apotropäisch 405; F.-spiel zu Ehren der
Fischer? 412²; vgl. αὐλός
Flora 133²
Floralia 444²
Flora = Roma 470⁵
Fluch, Verfluchungstafel 101¹ 236⁶
330²⁻³; Selbstverfluchung 163; F. der
Götter 163¹; Fluchformel f. Blindheit
174¹ ²; Fluch gegen Fischfrevel 175⁴
176¹; F.-zauber 282⁸f; vgl. Ver-
wünschung
Flügel, an Männerfiguren 225² ³; an an-
deren Wesen 225² ³ ⁴; der Astarte
272²; vgl. Sonne, *alati, ala*
Flügelstier, auf südrussischen Funden
206
flumen (symbol.) 489¹
Flurgott, Ea 187¹
Fluß, Reinigungen im Fl. 24
Flußgott, Fischopfer 267⁴f
Flußpferd, ägypt. Zeichen für Unver-
schämtheit 58²
focus 197¹
Förster R. 570²
Fonck L. 510³
fons 489¹; *mysticus* 517¹
Forcellini 298³ 402² ³
Forrer R. 74⁰
Forskal P. 85⁴ 86¹
Fossey Ch. 189⁴
Franchi De'Cavalieri, Pio 534²
frangere panem 513⁴
Frank K. 219¹ 232² 234² 235¹ 236¹ ² ⁴ ⁷ ⁸
237¹ ² ⁴ ⁵
Franses D. 451¹
Franz A. 336⁰ 363² 364⁰ ⁴ 371²
frater karissime! 504⁴
Frauenfeste, Achillesklage in Elis 13⁵;
zweiter Teil der Haloen 331² ³
Frauenhaus, babylon. 214¹
Frauenkrankheiten, durch Granatapfel
geheilt 337¹
Freistedt E. 251³

Gedächtnissäulen, für gewährte Hilfe 182[2]

Geferinus s. 535[0]

Geffcken J. 148[2] 162[0]

Geflügel, erlaubt trotz Fleischenthaltung 57[4]; -Enthaltung bei Chrysostomus 73[4] [5]; Hausgeflügel Sinnbild der Geilheit 74[0]; -Enthaltung der Sabier 76[2]; 81[7]; -der Götter 102[1]; Hausgeflügel verboten in. Eleusis 15[4] 331[3]f 352[2]; vgl. Taube, Vogel usw.

Geier, von Ägyptern verehrt 82[2] 145[2];. G.-kopf auf Beschwörungsrelief 235;

Geist, und Wasser 253 ; hl. G. 475[3]; vgl πνεῦμα

Geister-Beschwörung 101[1]f

Geisterglaube, die Geister seiner Majestät 61[1]; Krankheitsgeist. 62[5]; unreiner Quellgeist 245[0]; Nachtgespenster und Lampe 404f; *Nocturnae* 503[1]; vgl. Heroen, Dämonen, Totengeist, Krankheitserreger, Brunnengeist, Antaia, Laren, Brosamen, πνεῦμα

Geisteskrankheit, in Hekatemysterien geheilt 373[4]

γελᾶν (kultisch) 281[?]

γελαρίη = ὄνος-Fisch 250[5]

Gelasianisches Sakramentar 567[4]

Gellius 116[2] 300[5] 303[8] 304[8] 345[5] 351[2] 366[4]

Gelübde, G.-Mahl 35; G. der Ägypter für ihre Kinder 64[3]; und Votivsteine 276; Treugelöbnis b. Eucharistieempfang 512[2]; vgl. *votum*, Votivopfer

Gemeinde, Kult-G. der Atargatis 182[4]; vgl. Kultverein

Gemüse, vom Segen ausgeschlossen 78[2]

γενειῆτις (τρίγλη) 353[6]

generatio 465[2]

Genesareth, See 192[1] 324[5]

γένεσις 200 244[1] 332[5] 341[3]

Genesis, Bericht über Erschaffung der Fische 73[2] [3]

Genita Mana, Göttin, Hundeopfer 368[3]

genitalia 429[2] 444[2]

genius, infernalis 124[1]

γεννᾶν 373[3] 487[4] 498[7]

γένος, θεῖον 508[1]

S. Genovefae, Abbatia 356[0]

gentiles 503[3]

Geoffroy 85[2]

Gerechtigkeit, und unreine Tiere 42[2]; symbolisch = Euphrat 477[6]

Gerhard E. 180[4] 263[5] 421[1]

S. Germani in Campis, Abbatia 356[0]

Germanicus Aratea 195[1]

Germanus 253[1]

Geröstetes, Opfergabe 213[1]

Gerontius, Priester 527 530

Gesang, b. Atargatiskult 243[2]

Geschlechtslust, und Fische vgl. Fischgenuß; u. Schweinefleisch 368[6] 369[0]

Geschlechtssymbole, bei Eleusinischen Haloen 331[2]; vgl. Phallos, Vulva

Geschlechtsverkehr, kultische Enthaltung vom 77[1]; bei Pythagoreern 15[4] im Zauberritual 50[1] [2] 51[1]; in der griech. ἁγνεία 55[3] 366[3]; bei ägyptischen Priestern 77[1]; in Attika 79[8]; in „hl. Krankheit" 369[2] [3]; Gottheit der geschl. Verbindung 418 ; vgl. αἰδοῖον, κενοποιόν etc.

Geschwüre, geheilt durch Maena 315[5] [7]

Gesenius W. 274[3]

Gespensterglaube s. Geisterglaube, λάμια

Geten, thrakischer Volksstamm 435[1]

γενέσθαι 23[4] 69[1] 493[1] 518[3]

Geveze (Phrygien) 439[3]

Gewalttätigkeit des Stärkeren 72[1] [2] [3] [4] 73[1] [2] [3] [4]

Gezer 205[4] [5] [6]

Giftbereitung, aus Seehasen 327[3] 333[2]; Gegenmittel 570[4]f; vgl. *medicamen, medicamentum,* φάρμακον

Gigantes 196[2]

γίγας, ὁ 560[0]

girgil-Fisch 213[2]

Giscon (punisch) 275[3]

gišpi-Fisch 213[2]

Giustiniani, Villa 397[1]

Gizeh 75[5] 114[3] 118[4] 151

Gladiatorenspiele, zu Ehren Saturns 285[0]

gladiatorum exequiae 302[6]

glandium 539[1]

Glanis, Fisch, im Strymon 153[3]

Glaube, Netz des G. 27[3]f; in der Aberkiosinschrift 481—486 502; in antiken Kulten? 482[5]; G., Hoffnung, Liebe 484[2]; als Sieger u. Licht 486[3]; G.-sbekenntnis bei d. Taufe 504

γλαῦκος (Fisch) 46[3]

Glieder, geheilte 165[2]

Glinos (Fisch) 250[2]

Glocke, babylonische 239[3]f; G.-klang bei Dämonenabwehr 240; im Tempelkult der Isis 240[2]; vgl. κώδων

Glücksanhänger, Oxyrhynchosfisch 119[1]; vgl. Amulett, Fischamulett

Glückskind = Heliodoros 172; vgl. Ἡλιόπαις

Glückszeichen, der Fisch vorderasiatisches G. 197; die Sonne ein Gl. 198[1] 223[5]; die Raute s. diese; der Ištarstern; der Venusstern; Widderkopf; Blitzbündel des Adad; Mondsichel; sieben Ringe; Hand, Adler, Ziegenbock; vgl. Fischamulett, Fisch, Sinnbild des Glücks

γνῶσις, ἡ 559[4]

Gnostiker, u. Sassanidengespräch 256f;; gnostische Gemmen 256; und Πίστις 483[4]; Eucharistie mit Wasser 495[2];

Grabfisch, verboten b. Juden 251¹
Grabgerechtigkeit, gekürzte 398⁸
Grabinschriften, mit Akrostichis 509⁵
Grablampe, mit Fisch und Hahn 404¹—408
Grabschänder, Fluch über d. G. 419¹
Grabschutz, christliche G.-Formeln 462³
Grabsteinfertiger, röm. 4⁴
Grabtäfelchen, orphische 508¹
Grabtische, in Nordafrika 292—297 401⁴; vgl. Mensagrab
Grab-Trostspruch 398⁸
Graf 509⁵
Graffin R. 256³
Graillot H. 279 280¹
γράμματα, πιστά 457f 470 ff; 'Ρώμης ('Ρωμαϊκα) 470 ff; vgl. ἱερὰ γ., γραφαί
Granatapfel, Verbot in Eleusis 70² 331³ 352² 336—339; Lebenssinnbild und chthonischer Charakter 336—339 342; und Herabild 336²; in Kybele-Attis-mysterien 17¹ 336⁵; als Erstlinge 78²; auf punischen Denkm. 274²? 275¹ 280⁴; heilt Frauenkrankheiten 337¹; und Persephone 337³ ⁴; Granatbaum aus Menschenblut 337⁵; G. aus Dionysosblut 337⁸; und spartanische Heroen 337⁶ 407¹; vom Tempel der Despoine ausgeschlossen 337⁷; auf d. Gegenstück z. Ludovisischen Thron-lehne 338f
Grandidier 297¹
γραφαί, αἱ ἱεραί 472⁵
Grapow 329⁸
gratia 451¹ 520f
Green 151⁵
Gregor von Cypern 450²
Gregor der Große 532³ 563⁰
Gregor von Nazianz 166 167¹ 168¹ ³ 479² 501³ 528¹ 529² 530
Gregor von Nyssa 501² 568¹
Gregorios Thaumaturgos 568¹
Greif, auf südrussischen Funden 206
Greis, am Athenetempel zu Sais 58²
Greßmann H. 241² 504²
Grimme H. 189⁰f
Groag 400¹
Grünbaum S. M. 541³
Grünebaum Schᵉmuel 540
Grützmacher G. 558³
Gruppe O. 22¹ 179⁵ 325³ 337⁵ ⁰ 370⁶
Gruter J. 395³ 534¹
Gsell St. 279 280¹ 297¹
Gudea 226³
Güntert H. 360³
Günther A. C. L. G. 229⁴ 265³ 376³
Guerrier 559⁴
Guidi 275¹
Guimet, Museum 215⁴
Guntha 295⁴
Gurken, vom Segen ausgeschlossen 78²
gustare 514²; vgl. γεύεσθαι

von Gutschmid A. 138⁵
Gymnosophisten, und Pythagoras 77⁷
Gymnotus electricus 82⁸
γύψ 145² 148⁷ 149⁰

'Ḥ'= Latosfisch 160
ḫ̣ = Oxyrhynchosfisch
ḫa = peš, assyr.: sich mehren 228¹
ḫa, assyr. = Fisch 228¹
Haag, Museum 227²
Haar, kultische Haarschur 64³; H.-opfer in der Blitzsühne 299ff; H.-abschnei-den, stellvertretendes Lebensopfer 301²⁻⁵; Haaropfer als Bittopfer 301⁰; H.-tracht 558; vgl. calvus
Habicht, Speiseverbot 43 44¹; in Parallele mit dem gewalttätigen Fisch 72²; und Taube 187³
Hadad, H.-Atargatis 181 182¹ ² ³ ⁵ 203⁷ 199³ 243²f 247; Fischopfer 217⁸ 241⁵—244 297; chthonischer Kult 241 243²f; Menschenopfer 244²; Donner- und Blitzgott 241 243f; Sonnengott 199⁸ 255⁵; Kriegsgott 243; Symbol: Blitzbündel 216 217⁸ 224³ ⁴ 235¹; einseitige Axt 216 217⁸ 227³; als syr. König 245⁰; H.-Edelsteine 254⁵
Hadadrimmon 243¹
Hades, der finstere 13; Assyrische H.-vorstellungen 235²; Türen des H. u. Bohnen 350³; Odysseus' Abstieg X¹; vgl. Unterwelt, Totenreich.
Hades, Gott, und Persephone 337³
Ἅιδης 328² 385⁶ 478⁸
Hadran von Mabug 245⁰
Hadrian 107⁶ 142⁵ 321⁸ 366³ 440² ⁵ 482⁶
Händewaschung s. Hand
Hagenbuch 397²
Hahn, auf der Säule 30⁰; als Kampf-tier 73⁵ 74⁰; als Asklepiosopfer 307³⁻⁵; Lebenssinnbild 307 406; Pythagoras-hahn 322²; H. der Persephone 352² 406⁵ 430f; Fleisch in „hl. Krankheit" verboten 362⁵f 371; Opfertier der Unterweltsgötter 371 406²⁻⁷ 430f; Totenopfer 404—408; und Fisch 404—408 423—430; H.-schrei gegen Nacht-geister 405¹; in Eleusinischen Weihen verboten 331⁸ 352² 406⁰; als Seelen-vogel 407⁴; H. und Löwe 412; auf Darst. d. „Thrak. Reiter" 423²f 426¹¹ 428¹ 430f; auf d. Terrakotten von Lokroi 430f; vgl. ἀλεκτρυών, ἀλέκτωρ, ἀλεκτορίς, gallus
Haifisch, Geburt des H. 201¹ 340f; H. in Eleusis verboten 331³ 332⁵; Begrün-dung 332⁵f 342; nach Anaximander 340 ff; vgl. γαλεός
Haimosgebirge 432²
Hain, des Zeus u. d. Artemis 165¹; von Mabug 245⁰; vgl. Totenhain, Hennense

Hakenkreuz, indogermanisches 180¹f; Lebenssinnbild 180

Halapić bei Glamoč 421⁴

Halbgötter, babylonische 232² 234

Halikarnaß 178³ 366 367¹

Halloix 458⁶

Haloenfest, Gebräuche 331¹ ²; Speisegesetz mit Fischverbot 331³

Halsband, ägypt.: Menat 105

Halskettchen, für Fische 177⁴f

Halys 267⁴

Hammel, schwarze Hämmel als Blitzsühnopfer 304⁴

Hammer, in der etruskischen Eschatologie 302⁶

Hampel J. 389⁴ 390¹ 420⁴ 421¹ ⁵ 425⁴ 426² ³ ⁴ ⁶ ⁸⁻¹⁰ 427²⁻³ 428¹ ³ ⁴

Hanan, Rabbi 202² ³

Han Compagnie-Vitez 422¹ 426¹¹ 433⁸ 440⁴

Hand, erhobene, auf Opferbild 215¹ ⁴; beide H. erhoben zur Anbetung 223¹ 235f; rechte H. zur Anbetung erhoben 224⁴ 227⁴; rechte H. z. Lebensbaum erhoben 227³; H. als Glückszeichen 224⁷; erhobene H. als Abwehrgestus 235ff 238⁴ ⁵ ⁶; H. mit Fisch auf punischen Denkm. 272² 273¹ 274²; H. m. Fischen an Araberläden 272²; H. mit Taube 272²; Sinnbild d. göttl. Macht u. des himml. Schutzes 276³; bronzene Sabazios-Hände 276³ 435⁴; „reine Hände" 366³; Verschränkung d. Hände = Bindezauber 371³; Händehaltung bei der Kommunion 513ff; Händewaschung vor d. Kommunion 514; vgl. χείρ, iunctis manibus, inquinatis manibus

Handcock P. S. P. 222¹

Handel, und Kultverbreitung 204⁵

Harfenspieler, bei Mahlszenen 222¹

Harnack A. 148³ 252⁴ 255² 261³ ⁴ 262⁰ 442³ 453² 458⁷ 473¹ ³ 483⁹ 496⁵ ⁷ 505² 524¹ 559⁴ 568⁴

Harpalos 185²

Harpocration 308²

Harran 74 75³ 98⁴ 203⁴ 218⁵

Harris R. 82² 149⁰ ¹

Hartel 495⁵

Haruspex 1² 298³ 307¹; und Blitzsühne 304⁹

Hase (Eigenname) 167²

Haß, ägypt. Zeichen = Fisch 58² 62

Hathor, ägypt. Göttin 105; Licht- und Lebensgöttin 129; und Oxyrhynchos 119¹ ³ ⁴ 120¹⁻⁵ 121¹⁻⁵ 122¹⁻² 129f 160¹ 269³; Symbol Hörner mit Sonnenscheibe 120¹ ³ 121³ ⁵ 130²; Beinamen 120¹; und Aphroditopolis 120⁵ 121¹ ² ⁴; mit Aphrodite gleichgesetzt 122; Schutzgöttin der Toten 121⁴;

= Haus des Horos 129¹; sprachliche Bezeichnungen f. „tote Frau" 130; Totenschutzgöttin 130; = Baalath von Byblos (Gebal) 269¹

Hathoren, die sieben H. 268⁴ 269¹ ²

Hat-Mehit 108² ⁴ 109 120⁴ 130f 152² ⁴ ⁵ 160; auf der Mendesstele 109⁰ 130f 152³; = principium piscium 131; Beinamen 131³; mit Silurus? 152² ³ ⁴

Hausandacht, drei wesentliche Stücke 210⁴f; vgl. Andachtsfigürchen

Hausgötter, Fische als H. 193¹

Hausphylakterien, thrakische Reiterläfelchen 436¹; Fische 193¹ 446

Hausschutz 511⁰; vgl. Türschutz

Hauterkrankungen 163; Zaubermittel dagegen 155²

Hauvette-Besnaut Am. 182¹ ² ³

have! 402³

Havers 341⁷

Head B. V. 263¹ 438² 440²

Hecate 367⁸

Hecht, Arten: Hornhecht 117³; Nilflösselhecht 142¹

Heckenbach J. 326² 327⁴ 328⁶ 367⁸ 373⁴ ⁵

Heddernheim 436

hedera 366⁴

Heeg J. 229¹

Heer J. M. 452³ 537¹

Hefele 495¹

Hegesandros aus Delphi 317 334²

Hehn Johs. 165⁴ 189⁰ 216³ 226³ 265⁴ 267² 277² 278² 290¹ 552²

Heil, Christus Anfang des H. 254; vgl. *salus, σωτηρία*

Heiland, Bezeichnung des Nil 56; der „H. der Lebendigen" 574²; vgl. *σωτήρ, salvator*

Heilbutte, Fruchtbarkeit 229⁴

„heilig", weil mit der Gottheit in Berührung 132³f 133² 143¹f; Tempelgeräte 174⁵ 175⁴; „h." = „den Göttern geweiht" 411; „h." = „groß" 411f. 415³; „Die Heiligen" 510¹; h. und erwählt 463³; vgl. Fische, heilige, Seen, heilige, Krankheit, heilige

Heiligfisch, verboten 251¹; Adonisfisch? 251

Heiligung 15⁴; vgl. *ἁγνεία*

Heinemann J. 568⁵

Heinrici C. F. G 32⁴ 552¹

Hekate, Hundeopfer 18 22⁵ 368³; *μονογενής* 300⁴; Sardellenopfer 301⁸ 316f 319 334 444²; Lichtkuchenopfer 304⁷; monatliches „Mahl der H." 308³f 317¹ 318² 321¹ 323 354² 368³; *τριοδῖτις τρίγληνος*, Triglanthine 317ff 336; Trigle-opfer 317—330 334 336 347⁴ 357 372 444²; H. als Meergöttin 317 334³; die „lichtspendende Jungfrau" 318² 325f; = Artemis-Selene: Wahnsinnsgöttin 319 372ff; als Mondgöttin 318[2] 325f 367[7] [8] 372f; die „finstere", „schwarze" 325; unterirdisch und himmlisch 325[4]f; mit den drei Gesichtern (triformis, tergemina: H.-Artemis-Selene) 326[2] 330[5] 420[2]; Kehrichtopfer 327[4]; Begründung der minderwertigen Opfer 327—330; H. σαρκοφάγος σαρκοβόρα 328[6]; H.-Ereškigal βορβοροφόρβα 330[2] [5]; H.-Artemis in Eleusis 334; Pferd, Stier, Löwe, Hund, genannt 352[1] [2] 430[3]; Opfer in dunkler Nacht 353[1]; Rote u. schwarze Kultfarbe 355ff; Erythrinosopfer 357; im Zauber 356f; 406[7]; H.-Bild 357[1] 368[3] 419 420[1]; H. und Enodia 360[4] 373[3]; Angriffe der H.: „hl. Krankheit" 361 367[5-8] 370[8] 372[5]ff; „Ziege, der H. heilig" 367[5-8]; H.-Artemis-Persephone = Mondgöttin 367[8] 431; und Hirsch 370[8]; H.-mysterien 373[3] [4] [5] 416[3] 417[6]; thrakisch-bithynische Göttin? 373[3]; Führerin d. Dämonen 374[1]; H. und Hermes 406[7] 407[0]; die samothrakische H. 416—418; H. und Bendis 418ff; eingestaltige H. 419f; mit Fackel und Löwe 430[2]; Schlangensymbol 431[3]; Orakel 476[2]; übergroß 560[0]; vgl. Ἑκάτη, Hecate

Ἑκάτη 23[4] 357[1] 372[4] 405[1] 407[0] 416[3] 419[4] 420[1]; βορβοροφόρβα 107 330[3-5]; Τριγλανθίνη 318[1]; τριοδῖτις 318[1] 336; τρίγληνος 317[1] 336; τρίμορφος 318[1] 336; τριπρόσωπος 318[1]; Ἑ. ἡ χθονία 325[4] 368[3]; Ἑ. = Βριμώ 334[4]; θαλάττιος 347[4]; ἐναγώγιος 367[6]; μονοπρόσωπος 420[3]; vgl. Belege zu Hekate

Helena, Sardellen- und Barbenopfer 321[2] [3]? 442[2]; H.-kult v. Therapne 321[2]; H. und Dioskuren 321[3] 438?; nicht auf thrakischen Reitertafeln 444[2]; mit dem Πᾶν-Ἰχθύς-Ring 444[2]

Ἑλένη 320[1]

Helikon 384[1]

Heliodor 11[3] 542[4] 559[4]

Heliodoros 171 172[1]f

Heliogabal s. Eleagabal

Ἡλιόπαις 172. 397[1]f

Heliopolis 48[2] 74 113[1] 203[7] 290[2]

Helios, Gott 234[1]; und Hera-Maria 253[3]f; und Neuplatonismus 255[5]; = „Eidechse, Löwe, Drache, Falke" 352[2]; Schlangensymbol 431[3]; der semitische H. u. Mithras 436[2]

Ἥλιος 406[3] 416[2] 478[3] 509[5] 548[2]; vgl. ἥλιος und Belege zu Helios, Ζεὺς Ἥλιος, Πλούτων-Ἥλ.

ἥλιος 13[3] [5] 14[6] 166[1] 231 406[2] 419[2] 486[1] 548[2]

Ἡλίου πόλις 121[1]

Helladios Besantinous 231[2]

Ἑλλάδιος 264[5]

Hellen 200 201[1]

Ἕλληνες 200[2] 471[1]

Hennense nemus 302[4]

Henchir-bou-Guerba-Mausoleum 294[4] 295[1]

Hennaea dapes 337[4]

Hennecke E. 44[2] 147[3] [4] 557[2] 559[4]

Henzen W. 304[4]

Hepatos (Lebias), schwarzer Fisch 354[7] [0]

Hepding H. 374[4] 442[4] 481[7] 482[6]

Hephaistos, -kult in Athen 308f; Mainidenopfer 308[1]

Ἥφαιστος 308[2] 317[0]

Hera, mt Atargatis gleichgestellt 199[5]f 243[2] 252[1] [2] [3]; H. als Maria 253[2]f 257; als Quelle 255[1]; H.-Priesterin 332[1] [4] 333; mit Granatapfel 336[2]

Ἥρα = ΑΔΑ 247[4]; Ἥ. — ἀήρ 252[3]; χρυσοπέδιλος 476[2]; ὁδηγός 484[4]

Herakleides Pontikos 77[0]

Herakles, Heros und Gott 8[5]f 12[1] 378; Fleischgott 21[7] 380[2]; Herculi omnia esculenta, posculenta 36[2] 39; Möwe, Sinnbild 185[4]; Säulen des H. 270[2]; H.-opfermahl 377—379; phönizischer H. = Feuergott 379[2]; mit Thunfisch 391[0]; vgl. Olynthos

Ἡρακλῆς 378[2]; vgl. Belege zu Herakles

Heraklit 59[4] 362[1]

Herberstein, J. von 422

Herdfeuer 308[1]

Hercules 371[3]; vgl. Herakles

Herculis petra 346[8]

Hering, Heringsfaß 150[1]; Fruchtbarkeit 229[4]; Salzhering (Sardelle) Hekateopfer vgl. Sardelle; ärmliche Volksnahrung 323[2]; H.-stiftung des Mittelalters 389[2]

Hermannstadt 423[1]

Hermarchos 549

Hermas (Hermae Pastor) 452[4] 475[1] 483[6] 559[4] 560[0]

Hermendarstellungen, im Coemeterium S. Lucinae 402f

Hermes 385[0] 509[5]; Gott, in d. Ibis verwandelt 41[1] 107 108[1]; = dem ägypt. Thoth 108; -quelle 20[2]; im Totenkult 10[2] 323f 385[6]; der Boaxfisch ihm heilig 317 323f; weil „Rufer" (βῶξ, βόαξ) 319; Seelengeleiter 323f 406[7]; Himmelsbote zugleich (λευκομαινίς) 324; Granatapfel ihm heilig 336[3]; Ziegenopfer 367[6]; chthonischer H. aus Ebenholz 438[7] 439[0]; Hahn, sein Symbol 406[7] 430[11]f; und Persephone 406[7]; Widder u. Hermes 429[1] [2] [3]; H. und Proserpina 429[2]; in Lukians Spott 441[2]; H. in der Apostelgeschichte 445; vgl. Merkur

Hermes der Ägypter 74[2] 75[3] [4] 82 99; H. Trismegistos 76[1]

Hermesstab *(caduceus)*, auf punischem
Weihestein 273⁴ 276; auf Thrakischen
Reiter-Täfelchen 427³; auf Sabazios-
händen 276³
Hermetische Schriften 98 539³
Hermonthis, südl. v. Luksor 109⁰
Ἕρμος 153³
Hermupolis 138²
Herodes 94⁷ 504⁴ 564
Herodian 474⁴ 571²
Herodot 8⁵f 52² 64³ 76³ 79¹ 103² 112²
114⁴ 135⁶ 166¹ 177² 178³ 200² 210¹
224⁵ 233⁴ 253³ 321³ 369⁶ 385³ 435¹
493⁴ 526³ ⁴
Heroen, anders verehrt als Götter 7²—16;
-heiligtum d. Pelops, Westeingang 24²;
Heroisierung d. Toten 1—6 220² 305³
306¹; H. = Tote 361¹; Die Apopyris,
ein Heroen- u. Totenopfer 377—382;
Heroen-Fischopfer 382²f; Heroenopfer
mit Musenopfer 383f; H.-relief von
Patras 398⁹; H.-relief aus Chrysapha
407¹; Schlangensymbol 431³; die
Dioskuren als H. 433⁰; H.-kult der
Helena 444²; vgl. Totengeister
Heroenopfer, vom Götteropfer verschie-
den 7²—16; H. und Totenopfer 14³ ⁴;
H. an die Dioskuren u. Helena 321³
444²; Opfergabe Mainiden u. Trigli-
den 321; die λευκομαινίς 324; der
Hahn als H. 407¹; vgl. Totenopfer
Heropythos 382³
ἥρως 8⁵ 12¹ 13³ 14¹ 15⁴ 431³
Heros Propylaios, thrakischer 436¹
Herrscherkult 3
Hesiod 71³ 72⁰ 201¹ 476²
Hesychios 20³ 45⁷ 189⁴ 247⁴ 251³ 254
255¹ 264⁴ 265¹ ² 281² 379⁵ 385³ 418⁶
419² ⁴
Hethitische Kultur 220f; Denkmäler vgl.
Sendschirli; Herrschaft 245; Fisch als
Totenopfer vgl. Sendschirli und 447
Hexe, römische 311f
Heuser 30²f
Heuzey L. 212¹ 216²
Hicks E. L. 377³
Hierapolis bei Laodicea am Lykus 456
Hierapolis, Syrien 174³ ⁴ ⁵f 181 182¹
186³ 191 192 199 200 202—206 211f
214 217 241 243² 244ff 247; vgl.
Βαμβύκη, Bambyce, Mabug (Mabog)
Hierodule = Ištar 213¹
Hieroglyphen, Zeichen des Fisches 58²
62¹ ² ³ 109; des Kindes 58² des Falken
58²; des Greises 58²; des Flußpferdes
58²; des Antfisches 125²; Zusammen-
stellung von Fischzeichen 160
Hieronymus 32³ 40² 46⁴ 51³ 97¹ 266¹ ⁴
287⁵ 452¹ 508¹ 513⁰ 514⁰
Hierophant, Moses als H. 548⁴ ⁵
ἱεροφάντης 431⁴ 548⁴
Hieropolis (Phrygien) 202¹ 454ff 460

Hieropolitani 200² 202¹
Hilarius 31¹
Hildegardis 364⁴ 368f
Hildesheim 105; Pelizaeusmuseum 108⁸ ⁴
110³ 130 143³ 158⁵
Hilgenfeld A. 459¹²
Hill G. F. 263¹ 437⁵ 438¹
Hiller von Gaertringen F. 3 182⁴ 377³
383³ ⁴
Hilton Price F. G. 119¹ 121⁵
Himmel 43¹; hieroglyph. Zeichen für H.
mit strahlender Sonne 128¹; drei-
faches Himmelsdach 254; das zum
H. ragende Haupt 559⁴ 560⁰
Himmelfahrt der Seele 18¹
Himmelsgottheiten vgl. Lichtgottheiten
Himmelskönigin, Hathor 120¹; Hat-
mehit 131³; Hera-Maria 253² ³;
Astarte-Ištar-Atargatis 258¹ 272²; Ma-
ria als Göttin, Kultverirrung 258¹;
Aphrodite vom Berge Eryx 272²; H.
und Juden 276f; die *Caelestis Afro-
rum* (Tanit) 182⁶ 447; vgl. *Caelestis*
Hipparchos (Pythagoreer) 7
Hippokrates, als Heros 9²; Zeugnisse
47⁵ 337¹ 355¹ 362³ 376²
[Hippokrates] 68² 80² 339 359¹ ² ⁴f
361² ³ ⁵ 362⁵f 364⁰ 365² 368 371f
Hippolyt von Rom 10³ 59⁴ 77³ 78³ 123³
200¹f 231² 232⁴ 246² 256¹ 258⁵ 326⁴
340¹ 342¹ 343² 417³ 429⁴ 432² 445³
468² 479¹ 483⁴ 497³ 499⁵ 504³ 513⁴
514² 518³ 544² 547 560⁰ 570⁴ IX¹
Hippolyt von Theben 178⁴
ἵππουρος 117³
Ἱππῶναξ 333²
hircus 368⁶
Hirsch, auf dem Pferdeschmuck von
Ssolocha 207; -fleisch verboten in
„hl. Krankheit" 362⁵f; Begründung:
chthonischer Charakter 370⁶f; der
Artemis(-Anaitis) 438⁴
Hirschfeld O. 395¹ 459¹² 476⁴ 479⁴
Hirschleder, -Riemen z. Heilung der
Epileptischen 371²
Hirte, Tamuz als H. 186³; in der Aber-
kiosinschrift 464—469 560⁰; vgl. ποι-
μήν, Christus, *pastor*
Historia Lausiaca s. Palladios
H'itan, persische Fischgottheit 203⁴
Hochzeit, des Keyx 201¹; am „fünften
Tag" 228³; jüdische Fruchtbarkeits-
symbolik 228⁴; griechische 229¹ 337²
558 570²
Höfer 334⁴ 361⁰ 414¹ 416⁴
Höhlenkult, auf Samothrake 416ff
Hölk C. 70¹
Hölle, die Muräne ein Höllenungeheuer
45⁸; der H.-schlamm 329f; H.-fahrt
der Ištar 330¹; vgl. τιτανικός
Hoernes M. 179⁶
Hoffiller V. 422²

Ibis 116[1,2,8] 122[8]; der verwandelte Hermes 41[1] 107 108[1]; weil Kennzeichen des Thoth (= Hermes) 108 145[1]; von allen Ägyptern verehrt 116 117[1]; auf Denkmal Thutmosis III. 127; unsterblicher I. 138[2]; -sarg 145[1]; -Ibisähnliche Reiher 248[1]

Ibrahim, Fisch oder Fluß 250[1]

Ichneumon, hl. Tier 64[4]

ἴχνος (ἴχνιον) 559[4]

ἰχθύδιον 44[1] 67[2] 88[3]

Ἰχθύες, Sternbild 192[4] 193[2] 196[1]

Ἰχθύες (Komödie) 198[8] 201[3]f

ἰχθύν τεκεῖν 60[1]; ἔχων παλάμαις 508

ἰχθυόβρωτος 174[1] 175[4] 176[1]

ἰχθυοκτόνος 149[0]

ἰχθυώμενος ἄρτος 63[4] 64[1]

ἰχθυόμορφος 233

Ichthyophagen 176[8] 233f; mit Fischhaut bekleidet 233[2,3] 238; Abstammungsmythus 234[1]

ἰχθυοφαγία 51[1]

ἰχθυοφάγος 176[2] 231[2] 232[4,5]

ἰχθυοπώλης 185[2] 320[1]

ἰχθυοπωλία 380[2]

ἰχθύς X[3] XI[2] 21[2,5] 25[1] 26[2] 27[2] 30[2]f 31[1]f 34[3] 37[8] 39[3] 44[3] 52[2,3,4,6] 53[2] 54[2] 55[1,2] 56[1] 57[2,4] 59[4] 63[3,4] 64[1,3,4] 66[5] 67[1,4] 71[3] 73[4] 86[2] 88[2] 89[6] 100[1,2] 101[1] 102[1] 103[2] 114[4] 116[3] 127[3] 131[8] 136[2] 137[1,2,3] 140[5] 149[0] 158[4] 161[2] 162[0,1,2,3] 171[5] 174[2,3] 175[2,4] 176[2,4,5] 179[4] 181[1,2] 184[2] 185[3] 186[1,2] 187[2] 190[4] 191[1,4] 193[2] 198[2,5] 201[1] 212[2] 229[3] 230 231[2] 232[0] 233[2,3] 234[1] 238[1] 248[2] 249[2,3] 250[3,5] 264[5] 265[1,3] 266[3,6] 313[5] 314[0,3] 320[1] 321[4] 323[1] 333[2] 340[1] 343[3,4] 344[0] 348[2] 352[2] 353[6] 372[1] 375[1] 376[2] 380[2] 382[1] 448 487[1] 514[4]

ἰχθὺς ἁγνός 59[6]; ἀλληλοφάγος 63[3] 70[1]; ἀνθρωπόφαγος 320[0]; ἀποκείμενος XI; ἀπὸ πηγῆς 450[1] 457ff 488f; ἀφολιδωτός 93[4] 94[1]; εἰς μόνος 254[1]; ἐπικηρότατος 68[2]; ἱερὸς 167[2] 251[1] 324[3] 342[0] 353[6] 375[1] 410[1-4]; καθαρός 457ff 489 491; κακός 69[4]; κενοποιός 63[3] 70[2] 71[0] 99[2]; λεπιδωτός 41[1] 68[1] 94[1,7]; λιμναῖος 363f; μέγας 167[2] 192[4]; μέλας 169[8]; μικρός 322[2]; οὐράνιος 508; σαπρός 67[4] 68[0]; φαῦλος 66[5] 67[2,4] 68[1]; χρυσοῦς καὶ ἀργυροῦς (ἰχθύες) 192[4]

Ἰχθύς, ὁ μέγας 192[4] 193[2]; πανμεγέθης 457ff 489f

ἰχθὺς ὁ Πᾶν 444[2]

ΙΧΘΥΣ, Sohn der Derketo-Atargatis 190[2] 255; = Atē-Adonis 247[8]; = Sohn der Hera 252[1,2,3]

ΙΧΘΥΣ, noster Jesus Christus 60[2] 448[8] 487[8] 489[5] 490[1,2,3,4,5] 508[1]; = Ἰησοῦς Χριστὸς θεοῦ υἱὸς σωτήρ 29[2] 197[4] 262[0] 448 502 509[6] 510[0,3] 546—549; ζώντων 574; als Türinschrift 197[4]; nicht aus

Indien 197[5]; I. ohne Zusatz 451[1] 468[2]; fälschlich angenommen 485[1]

ΙΧΘΥΣ ΖΩΝΤΩΝ 573f

Idaea 464[5]

Ἰδαῖοι (Κουρῆτες) 246[2]

ἰδέας μεταβαλεῖν 122[3]

Ἰδεία (θεά) μεγάλη 431[3]

idololatria 252[8]

idolum 211[0] 266[1]

Idumäer, -schlacht 205[6]

Idumum in Karien 169[5]

ieiunium 537[4]

Jenseits, ägyptischer J.-Glaube 123 128[1,2,3] 329[8]; Überfahrt ins J. 124[2]; auf Tag- oder Nachtbarke 127; J. im Westen 130; J.-glaube der Thraker 434[7]f; in Mysterien 435; christliche J.-vorstellungen 468[4] 508[1]; vgl. Eschatologie, Höllenschlamm, Unsterblichkeit, Paradies

Jensen P. 80[8]

ἱερά 9[2] 15[4] 16[2] 440[3]

ἱερὰ γράμματα 458[6] 472[6]f

ἱεραὶ γραφαί 472[5]

ἱερὰ νόσος (ἱερὴ νοῦσος) 166[2,3] 167[1,2] 362[3] 373[2]

ἱερὰ τροφή 370[5]

Ἱεράπολις (Ἱερὰ πόλις) 169[0] 202[1] 203[5]; vgl. Hierapolis, Ἱερόπολις

ἱέραξ 58[1] 82[2] 116[3] 145[2] 149[0] 187[3]

ἱέρεια 332[1,4] 438[4]

ἱερεῖον 23[8] 135[2] 187[2] 374[4] 378[5]

Jeremias A. 187[1] 217[3] 231[1] 232[0] 234[2] 236[5]

ἱερεύς 21[5] 52[3,4,6] 55[3] 57[4] 63[4] 76[8] 79[4] 135[6] 182[1] 184[2] 187[2] 198[3] 201[1] 237[4] 300[5] 332[1] 337[8] 416[5] 478[3] 487[1]

ἱερεύσιμος 18[1]

ἱερογραμματεύς 51[2]

ἱέρωμα 205

ἱερομνήμων 21[6] 200 201[1]

ἱερόν (ἱρόν) 183[2] 187[2] 204[4] 230 252[2] 483[1] 561[1]

Ἱεροπολείτης 182[1] 202[1]

Ἱερόπολις 202[1]

ἱερός 21[5] 114[4] 121[1] 137[1] 166[2] 167[2] 174[3] 175[2] 192[1] 198[3] 351[5] 367[2] 410f 415[3] 431[4] 441[5] 554[2]; vgl. ἰχθύς ἱ., πολύπους ἱ., ἱκέτης ἱ.

ἱερὸς κοῦρος 334[4]

ἱερωσύνη 465[2]

Jerusalem 228[4] 243[1] 530 543[1]; „ein neues J." 446[2]; das „himmlische" 464[1]

ἴησις θείη 166[2]

Jesus, ein Sonnengott? 127[3]; Geburt Jesu und Magier 252f; der „Zimmermann" 259[1,2,3]; Dornenkrönung und Scharlachmantel 285[1]; Auferstehung nach d. „Kronostag" 289[5]f; als Vater der Christen 508[1]; der Hohepriester der „Lebendigen" 574[2]; vgl. Christus

κολλυρίς, ἡ 258³
Koloë 419¹
κολοκύντη. Ἢ κολοκύντην ἢ κρίνον 283³
Kolossä 445
Kolozsvar 426³
κολυμβᾶν 44¹
Kommodus 571²
Kommunion, tägliche 451² ³; häusliche 511¹; Zeremonien beim K.-empfang 511—515 518³; häufige K. d. Schwerkranken 525ff; vgl. Kinderkommunion, Wegzehrung, Totenkommunion
Κομπεταλιασταί 483²
Kondakov N. 206¹ ² 208⁷
Konstantin d. Gr. 109 211² 256⁵ 479³ 515 522¹ 546³ 547
Konstantinopel 219⁴ 250² 528
Kopaissee 19⁴
κωπηλάτης 346⁷
Kopenhagen 274³ 435³
Kopfweh, und Knoblauch 74² 91²; und Zitterrochen 91³ ⁴ 92¹ ² 93³
Kopten 75⁵ 76⁰ 78²
κόπτομαι 13⁵
κώραβος? 331³
κοράκινον χρῶμα 348⁵
κορακῖνος 68¹ 99³ 100¹ ² 331³ 348⁴ ⁵; κ. μελανόπτερυξ 348⁵; vgl. coracinus
κόραξ 145²
Κόρη 14⁵ 21⁵ 407⁰ 431³ 487¹; Κούρη-Σελήνη 439²; vgl. Persephone
κόρη 25¹ 318² 357¹ 419⁴
Korybanten, Mysterien v. Samothrake 416³; für Dioskuren gehalten 416f; „θεοὶ μεγάλοι Διόσκουροι Κάβειροι“ 416⁵; die Kultlegende 432⁵f; = Kabiren 432⁵; vgl. Korybas
Κορύβαντες, οἱ 416³ 417³; vgl. Κάβειροι
κορυβαντικός 337⁸
Korybas, in Hierapolis? 247; im 39. Orphischen Hymnus 432¹; = Sabazios 432² ³ ⁴ ⁵; der thrakisch-phrygische Geheimmensch? 429⁴
Κορύβας = Ἄττις 246²
Kos, Insel 377³
„koscher“ 95⁵ 539¹ ²; vgl. Rein
Kosegarten 156³ ⁴ ⁵
κόσμος 484⁸
κόσσυφος (Meerdrossel) 353⁵
„Kotessende Göttin“ 330 360⁵
Κοτύτια, τά 419⁵
Koweik, Fluß 161²
Koweikwasser, Ursache d. Aleppobeule 163²
Κουρῆτες Ἰδαῖοι 246²
κοῦρος 25¹; ἱερὸν ἔτεκε κοῦρον Βριμὼ Βριμόν 334⁴
Kräuter, verbotene 17¹; im Zauber 62⁵; auf jüdischen Goldgläsern 540
κρᾶμα 493⁵ 494²
Krampfrochen s. Zitterrochen

Krankenbeschwörung, babylon. 234²ff; griechische bei „hl. Krankheit“ 362⁵
Krankenhaus, des Basilius 168³; in Alexandrien 168⁸
Krankheit, als Götterstrafe 164² ³ ⁴ 165¹ ² ³ ⁴ ⁵ 407⁵; besonders f. verbotenen Fischgenuß 165⁵ ⁶ 169 173ff 253³ 375²; „heilige K.“, Speisegesetze der Volksmedizin 80² 300⁴ 359—377; der Mond als Ursache der h. K. 166²; der Aussatz als „h. K.“ 166ff; gewöhnlicher Begriff = Epilepsie 166² 359—377; Fischverbot z. Heilung d. h. K. 359—377: Begriff 359—361; h. K. als Befleckung 361; Namen 362; Text des Speiseverbotes 362⁵—365: Sinn desselben 365—377; des Fischverbotes insbesondere 372—377; = „große Kr.“ 411⁴f; Opfer gegen und nach Krankheit: Haaropfer 301³; Asklepiosopfer 307⁴; syrische K. 163; vgl. morbus comitialis (maior, sacer)
Krankheitserreger, böse Dämonen 236² ³ ⁴ 310⁶ 367f 374; böse Götter 359⁴—362 374
Kranz 560⁰; vgl. Totenkranz, corona, στέφανος
κρασί 493⁵
κρᾶσις 501⁶
κρατήρ 10³ 11³
Krates, Kyniker 308¹ 379⁴
Kratesilochos 383
Kratinos 318² 326 327¹ 339² 419²
Kraton, Arzt 372¹
Kraus F. X. 30² 239¹ 398⁶ 409¹
Krauß S. 349⁴ 541³ 542² 555⁸
Krazer A. 356⁰
κρέας (kultisch) 14⁶ 15¹ 17² 26³ 55³ 101¹ 343³ 363¹ 366¹ 379⁵ 514⁴
Krebs E. 549⁴
Krebsgeschwüre, durch Maena geheilt 315⁷
Krenschela (Nordafrika) 279⁴
Kreophylos 179⁴ ⁵
Kreta 443⁵
Kretschmer P. 309⁵ 418⁵
Kreuz, als rel. Symbol 210; auf Phylakterion 119²; u. Mysterienruf 257²; K.-opfer 260⁴⁻⁷; christliches Kr. auf antikem Sarkophag 388; [K. aus Ringkreisen 404¹;] auf Lampe 556¹; Bekreuzen des Brotes 566³; vgl. Lebenskreuz, Hakenkreuz
Kreuzigungsbild, gnostisches 256⁴
Kreuzzeichen, über das euchar. Brot 500²; über das Brot bei der Totenagape 566³
Krieg, Gott des Kr., in Äg.: Onuris 106¹ ² ³ 107⁴ ⁵ ⁶f
κρίνον 187³ 283²
κρινουπέλικε? 283²

Meerphallos, Fisch (*apua, ἀφρός* etc.) nichts wert 66[4] 67[1]; von der syr. Atargatis verboten 165[6] 169; der Aphrodite heilig 171[3] 317; vgl. *ἀφύη*

Meerplattfische, Fischklasse 101; vgl. *πλατεῖς*

Meerprozession 192[3] 245[0]

Meerqualle (Scyphomeduse) Pythagoreerverbot 345f; Begründung: Sinnbild des Bösen 346[2][3]; kultische Keuschheit 346[4-6]; vgl. *ἀκαλήφη*

Meersardelle 144

Meerungeheuer, Abwehr durch Glocken 240[1]; Strafe für Fischgenuß 413[3]

Meerwasser, gegen unreinen Quellgeist 245[0]

Meerwolf, unschädlich 344[6]

Μεγάλη θεός 418[6]

Megalopolis 12

μέγας (kultisch) 431[3]

Mehit, Gattin des Onuris 106[6] 152[4]

Mehit, Sammelname Fisch 131[2]

Μειλίχιοι 14[6]

Meir, Rabbi 203[3]

Meißner B. 222[2]

Melania 451[2] 527[2] 530 562[1] 570[4]

Melanthios 317 334[3] 347[4]

μελανόστικτος (ἴουλος) 353[5]

μελανοῦρι 349[3]

Melanuros (Schwarzschwanz) v. Pythagoreern verboten 15[4]f 347—354; ebenso in Eleusis 15[4] 331[3]f 347 372; im Trophoniosorakel 318 327 339; Begründung des Verbotes: Bosheitsallegorie 65f 68ff 349f; chthonisches Opfertier 327 329f 351—354 372; Totenopfer 68 329[2]; gesundheitsschädlich 68[2] 329[2]; in „hl. Krankheit" verboten 362[5]; Begründung: chthonisches Opfertier 372 376

μελάνουρος 15[4]f 65[4] 66[2] 69[1][2] 70[1] 339 346[8] 347 348[1][2][3][4][7]f 351[3] 362[5] 363[1] 450[2]; *ὀρροπυγόστικτος, πολύγραμμος, μελανόγραμμος* 348[3]; vgl. die Belege zu „Melanuros"

melanurus 348[6][7] 349[1][2]; vgl. *Oblada melanura*

μέλας 69[1] 169[3] 287[3] 333[2] 353[4] 354[1][11] 355[1] 357[1]; *γίγας μ.* 560[0]

μελιηδύς 508

μελίκρατον 9[2]f 10[3]

Melito von Sardes 472[2][3] 490[4][5] 548[2][7]

[Melito] 244[4] 245[0]

Melitopol 207 208[7]

μῆλον, τό (Apfel) 321[3] 352[2] 381[7]

Melos, Insel 222[3]

Memnon 330[1]

memoria (spiritantium) 295[4]f; *mortuorum* 549—555; *martyrum* 568[2]

Memphis 121[1]

Men, Kultverbreitung 441[2]

Μήν (θεός) 406[2]; *M. Οὐράνιος* 463[1]

Menander 195[5]f 162[3] 163[4] 164f 172[4]f 185[1] 308[2] 360[2]

Menat, = ägypt. Halsband 105

Menant J. 217[4] 224[7] 227[1][2] 238[5][6]

Mendes, Widder von Mendes 108[3]; Hatmehit von M. 109[0] 120[4] 130 131 152[2][3][4][5][6]; Distriktchef von M. 109; Lepidotos im Mendesischen Gau 131

Mene vgl. Gorgo

μήνη 406[2]

Meni 494[3]

Menippos aus Gadara, Satyriker 72[2]

Μῆνις, ἁλιεύς 325[1]

μῆνις, θεῶν 23[3]

μηνὸς ἐπουράνιον κέρας 246[2]

mensa 295[4]f 297 378[6] 386[1] 503[1] 572[1]; *m. credentium* 35[1] 449[4]

Mensagrab 572; vgl. Grabtische

Mensch, und Fisch, Abstammung aus dem feuchten Element 201f 340f; und Bohnenentstehung 342[1]; vgl. Fischmenschen

Menschenopfer, in Ithome 14[5]; bei Erbauung des indischen Feueraltars 77[6]; im Hadad-Atargatiskult 244[2]; im Saturnuskult 280 281[1][2][3] 290[2]; im Kronoskult 280[5]; an Dis 290[2]; vom M. zum Fischopfer 290f 298[5]f

Menschwerdung Christi, der Logos ihre Wirkursache 488 498[6][7][8] 499[1][2] 501

menta 80[5]

Men Tyrannos, Heiligtum 79[3]f

Mercklin L. 309[3]

Merkur 195[1] 476[2]; *M. Gallorum* 281[1]; *Mercuri potestas pernix* 282[5]; *progenies Caeli* 429[2]

Merlin A. 275[1]

μηρυκάζειν 38[0] 265[3]

μῆρυς (μήρυξ, 265[2] Fisch)

Meschaïch, Dorf bei Beliâne 104[5]

Messene 12 14[5]

Messerschmidt L. 220[1]

μεταβολή 497 569[11]

μεταδιδόναι 551[1]

μεταλαχεῖν τῶν ἁγίων 554[2]

μεταλαμβάνειν 529[1] 531[2]

μεταποιεῖσθαι 501[2]

μήτηρ (als Metapher) 201[1] 483[7][8]; *μ. δαιμόνων* 316[0]; *μ. μεγάλη* 431[3]; *μ. θεοῦ* 257[6]; *μ. θεῶν* 80[1] 257[6] 360[1] 429[2]

μητέρες, θεαί 443[5][6]

Methodius von Olympus 467[4] 486[3] 497[3] 508[3]

μέθυ 492[2]

μετοχὴ τῶν ἁγίων 554[2]

μέτοχος τῶν θείων μυστηρίων 554[2]

μήτρα 346[0][8] 347[2] 350[3]; vgl. vulva

Metrodoros 550[1]

μητρόληπτος 362[4]

Metz 371[1]

Moreau E. 349⁵
Morey C. R. 449⁶ 450¹ ³
Morgan M. J. de 218¹ 225 226⁶
Mormo, vgl. Gorgo
μόρμυρος, und Bosheit 69² ⁴; unbekömm-
 lich 69⁴
Mormyrus kannume (caschive) = Oxy-
 rhynchos 118³; Abbild 160
μορφή 476²
mortuus 11⁴ 298³ 507³ 550⁵ 569²; *m.
 deus* 1²
μόσχος 145²
Mosel *(Mosella)* 150⁵
Moses 27¹ 43¹f 47⁰ 232⁵ 548⁴ ⁵
Mossynos in Thrakien 64⁴
Movers F. C. 266⁷
μουδιάστρα = Zitterwels 85⁴; = Zitter-
 rochen 86
Μουσαῖος 483
μουσόληπτος 362⁴
μπαρβοῦνι (= Trigle) 338²
M. S. = *memoriae sacrum*, oder: *mani-
 bus sacrum* 399²⁻⁵
Müllensiefen P. 377³
Müller C. O. 406⁵
Müller D. H. 241³
Müller J. 341¹
Müller K. O. 302³ 303¹
Müller N. 398⁸
Münter F. 253³ 270¹ ² 272² 278⁴ 281¹
Münzen, antiochenische 98; römische in
 Ägypten 107⁶ 142⁵; in Syrien und Ki-
 likien 196⁴; phönizische 262—265
 391⁰; mit Delphin u. Dreifuß 405² ³;
 von Syros 417²; von Lemnos 429¹;
 v. Philadelphia 429f; d. K. Maxentius
 433⁴; mit Frauengestalt zwischen
 Dioskuren 437⁴ ⁵f 440¹ ²; mit Kybele
 und Dioskuren 442²; mit *Ῥώμα* und
 Πίστις 483³
mugil 339 375 376⁶; vgl. Meeräsche,
 κεστρεύς
Muḥammed ibn Mūsā al-Ḫwārrznū 131⁷
Mukhalitsch (Kleinasien) 267⁴
mulleus 357⁴
mullus (Meerbarbe) 65² 333² 357³⁻⁶
 358¹; *m. surmuletus* 338²; vgl. die
 Belege zu „Trigle“
Mumie s. Fischmumien; von El Gamhud
 123
Mundgeschwüre, durch Macna-Lake geheilt 315²
mundus, Adj. 27³ 67⁴ 465²
„*munera*“ 284¹
Munichia 484⁵
Muräne (gefleckter Meeraal), u. Schlange
 36⁴ 37⁴ ⁵; Schlammfisch, Sinnbild der
 Gottesferne 27¹ 43f 45⁷; ganz ohne
 Flossen und Schuppen 44²; Fruchtbarkeit 44⁴; Raubfisch 44⁵f; Höllenungeheuer 45⁸ ⁹; im jüdischen Speise-

gesetz 27¹ 43 46⁴ 97²; Knorpelfisch
 97² ⁴; vom Meerkrebs erjagt 331⁸; vgl.
 μύραινα, σμύραινα
murena 44⁸ 46⁴
muraena 45⁹
muriola 11⁴
Murko M. 297²
murratus 11⁴
murrina (potio) 11⁴
muš-Fisch 213²
Museion 383
Musen 246²; M.-opfer u. Totenopfer
 383f
Museo Kircheriano 466¹ 573²
Musikinstrument, ägypt. Menat kein M.
 105; vgl. Harfe, Flöte, *φόρμιγξ*, Schall-
 becken, *σεῖστρον*
Mutter, Kosenamen „da“ 315¹¹
„Mutter Anaïtis“ 183³
„Mutter der Götter“, u. „Gottesmutter“
 257f; und Dioskuren 442¹
Muttergöttin, lydische 183⁵f; klein-
 asiatische überh. 411; vgl. Artemis,
 Anaïtis, Atargatis, Kybele; thrakische
 s. Bendis; „die Mütter der Pannonier
 u. Dalmatier“ 443⁴; „die Mütter und
 Dioskuren“ 443⁶; vgl. *Matres Magnae,
 θεαί μητέρες, μήτηρ*
Myattes (von ῾Atê) 245³
μυεῖσθαι 332⁴ 333¹ 373³ 416³ 517¹
Mykenische Zeit, Lampenständer mit
 Fischen 222³
μύλλος (Rotbarbe) 357⁴
Myonia 14⁶
μύραινα 45³ ⁴ ⁷ ⁹ 94⁶
Myria, = Pege (Maria) 253f
Myron 420¹
Myrrhe, süße, in der Zaubermedizin
 155⁴
Myrten, d. Aphrodite 21⁷
Myrtilos (Heros) 13⁴
μύρτος, ὁ 381⁷
μυσαρὰ πράγματα 51¹
μῦσος 63³
Mysten, Reinheitsvorschriften 51 52¹;
 Schlangen u. M. 431⁴; M.-weihe auf
 thrakischen Reitertafeln? 436²; Ge-
 heimnis 478; -Kollegium 526⁶; vgl.
 Mysterien
Mysterien, im heidnischen Spott 14²;
 Kybele-Attis-M. 17¹ 25; Orphisch-
 Eleusinische 22; vgl. Eleusis; Isis-
 mysterien 51 52¹; der Assyrier 200¹;
 Rhea-M. 246¹; *νυμφίος* 256⁶; M.-
 ruf 257²; Spott über M.-theologie
 329⁴; griech. Mysterien u. Morgen-
 land 342¹; allegorische Mysterien-
 theologie 358; Hekate-M. 373³⁻⁵ 416³;
 M.-Trostspruch 398⁸; M.-Akte 426¹;
 Μήτηρ-M. 429³; Schlange in M. 431f;
 Jenseits in M. 435; M.-bräuche und

Phalloskult 444[2]; und neubekehrte Christen 445[2]; die Eucharistie als M. 453[2] 514[2] 551[2] 570[8]; vgl. *mysterium;* Mysterienmahle 504[1]; M. und Begräbnisplätze 506[0]; und Christentum überhaupt 515[4]ff 548f 551[2 3]; und Philosophie 516[2] 517[2]; und Judentum 548; und Totenkult 551[3]; vgl. Bohnen, Mithras, Korybanten

μυστήριον 200[1] 318[1] 337[8] 347[4] 373[3] 416[3] 472[4] 478[3] 479[2] 519[3] 554[2]; μυστήρια 519[2] 527[2] 531[2] 554[2]; μυστήριον τῆς πίστεως 519[3]

mysterium 495[0] 507[2] 514[0]; *divina mysteria* 513[6]; *ecclesiastica m.* 516[3]; *mysteriis imbutus* 517[1]; *sacrosancta m.* 534[2]; *mysteria sumere* 550[7]

mysterium fidei 504 515ff 519[3] 535

μυστηρίζειν 554[2]

μύστης 332[4] 352[2] 381[7] 398[8] 431[4] 482[6] 548[4]; vgl. *ἀμύητος*

mystice intelligitur 34[3]

mysticus, intellectus m. 32[3]; *fons* 517[1]

μυστικός, ὁ 331[3]; μ. τρόπος 59[3]; μυστικῶς 472[3 4]; vgl. *τράπεζα*

Mystische Zeichen 276[8]

Mytilene auf Lesbos 168[4]

Mythographi Vaticani 287[1]

Mzik H. von 131[7]

Naassener, -Theologie 200[1] 256[1] 497[3]; -Hymnus 246[2]; und Mysterien 445[3] 547

Nabū, babylon. Gottheit, Symbol Doppelstab 235[1]

Nachmanson E. 360[1]

Nacht, Opferzeit für chthonische Gottheiten 13—16 302[5] 353; für Heroen- und Totenopfer 13—16; N.-göttin: vgl. Berenike, Selene, Hekate, Bendis; Artemis(-Anaïtis); N. und Fischfang 324f; Hahn als Sinnbild der N. 431; vgl. *nox, Nox Dea, νυκτερινός,* Opferzeit

Naevius 20[5]

Nahr Ibrahim (Fluß Syriens) 250[1]

Nahr Kadischa (Fluß Syriens) 206[8]

νάματα (Χριστοῦ) 509[0]

Name, des Herrn 504[3]; Namensnennung beim Totenopfer 562[1 2]; vgl. *ὄνομα, nominare, ἐπικαλεῖσθαι*

Namtāru, Krankheitsdämon 236[2]

Nana, Granatapfel u. Attisempfängnis 336[5]

Naophoren, der Artemisprozession 178[1]

ναοφόρος 178[1]

Naos 182[1] 420[1]; Lepidotos auf N. 110[1]

Narbonnensis provincia 376[6]

ναρκᾶν 87[3] 88[3 4 5]

νάρκη 86[2 5] 87[1 2 3] 88[1 2 3 4 5 7] 89[3 6] 92[1 2] 93[2]f 94[3 6] 97[5] 99[8] 100[1 2] 160[1] 341[2];

ν. τερενόχροος 89[3]; ν. = Zitterfisch im allg. oder = Zitterrochen 100

Narkose, etymol. 87

ναρκοῦν 87[3] 92[2]

Nar-mer 151

naru = *n'r* (Wels) 154[6]

Narwa 297[2]

Narzisse, in Arzneien 93[1]; betäubend 93[2]

nasci 489[1]; *in aqua* 60[2] 448[3] 487[3]

Nash W. L. 105 108[4] 110[5] 111[2] 118[2 8] 119[1 2] 121[5] 128[5] 143[2 3] 144[2]

nasturcium 80[5]

natalicia 564[1]

natalis (dies) 282[3] 296[1] 564[3] 565[1]

Natron, in d. Zaubermedizin 155[4]

Natter, Schlechtigkeit 45[3 4]

Naturforscher, und Fischversteinerungen der Antike IX[2]

Nau F. 256[3]

Naucrates ductor L. 414[5]

Naukratis 413

Nausikrates 318[2] 325ff

ναυτίλος (*nautilos,* Fisch) 47[2] 414[4]

Naville E. 109[0] 120[8 4]

Nazerinorum tetrarchia 191[4]

'nd-mr, ägyptisch = Distriktchef 109

Neapel 409[4] 504[4]

Nearchos, Feldherr Alexanders 233[1 2 3] 234[1]

Nebo, -Tempel 203[2]; Zeichen des N. 224[4]; zu Mabug (Hierapolis) 245[0]

Neger, und Fischenthaltung 61[3]; Totemtiere 154

Νεῖλος 131[8] 132[0] 136[8] 137[1] 144[3] 153[3]

Neith, Göttin 142[6 7] 160[1]

νεκρός 11[3] 298[3] 386[5] 569[0]; τὸ τῶν νεκρῶν ἄριστον 561[1] 566; δεῖπνον 562[2]

νεκροστόλος 298[3]

νηκτά 146[3] 147[1]

Nektar 11[4] 322[0]; N. und Ambrosia 21

νέκυς 10[3] 220[2] 246[2] 251[2] 497[3]

Nemesis, in Fisch verwandelt 194[0]

Nemesius von Emesa 71[2]

νεωκόρος 440[1 2]

Nephtys, Hieroglyphe der N. 109

Neptunus 284[1]; *Neptunum edere* 20[5]

Nereide, auf der Insel Nosala 234[1]

Nergal, babylon. Unterwelts- u. Sonnengott 278[2]; Gott der lebensfeindlichen Sonnenhitze 290[1]

Nero XI[4] 3[2] 171 327[3] 571[1]

νέρτεροι δαίμονες 14[5]

Nesi-Chunsu, Sarg des 126[5]

Nesi-pa-ur-schef, Sarg des 126[6]

νηστεία 356[0]

νηστεύειν 375

νήστιμοι ἡμέραι 356[0]

νῆστις (= κεστρεύς) 375

Νῆστις (Göttin) 459[12] 481[5]f

Nestorianer 257f

neun, neunter Tag, des Totenfestes 312[2];

locha 206⁴—209²; gegen den bösen Blick 209²
Pferdegottheit: Anahita 209³; Ereškìgal 236³; Poseidon 360⁵; Demeter 360⁵; Hekate 352¹ ²
Pferdegrab, von Ssolocha 207
Pferdeschmuck, Fischfiguren als Pf. 207¹ ² 208¹⁻⁸ 209¹⁻⁴
Pfirsich, als Erstlingsgabe 78²
Pfister F. 383³ 385² 470⁵
Pfuhl E. 220²
Phääken 54¹
φαεσφόρος 326⁴ 357¹; vgl. φωσφόρος
φάγε καὶ πίε καὶ εὐφράνθητι! 563¹
phager (phagrus) 141⁵
Phagroriopolis, Stadt und Gau 139³ ⁴ 141
Φαγρώριον 140²
φάγρος = φαγρώριος 99³ 100¹ ² 134¹ 136³ 137¹ ² 139⁴ 140² ³ ⁵ 160; = ἰnt? 140²
Phagros, Fisch, verabscheut? 104⁷ 134¹⁻⁴ 135¹ 136 139; unter der Sonnenbarke? 126⁶; in Syene religiöse Enthaltung 136³ 137¹ ² 139; weil Steigen des Nil anmeldend 136³ 137¹ 138⁴; schont den Maiotes 137¹ 139¹; darum „heilig" 175²; auch im östlichen Nildelta, Phagroriopolis verehrt 139f; hier mit Gottheit in Verbindung gebracht 140; zoologisch bestimmt 140⁴—141⁹; eine Brassenart, Bild? 160; dem Erythrinos ähnlich 354⁶ ⁷
Phalarisfisch, der Aphrodite heilig 317
Phallos 65¹ 134¹ 322⁵; im Attis- und Osirismythus 133² 134¹ ⁴; im Märchen von den 2 Brüdern 154⁶; -kult in Hierapolis 211; Ph. = Fisch 225³ 376⁶; Ph. und Phalarisfisch 317; in den Eleusinischen Haloen 331²; Ph.-amulett im Grabe 395; Ph. des Dionysos 432⁵; Ph.-amulett in Fischgestalt 444²; vgl. Meerphallos, *virilis species*
φανεροῦσθαι 468⁰
Φανόδημος 308²
φαντασία, ἡ 559⁴
phantasmata 404
φάος, γλυκερόν 485¹ 486¹; παναθάνατον (ἄφθιτον) 485¹
Pharai, Hermesquelle 20²
Pharao 564
pharmacum vitae 570¹
φάρμακον, τό 529² 571²; ἀθανασίας 451¹ 570¹; vgl. ἀλεξιφάρμακον
Pharmakowsky B. 207¹ ² 208⁵ ⁸ 209¹
Phaselis, Insel (und Phaseliten) 50¹ 382²f
Φασηλῖται 382² ⁴; Φασηλιτῶν θῦμα 382⁴
Phaseolen, verboten bei Sabiern 76²
Φάσις 153³
φάσματα 405¹ 486³
φάττα (Wildtaube) 352²
φαῦλος (ἰχθύς) 66⁵ 67² ⁴ 68¹

Pheneaten 13⁴
Pherephatte, Namenserklärung 352²; = Maia 352²; Wildtaube ihr heilig 352²; ebenso Hahn 352²
Φερσέφασσα 360⁴
Phigalia 181
Philae, Ägypten 102² ³ ⁴ 106⁵
φίλιχθυς 320¹ 380¹
Philippeville (Algier) 434⁸
Philippi 445
Philippus 356⁰
Philippus, Apostel 456
Philippus Arabs 75²
Philippus von Side (Pamphilien) 252⁵
Philippos, Übersetzer Horapollons 63² 65 86⁵
Philippusakten 567⁴
Philistäische Küste, Fischkult 205²?; Ph. Dagon 205⁶ 231; vgl. Dagon
Philo Alexandr. 26³ 42³ ⁵ 43¹f 116³ 264¹ 378⁵ 433³ 468¹ 469³ 477⁶ ⁷ 487² 542² 548³ ⁴ ⁵ 564f 568⁵
Philo von Byblos 189¹ 247¹ 266⁷ 267¹ 268³ 277² 280⁵ 417³
φιλόδωρος (scl. θεός) 378⁵
φίλοι 457ff 478 504 505f
Philoponus 118⁰
φίλοψος 380²
φίλος 508; vgl. φίλοι
φιλοσοφία, ἡ 569⁰
Philosophie, und Religion 190
Philostephanos 382³
Philostratos 16¹ 198² 233³ 240¹ 327³ 334⁰ 336² 405¹ 416² 557³
Philoxeni Glossarium 68⁰ 298³
Philoxenos 65¹
Philumenos 327²
Phineus (Fluß) 170²
ΦΟΒΟΣ 404²⁻⁴
Phönizien, und Phönizier 162² 190² 202² 205⁴ 249 262f 264³ ⁵ 267¹ 270² 271 278⁵ ⁶ 284⁴ 285f 293 376⁵ ⁶ 379² 391⁰ 417⁵ 447; vgl. syro-phönizische Küste
phönizisch, rot 286¹ ² ³
φοιβάς 370⁷
Φοιβεία μοῦσα 246²
φοιβόληπτος 362⁴
φοινικόνωτος (φοινικόθριξ) 357²
φοινικοῦς 286¹ ³
Φωκᾶς 511⁰
φολιδωτός 94¹
φορβαβορφορβα βορφ. ορορβα 330³
φόρμιγξ (kultisch) 246²
φορφορβαοα 330⁴
φῶς 282² 419² 484⁷ ⁸ 486³; φῶτα 290²; φ. παναθάνατον 485¹; φ. θανόντων 485² 508; vgl. ἀμφιφῶντες, φάος
φωσφόρος, κόρη (Ἑκάτη) 318²; vgl. φαεσφορε
φωτεινός 356⁰

Photius 231² 251³ 327⁴ 376²
φράτωρ 505 f
φρατρία, ἡ 505⁵
φρίττειν 551¹
Phrygia Salutaris 454ff 460³
Phrygien und phrygisch 199³ 211 246¹
 246² 247⁶ 287⁷ 367² 397 432 438² 439³
 440³ 441 445² 454ff 482⁴ 497³
Phrygische (od. Thrakisch-Phr.) Mütze,
 der „thrakischen Reiter“ 423 425 427f
φθίμενοι 1 7¹
φυκίον 328⁴
Phykis, Fisch, Artemisopfer d. Fischers
 325¹: fruchtbar 325²; Farbwechsel
 325²
φυκίς (Fisch) 325¹
Phylakopi 222³
Phylakterion, Kreuz mit Fischen 119²;
 häusliche Ph. 120²; christliches Pa-
 pyrusphyl. 487⁴; vgl. Amulett, Haus-
 phylakterien
φῦσα *(physa)* 99³ 100¹ ² 158⁴
φυτάλμιος θεός 201¹
Pianchi, äthiopischer Priesterkönig 61¹
Pibai (Thmuis), „Weib des Gottes von
 P.“ 131³
Pick B. 442²
Picus, Halbgott 298⁵ 299²
πίε! 563¹
pie zeses! 505³
Pieper K. 498⁷
Pierpont J. Morgan-Sammlung 226⁶
 269⁷
pietas 450³
Pietschmann R. 129¹ 543⁰
Piganiol A. 294²
Pinches Th. G. 213² 214¹ ³
Pinie, im Attiskult 133²; P.-Apfel auf
 Sabazioshänden 276³; P.-zapfen als
 Krönung eines Grabcippus 394³f
Piolin D. 461⁴
Pioniusakten 495³
piscator hominum 31¹
pisces, als Sternbild 212¹; *p. boni-mali*
 67⁴; *magni-minuti* 72² 323⁶; *mundi-
 immundi* 67⁴ 124¹; *nigri* 169⁴; *plani*
 352⁰; *sacri* 352⁰; *principium piscium*
 131
Pisces Bambycii 193²
Pischel 127³ 542⁴
pisciculus 60² 66⁴ 306⁴ 309 321⁵ 448³
 487³ 489⁵ 508¹
piscina, antiqua 335⁵; *loculata* 177²;
 marina 323⁷
piscis 20⁵ 28² 29³ 30² 32³ 33⁴ ⁵ 34 40⁵
 47⁰ 60² 64¹ 68⁰ 70² 73¹ 95⁵ 99² 103¹
 116¹ ² 122³ ⁴ 136¹ 149⁰ 161³ 177² 193¹
 194¹ ² ³ 195⁰ ¹ ² 196² 201² 250⁵ 263⁷
 264² ³ 299¹ 313³ ⁵ 314² 333² 334⁰ 335⁵
 346⁰ 363² 364⁴ 365⁰ 376⁶ 449⁵ 450¹ ³
 451¹ 453¹ 492¹ 508¹
piscis bonus 27³; *immanis* 33³ 452⁵;

magnificus (= Atargatis?) 188²; *magnus* 33⁰ 451¹; *tristitiae* = Dagon 266⁴;
 vgl. ἰχθύς, *squama, squamosus*
Piso censorius 40⁴
πιστά, γράμματα 457 ff 470 ff
πιστεύειν 257⁶
πίστις 258⁴ 457 ff 472 475³ 478 482 ff 486
Πίστις 482 f 491
πιστός 495 504
πιστῶς 472³
πίθηκος 146¹ 373¹
Pitra J. B. 30² 142⁵ 239¹ 265⁶ 395⁴ 458f
 461⁴ 485¹
Pitys, König 113²
pius 449⁵; vgl. *impius*
placare deos 304³ 371⁵; *sepulcra* 311¹;
 manes 311²; *animas paternas* 311³
placatio deorum 290³
πλατεῖς, οἱ 88¹
Plato 25¹ 26³ 42⁴ 54² 74² 87³ 88⁵ 98⁴
 314⁰ 360³ 362² 412¹ 435² 493⁴ 517²
Platon, Komödiendichter 65¹ 104⁴ 316³ 335⁵
Plattfische, und Pythagoreer 352⁰
Plautus 322⁵ 364¹
Plehn M. 358² 393¹
πλημμέλεια 164²
Pleyte W. 126⁶
Plinius 26¹ 36¹ ³ ⁴ 37¹ 38⁰ ² 39² ⁴ 40⁴
 44³ 45² 46² 47⁰ 48⁰ 64¹ 65² 66⁴ 78⁴
 88⁹ 89¹ 90² 92³ 93² 94² 95² ⁸ ⁵ 96⁵f
 150³ ⁴ 151³ 152¹ 169⁴ 170² 175¹ 177³
 191⁶ 237⁴ 249¹ ² 250⁵ 254⁵ 260² 285² ³
 290³ 291¹ 302² 304¹ 314 315¹⁻⁹ 324²
 328⁷ 333² 335² 348⁷ 352⁰ 355⁵ 357⁴
 358¹ 365² 369⁷ 371³ 376¹ ⁶ 412³ 414⁴
 539¹
Plutarch X² XI¹ 9¹ 10¹ 18¹f 21⁶ 22² 23⁴
 25f 26¹ 52⁴ ⁵ ⁶ 53⁴f 54¹ 57¹ ² ³ 58² 59¹
 62 65⁵ ⁶ 66¹ 69¹ 71⁰ 72⁰ 76³ 77² 81³⁻⁵
 102⁴ 104⁷ 114¹ 129¹ 131¹ 133² 134¹
 135¹ ² 136³ 138⁵ 139 154² 161¹ 164²
 165⁶ 169 170 171² 176¹ 199⁵ 200 201¹f
 202⁴ 229² 240² 247⁶ 252¹ 281² ⁴ 299²
 300⁴ ⁵ 301 314⁰ ¹ ² ³ 325¹ 327⁴ 332² ⁵
 334 337² 340² 341³ 343⁶ 344⁰ ¹ ³ ⁶ 345⁵
 346⁰ 347¹ ⁶ 349⁷ 352² 353¹ 365 366¹
 368² ³ 369⁶ 372¹ 373³ 380² 411⁴f 418³
 432⁰ 443⁵ 491³ 493⁵ 494² 500¹ 504⁴
 514⁴ 558⁴
Pluto 8³ 337⁴ 353³ 430¹² ; m. Apfel 430¹²
πλουτόδοτος σοφία 508
Πλούτων 407⁰; Π.-Ἥλιος 439²
Πλουτώνη 419³
pluviale 356⁰
Pneuma, gemeinsames 56 57³ ⁴; -lehre
 57⁴f
πνεῦμα 28¹ 78¹ 254¹ 369⁵ 494⁵ 562³; τὸ
 π. (τὸ) ἅγιον 472⁵ 511⁰; ἀέρινα πνεύ-
 ματα 511⁰
Podagra, durch Zitterrochen geheilt
 91⁵ 93¹ ³

stra 77³; u. Indier u. Chaldäer 77⁷; und Porphyrios, Iamblichos 98; allgemeines Tierfleischverbot? 343—345; vgl. Pythagoreer

Pythagoreer 58² 59³ 71 343⁴ 344⁰ 345⁵ 346⁰ 347¹; vgl. Androkydes, Neupythagoreismus

Pythagoreismus, -Symbole 7¹f 347³; -Regel 7¹f 244¹ 305⁷ 406²; die P.-Urkunde über Speiseverbot bei Diogenes Laërtios 15¹⁻⁴ 22 65 331 332¹ 347⁶ 352²; Speisegesetze verspottet 343³⁻⁵; P. und Grab des Numa 40⁴; und Farbensymbolik 69¹; Schweigen der P. und Fischverbot 313f 344¹; Fischverbot 15⁴ 22 65 68ff 314¹ ² 342—358; ursprünglich allgemein? 342—345; morgenländische Herkunft? 345; vom 4. Jahrh. an verboten: Meerqualle 345f; Meerbarbe 346⁸f; Beziehung zu Eleusis 347¹⁻⁵; Melanuros 347—354; Erythrinos 354—357; Begründung d. Verbotes: chthonisches Fischopfer 351—358; Hahn in der P.-regel 406²; „die Lebendigen" 568⁶; vgl. Bohnen, Ei

πυθαγορίζειν 343⁴

Πυθία, ἡ 562²

Python, der Wahrsagegeist 445

Quadragesima 356⁰

quadragesimus dies 565⁴

quadratus (Saturnus) 282¹

Quagliati Q. 406⁵ 430⁷⁻¹²

Quartodecimaner 555

Quelle, Reinigungen 24; Surische Q. 26¹; eingefaßte Q. mit Fischen 173³; des Labrandäischen Zeus 177³ ⁴ 374³ 488²; Q.-Gott Ea 187¹; Q.-Göttin Nina 214; im Hain v. Mabug 245⁰; „Quelle" als Göttin 253⁴f; „Quelle des Geistes" 253; Q. Bild der Ehefrau 255⁴; in der Aberkiosinschrift 486 488f; in der Pektoriosinschrift 508; vgl. Arethusaquelle, fons, πηγή

Quibell M. 151⁵ 159¹

Quindecimviri 405

Quodvultdeus, Bischof v. Karthago 451¹

Ra, Sonnengott, s. Re

Raabe R. 147²

raâda, Fischname 84¹ ² 85¹ 93

Raâsch (Zitterwels) 86¹

Rabe, von Ägyptern verehrt 82² 145²; auf Darst. der „Thrak. Reiter"? 423; in Mithrasmysterien 429

Rabenfisch, in Eleusis verboten? 331³ Name „Korakinos" 348⁵; vgl. κορακῖνος

Rabh 203²

radix = Rettich 80⁵

Rätsel, Fischrätsel 313⁵; Rätselrede 69⁴f; vgl. Aberkiosinschrift

Räuchergefäß in Fischform 210²; christliche 210³ 211²; im römischen Kult 210⁴; als Votivgaben 377

Räucherwerk, für Tote wie für Götter 2³; räuchernder Priester 129³; der „Himmelskönigin" 276

raia torpedo als Zitterwels 85⁴

„ῥαμάνθας" 189¹

Ῥάμιθα (= Λαοδίκεια) 189¹

Rampolla del Tindaro M. Kardinal 527² 532³

Ramsay W. M. 367² 439³ 455f 458⁷ ¹² 460³ ⁴ 461⁷ 474

Raoul-Rochette 379² 398³

ῥαφίς 117³ (Fisch)

Rapp 418⁷

rapum 80⁵

Raschid 156⁴

Raubvogel 149⁰; auf d. Pferdeschmuck v. Ssolocha 207; vgl. Vogel

Rauchopfer, an Korybas 432¹; vgl. Räucherwerk

Raum, liturgischer vgl. Abaton, Adyton, Martyrium, sacellum, συναγωγή, Tempel, Sabier

Rauschen G. 497³ ⁵

Raute, u. Fisch 215³ 216 217⁴ 223³ ⁴ ⁶ ⁷f 225 226⁶ 227¹; Sinnbild des Lebens = Vulva 225; vgl. vulva

Ravenna 450²

Rawlinson 197⁶

rdʒ -Fisch, verabscheut 154³

Re, Sonnengott 106³ ⁵ 124¹ ² 125⁰ 127¹; Tochter d. R., Hathor 120¹; in seiner Barke 106³ 127² 160¹ 269⁴; Jesus ein Sohn d. Ra? 127³; in Stundenwachen der Osirismysterien 128² ³; Augapfel des R.: Hat-mehit 131³; Re-Harmachis 159⁵

Rebhuhn, Symbol der Bosheit 560⁰

Rechts, Seite des Unterganges 56 57¹; in d. „hl. Krankheit" 360; vgl. Hand, δεξιός, dextera

Recognitiones Clementinae s. Klementin. Rekogn.

reconciliare 535¹

rector = Bischof 534¹

„reddidit" 521¹

redemptionis sacramenta 566¹ 567⁴

Refâdeh in Syrien 262⁰

refrigeratio 295⁴f

refrigerium 295⁴ 564²

Regenbogen O. 360¹ ² 365¹

Regina coelestis 474; cf. Caelestis

Regino von Prüm 535¹ 536¹

Reich, das „Reich" der Aberkiosinschr. 473ff

Reiher, Vogel 248¹

Rein, kultisch r. nach jüdischem Gesetz 42f 250f 538⁴ f; Fischenthaltung und

355⁰f; im Zauber 288²; Rot und Blut
288²; Rot u. Schwarz 354—358; beim
christl. Totengedächtnis 356⁰; vgl.
Purpur, πορφυροῦν; roter Hahn für
Persephone 430⁷
Rotes Meer 141⁷f; = Persischer Meer-
busen 230 233f
Rotwein, = Schwarzwein 354f
Rouen 356⁰
Roulin E. 390³
Rouvier J. 263¹²
Rubensohn O. 416² 417⁶
rubeus (kultisch) 356⁰
Rudolfus, Frater 335⁵
Rübe, verboten 17¹; vgl. *rapum*
Rüsttag, = *cena pura* 537¹ 541
Rüther Joseph IX
Ruge 202¹
Rumänien 425⁴ 427²³ 428⁴
Ruß, im Zauber 113⁴
Russel A. 163²
Rußland 37⁶ 95⁵ 169¹ 297²; vgl. Süd-
rußland
ruta 80⁵
Ryssel V. 48⁵

Saadi 173⁴
Saatengott, Saturn s. diesen
Saatfest, die Haloen? 331¹
Σαβαώθ 511⁰
Sabazios, S.-Hände 276³ 426¹ 435⁴;
Zeus-S.-Typus auf Thrakischen Reitertafeln 423¹ 425³ 429; S. u. Anaïtis
429⁶; Schlangensymbol 431³ ⁴ ⁵; in
Schlange verwandelt 432¹⁻⁵; = Dionysos 432⁴; S.-relief in Kopenhagen
435³; phrygischer und thrakischer 430³;
vgl. Ζεύς, Ἥλιος
Sabbat, von Persius geschildert 94⁸;
Fischverkauf 264; m. Saturnustag zu-
sammenfallend 288³f; und Sonntag
536—544
σαβήθ (für d. Planeten Saturn) 289³
Sabier, Nationalität und Speisegesetze
74 75¹²³ 76² 81f 90f 93 187³; Fisch-
gesetz ägyptisch 99f; Opfervorschrif-
ten 76² 81²; -Propheten 74² 75³⁴ 82;
und Sonnenkult 74 98; Sabisches Bet-
haus 98⁴
sacellum 407⁵
sacer 177² 263⁷ 279⁴ 352⁰ 405³; *sacrae
litterae* 451¹
sacerdos 19² 279⁴ 284¹ 298⁴ 300⁵ 301¹
443 444² 512¹ 517¹ 532¹ 562¹ 568³;
lusca s. 163¹; *calvi sacerdotes* 248⁰; *s.
Allatae* 275⁴
sacerdotalis ordo 517¹
Sachau E. 156¹ 157⁴ ⁶ 158¹
sacramentum 424⁴ 449⁵ 469² 519³ 569⁵;
sacramentorum fidelium 517¹ *s. fidei*
519³; *sacramenta Christi* 534¹² ; *redemptionis* 566¹ 567⁴

sacrificare 177² 280²
sacrificium 305⁸ 352⁴ 405³ 511¹ 562¹
567⁴ 568²; *s. novendiale* 312²; *s. laudis* 530¹
sacrilegus 512¹
sacrosanctus 534²
sacrum 95⁵ 96 299⁴ 371³ 443 523⁶; *s.
novendiale* 312²; cf. *D . M . S.*
de Sacy S. 84¹² 85² 86³ 144⁵ ⁶
Sadyattes (von 'Atê) 245³
saecularis 554²
saeculum, fluctus saeculi 27³; *apud s.
licuit* 281¹
Sagenbildung, Hai u. Wiesel 332³ 330⁰;
vgl. Legende
sagitta (kultisch) 303³
Saïs, Athenetempel 58²; Schafverehrung
116 117¹
Saitische Zeit, Bronzestück 106⁴
Saittai, Lydien 463¹
Šakan-Fisch 242²
σακίον 162³; σακκίον 164²
Sakkara, Pyramiden 83⁵ 114²; Mastaba
Ti 83⁶ 100³ 111⁵ 118⁵; Grab Meras
125³; Stele aus S. 127²
Sakrament, der Gläubigen 533²; vgl.
sacramentum
Sakrileg 177¹; vgl. *sacrilegus*
Saladin M. 294⁴
Σαλαμάν 511⁰
Salamis 419⁰
von Salis A. 4¹ 221¹ 222³
Sallur 157⁶f
Sallust 71⁰
Salmasius 287³
Salona 330⁵ 408⁴ 442⁶
Salsa, Sainte 297¹
Sa-lu-a-ra 158
salus 365² 569⁵; *cibus salutis* 451²
Salvator noster 465³
Salve! (Totenruf) 402¹
salvus, s. esse 60² 402¹
Salz, gegen Fäulnis 26⁸; Salzfisch, kul-
tisch unrein 50¹ 383¹; Enthaltung von
S. 55 58²; zur Fischzubereitung 56¹;
Schaum des Typhon 58²; in d. Volks-
medizin 315 ³ ⁴ ⁹; S.-hering, Hekate-
opfer, vgl. Sardelle; Salzfische im
„Phaselitenopfer" 382²f
samak (= Fisch) 265⁴
samak nahri (Fisch) 206³
Samarkand 206²
Šamaš, Sonnengott 227⁴; Symbol ge-
flügelte Sonnenscheibe 235¹; vgl. Son-
nenscheibe
Samekh, phönizisches 265⁴
Sam-Köï, Syrien 173⁶
Saminah 75³
Sammonicus Serenus 303²
Samosata 200²; vgl. Lukian
Samothrake (und Samothraker) 181
246¹ 342¹ 413² 415—420 421 435

Schwarze Gottheiten 12 13[1 2] 325 353[8]
Schwarzes Meer 141[10] 152[1]
Schwarzschwanz s. Melanuros
Schweben, der Götter 559[4]
Schwegler A. 40[2 3]
Schweigen, kultisch s. Stille, Dea Tacita;
  vgl. Pythagoreer
Schwein, im Sprichwort IX[4]; als Opfertier 17[1] 19[1] s. u.; Schweinefleisch-
  verbot: bei Kybele-Attis-Myst. 17[1]; bei
  Juden 42[3] 53[3] 78[6] 171[5] 187[2]; bei
  Ägyptern 53[3] 145[2] 187[2] 369[6]; bei Sabiern 75[3] 76[2]; bei Arabern und Mo-
  hammedanern 369[7]; für Tempelbe-
  treten 79[3]; bei Essenern 93[4]; in Sy-
  rien u. Palästina 370[1]; in „hl. Krank-
  heit" 362f; Begründung 368f; das
  Wollusttier 368[6]f; das Dämonentier
  369[5]—370[3]; als chthonisches Opfer
  369[6] 370[4 5]; silbernes Sch. als Votivgabe 187[1]; S. und Elefant 412; S.-
  fleisch auf feiner Tafel 593[1]; vgl. *sus,*
  suilla, ὗς, χοῖρος, χοίρειον, δελφακίνη
Schwenck 309[2]
Schwenn Fr. 310[5]f
Schwindezauber, als Türschutz 511[0]
Schwitzen, der Götterbilder 190[3]
Schwur, Selbstverfluchung 163
Scilitanische Martyrer 480[2]
Scipio d. Ältere 10[1]
Scott Stewart M. Cl. (Sammlung) 215[5]
Scotus Michael 86[5]
Scribonius Largus 91[4]
scripturae 466[4]
σέβας, τό 560[0]
σεβάσμιος 246[2]
Sebennytos 105 107[2]f
σέβεσθαι 132[2] 134[2] 147[1] 201[1] 332[1] 347[1];
  σέβειν 137[2] 139 142[4] 162[0 2] 183[5] 516[1];
  σεβάζεσθαι 145[2]
Sechmet, ägyptische Göttin 105
secretum (evangelicae traditionis se-
  creta) 369[0]; *ritus secretior* 371[5]
secta 526[7]
sedes, aeterna 403; *sanctorum* 485[2]
See, heilige Seen 173 177 179 183 190[3]
  192[4] 446
Seeaal, Knorpelfisch, bei Juden verboten 97[2-4]; vgl. Aal
Seebarbe 158
Seeberg R. 82[2] 147 148[1 7] 152
See-Esel, kultisch rein 250f
Seefahrer, und Dioskuren (= Kabiren)
  416f
Seehase, Fisch s. λαγωός (λαγὼς) ϑα-
  λάττιος, *lepus marinus*
Seehund, S.-fell als Kleidung 233[4]
Seekalb, -Haut Schutzzauber gegen
  Blitze 304[2]
Seeland (Taufgefäß) 388[1]
Seele, Luft und S. 57[4]; als Vogel 123
  124[1] 125[1] 407[4]; als Schlange 123; als

Krokodil 123; als Fisch 123[f.3]; Licht
  der. S. 485[2]; Scheiden der S. 531 566;
  beim Totenopfer zugegen 562[2 3]; vgl.
  anima, ψυχή, Totengeister, Unsterb-
  lichkeit, Leben
Seelenfisch vgl. Sardelle
Seelenwanderung, und Fisch 25[1]; und
  Fischverbot 342f
Seelen Jo. Henr. A. 4[1]
Seeochs 251[1]
Seepapagei 37f
Seetzen U. J. 115[3] 156[4]
Seeungeheuer s. Meerungeheuer
Seewiesel s. γαλῆ
Segensgestus, auf Beschwörungsrelief
  235
Σείμιος, männliche Gottheit d. Syrer 245
σείουρος 149[4]
Σείριος 509[5]
σεῖστρον 240[2]
σελάχια = σελάχη = ἰχϑύες σελάχιοι 93[4]
  94[1 8 5] 97[2]f
σέλας 326[3]; vgl. σελήνη
Selbstbeherrschung, u. Speisegesetz 42[3]f
Selbstentmannung s. Entmannung
Selbstmörder, Verbot der Totenmesse f.
  S. 561[2]; des Totenopfers in der Antike
  562[2]
Selden Joh. 188[2]
Selene, Unterweltsgöttin, geehrt m. Lichtkuchenopfer 304[7]; Mondgöttin, Berenike ihr gleichgesetzt 324[3]f; = Artemis = Hekate 326[2]; Kynokephalos
  ihr heilig 373[1]; und „hl. Krankheit"
  373[1]; = Bendis 419[2]
Σελήνη 319[1] 405[1] 406[8] 419[3] 509[5]; vgl.
  die Belege zu Selene, Κόρη
σελήνη 158[4] 166[2] 171[2] 300[5] 373[1] 406[1]
  419[2]; vgl. σέλας
σεληνιάζεσθαι 319[1]
Σέλευκος 175[2]
Seleukos von Tarsos 138[4 5]
Seleukia, Syrien 455
σέλινον ὁλόριζον 337[8]
sella 2[4]
σελλάστρωσις 2[4] (= *sellisternium*)
sellisternium 2[4]
Sellure 154[1]
σημήιον (von Hierapolis) 244[3]f 247[3]
Semeleia proles (Dionysos) 122[8]
σεμίδαλις, ἡ 552[4]
semipaganus 523[6]
Semiramis 161[5] 162[0]; Tochter der Derketo 191[2 3 4]
Semiten, u. Fisch im Totenmahl 242ff;
  Sühnevorschriften 177[1]
σεμνός 485[1] 486[1] 569[0]
Σεμνότης 483[6]
Sendschirli, Nordsyrien 219[2 3 4] 220[1 2]
  221 241[1] 242[6]f 292
Seneca 122[4] 169[5] 263[7]f 570[2]
Senegal 144

Denkm. 276[1] 279[4]; das vornehmste Sühnopfer nach d. Menschen 290[3]; Name f. Hekate 352[1][2]; rote St.-opfer f. Artemis-Hekate 357[2]; St. auf Darst. d. Thrak. Reiter 423; vgl. *βοῦς, bos,* Rind, Flügelstier

Stiftungen, für Tote 10[3] 295[4]f 297[1] 367[1] 377[3]ff 383[4] 387 389[2] 549 550[1][2][3]; für Tempel 439[2]

στίγματα Ἰησοῦ 471[4]

Stille, heilige Stille im Umkreis des Osirisheiligtums 102[2][3]; beim (chthonischen) Hadadkult 243[2]f; im Larundakult 311f 316; vgl. Totenstille, Pythagoreer

Stilpon, Sokratiker 79 80[1]

Stimme vom Himmel 254 522

Stobaios, Joannes 308[1]

Stobera (Persien) 233[3]

Stör, -Fisch als Pferdeschmuck 208[3]; Tafelfisch 322[3][4]; vgl. *acipenser*

Störtebecker, Niklas 389[2]

στοιχεῖον 57[4] 59[1]

Stoiker 26 28 51[2] 56[2] 57[1][2]f 81 134[3] 161[3] 185

stola 356[0]

Strabon 45[6] 64[1] 100[2] 104[3][6] 116 117[1][2] 121[1][4] 131[5] 139[3][4] 142[2][7] 143 158[4] 189[4] 191[5] 203[4] 260[2] 419[5] 440[3]

Strahlenkrone, des Hirten *ΙΧΘΥΣ* 468[2]

Straßburg 273[8]

στρατηγός, ὁ (Christus) 467[4]

Strathmann H. 50[1] 55[3] 70[2]

stratio 296[1]

Stratoneikos 165[1]

Streck M. 111[6] 112[0][1] 157[5] 158[1]

στρόβιλος 406[3]

Struckmann A. 497[3]

Strymon, Thrazien 153[3]

Studniczka F. 336[4] 338[1][3][4] 339[1]

Stübe R. 188[3] 245[8] 247[3]

Stundenwachen, in Osirismysterien 124[1] 128[2]

Styger P. 401[1] 403[3] 482[1] 510[8]

στῦμα = erectio membri 65[1] 335[5]

Styx 328[2] 337[4]

Styx, in Achaia 170[2]

su-Fisch 213[2]

substantia 252[3]

Suchos, Haus des S. = *Κροκοδειλόπολις* 140[1]

Südafrika, Aussatz 169[1]

Süden, Gebet n. S. 75[3]

Südrußland, Funde von Fischbildern 206[4]f 208—210 263[4]; babylonische Einflüsse 206 209f

Sühnung, zur Heilung der „hl. Krankheit" 361[3]; vgl. Blitzsühne

Sühnegötter 8[4]

Sühnepriester, rotes Gewand 237[4] 284[2]-288 288[1]; und hl. Krankheit 362[5]

Sühnevorschriften, jüdische 177[1]; Rote Farbe 237[4]

Sühnezeiten 55[3] 57[4]

Sühnopfer, an Totenreichsgötter 12 13[1] 20f 22f 304[3]-[8]; an Heroen 16; völlig verbrannt 20; der Fisch als S. 17—24 81[1]-[6] 95[1] 187[2]f 291 297—311; Rotes Priesterkleid 237[4] 288[1] 284[2]—288; sühnender Charakter des Votivopfers 276; vom Menschenopfer z. Fischopfer 290f; das Haaropfer als S. 301[2]-[6]; die Zwiebel als S. 300[2]-[6] 301[1]; das Ei im S. 308[8]; die Ziege als S. 366f; Hund als S., vgl. Hund; Schwein als S., vgl. Schwein, als chthonisches Opfer; jüdisches 517[1]; vgl. Blitzsühne, Feuer, Melanuros, Erythrinos, Trigle, Sardelle, Hahn

Sünde, Bekenntnis 164[2]-[4] 165[1][2][3][5]; S. gegen die Sonne 166[1]; gegen den Mond 166[2]

Sündenlosigkeit Christi 34[3] 465

sueta, sectae s. 526[7]

Sueton XI[4] 289[2] 304[2] 313[3] 321[5] 352[4] 571[1]

suḫur-Fisch 213[2]

Suidas XI[2] 108[3] 19[1] 20[3] 290[4] 327[4] 382[4] 385[3] 416[3]f

suilla (caro) 36[2] 46[4] 368[5] 369[7]; *suillum genus* 368[6] 369[7]

Sultan-Ibrahîm-Fisch (= Adonisfisch) 250[1]

Sulzbach a. Main 540

Sumerer, Hymnus 213[1]; Religion der S. 214[5]

sumen 539[1]

Summanalia liba 304[5]

Summanus, etruskisch-römischer Blitzgott 297—304; Gott der Nachtblitze 302[2]; Unterweltsgott 301—304; = Dispater 302[4]-[6]; = Veiovis 303[1]-[5]; starke Verehrung 303[6]; Unheilsgott: Abwehrzauber, Sühnopfer, Fischopfer 304[2]-[8] 447; S. und Hadad? 304

summus manium (= Summanus) 302[3]

Sunion 79[3]

superstitio 95[5] 136[1] 252[3] 350[2]

Supka G. 422[9] 428[2]

supplicatio 114[4] 23[2]

Sura 341[8] 342[0] 488[2]

Surische Quelle 26[1]

sus 368[6]

Susa 183[5] 217ff 221

Susam 173[5]

Susanna, Darstellung 30[0]

Swastikakreuz 180[1] 425[2]?

Sybel L. von 409[7]

Syene 136[3] 137[0][1][2] 138f 140 141 142

Sykomoren, v. Segen ausgeschlossen 78[2]

συλλαμβάνειν 487[2]

συμβίωσις, ἡ 505[5]

συμβιῶται, οἱ 505[5] 506[0]

θάνατος 287⁵ 441⁵ 568⁶ 570²; κυρεία θανάτου 282⁷; ϑ. πορφύρεος 355⁹; τοῦ κυρίου 552; vgl. ὕπνος
θανόντες, οἱ 485² 508 509³
θάπτειν 562²
θάρρει! (θαρρεῖτε!) 398⁸
θαῦμα, τό 529²
θεά, „ἡ θεά" 183; vgl. Göttin, „die G."
θεαί μητέρες 443⁵; vgl. μήτηρ
Theaterbesuch, nach Tertullian 518¹
Θηβαῖοι 135⁵
Theben (Ägypten), und Schafverehrung
116 117¹; Hathortempel 121⁴; Welt-
wunder 168³
Theben, das „siebentorige" 168⁸
Thébessa (Theveste), Algier 270³ 276
291f 292¹ 294²·³
θεὲ τῆς ἀληθείας 500⁴
θεῖος 548⁴; θεῖον πρῆγμα 359⁴ 361³; θεῖόν
τι 362⁸; ϑ. γένος 508¹; ϑ. μυστήρια 531²
554²; vgl. εἰσόθεον, ἰσόθεος
Theklaakten 462³
θήλεα νοῦσος 253³
Θέμις 509⁵
Θέννησος (Θίννησος) = Tinnîs 107¹
θεῷ μεμελημένον (βρέφος) 397¹
Theodoret von Cyrus 142⁴ 143 200²
Theodoros, Martyrer 464¹
Theodot von Byzanz 258⁵
Θεοὶ μεγάλοι Διόσκουροι Κάβειροι 416⁵;
vgl. Θεῶν
θεοί, πάτριοι 182¹; πατρῷοι 196³·⁴·⁵ 197³
Theokrit 288² 313¹ 324³ 414²
θεόληπτος 362⁴
θεολογία, ἡ 507¹
θεόλογος 24¹; ὁ Θρᾷξ ϑ. 419⁸
Theon 344²
Θεῶν Καβείρων Συρίων 417²
Theophanes Kerameus 34³
θεοφανία 527²; vgl. ἐπιφανῆναι, ἐπιφανής
Theophil von Antiochien 146³ 476⁶
θεοφόρος 178¹
Theophrastos 88⁶ 90² 170² 248¹ 286¹
Θεός, ὁ 244¹; ὁ σαρκωθεὶς Θ. 257⁶; Θ.
ἡγοῦ 510⁸; Θ. μεϑ' ἡμῶν 510⁸; Θεοῦ
χάρις 510³
θεός, „ἡ ϑ." 162³ 165⁶ 184²; „ἀφ' ὕψους
ὁ ϑ." 189¹; οἱ ἄνω-κάτω θεοί 281⁴;
ϑ.-δαίμων-ἄνθρωπος 560⁰; ϑ. μέγας 464⁴;
ϑ. ἐκ πέτρας 257¹; ὁ ὕψιστος θεός 511⁰
θεοσεβής 479¹ 501³
θεοτόκος 257
θεοῦ τέκνον 397²⁻⁶?
Thera, Insel 10³ 180⁴ 381⁴ 389
θεραπεύειν 419³
Therapeuten 98 369⁴
Therapne 321² 433⁵·⁶
θησαυρίζειν 529²
Θησεύς (Akrostichis) 509⁵
θέσις (σώματος), Grab 455 457
θεσμοφοριάζουσαι 337⁸

θεσπέσια ὕδατα 508
Thessalonike 432⁵
Thewrewk de Ponor 38¹
θιασώτης 419⁰
θιγεῖν τῶν θεῶν 112³
Θιννίτης νόμος 107¹
This, Lokalgott von Th. Onuris 106²;
Heimat des Onuris? 107¹; = ägypt.
Tnj (gespr. Tîne) 107¹
ΘΚ̄ 5
Thmuis 131³
θνησείδιον (ἅπτεσθαι) 352²
θνήσκειν 568⁵; τεθνηκότες τῷ θεῷ 569⁰
θνητόν, τό 560⁰
Thomas, Apostel 559⁴; vgl. Thomas-
akten
Thomasakten 484⁷ 495² 500² 551² 569⁴
Θ Ο. ΤΚΝ. 397 398⁸
Thoth, ägypt. Gott, Ibis ihm heilig 108
145¹; Gebet zu Th. 145¹; und Horus
226⁵
Thrakien und thrakisch 64⁴ 153³ 181
184 245⁰ 246 258 329 418ff 432 434⁷f
440³ 441¹ 447 493³
Thrakische Reiter, und Fischopfer 358
417 489⁴; bisherige Literatur 420ff;
u. Fischkult 420—447: Beschreibung
der Täfelchen 422—428; Deutung von
Widder, Löwe, Hahn, Schlange 429—
433; Deutung des Fisches und des
Sol (Unsterblichkeit) 433—436; Deutung der Hauptfigur auf Bendis-Ar-
temis-Anaïtis 436—447; neue Inschrift 478³; Weinkrug 493³
Thrasybulos 484⁵
θρηνεῖν 551³
θρησκεία 257⁶
θρησκεύειν 135³
θρίσσα (Nilfisch) 99³ 100¹·²
θρίξ 299²
Thronfeier, des Zeus von Kreta 221²;
vgl. cathedra, καθέδρα
θρόνος (Götterthron) 2²
Thukydides 321³
Thulin 302¹ 304⁹
Thunfisch, zu den schuppenlosen gezählt 94⁷; und Juden 94⁷·⁸·⁹ff 543²;
und Traumorakel 94⁷; sehr begehrt
95¹; Fleisch und Blut des Th. 260²;
Th.-fang 260²; Poseidonopfer 204⁵
267³; Poseidons-Symbol 323⁴; und
Karthager 270¹·²; und Herakles 391⁰;
junger Th. und Pompilos 414⁴; vgl.
θύννος, πηλαμύς, thynnus
Thureau-Dangin 214²
Thutmosis III 127¹
ΘῩ (= Θύννος) 209¹
Θυάτειρα 463²
θύειν 8⁴·⁵ 9¹ff 12¹f 15³ 19¹ 23³ 24¹ 48²
80⁴ 112⁴ 135² 201¹ 243² 281² 290⁴
307³·⁴ 318¹ 319¹ 344⁰ 347⁴ 366¹ 367¹·⁸

Totenrichter, Gebet an den T. 145¹
Totenruf 563¹; vgl. *vale, anima dulcis,*
εὕδειν, *have,* φάγε, *salve*
Totensessel 2³ 220f; vgl. καθέδρα
Totenspende (= Trankopfer für Tote),
8³ ⁵ 9²ff 221¹ 295³ 297 311 312¹ ² 328²
385f 571f
Totenstille, die „stillen Toten" 316¹;
vgl. Stille
Tote, Tempel für T. 1² 5¹
Toutain J. 275¹ 277¹ ⁴ ⁵ 278¹ ⁴ 280³ ⁴
τράγειον κρέας 366¹
τράγος 145² 212² 366¹
Trankopfer, an die „Himmelskönigin"
276; an Larengeister b. Mahle 503¹;
vgl. Totenspende
τράπεζα 184² 258³ 331³ 337⁸ 494³ 500²
512³ 551¹; τ. μυστική 500²
Trappe, in „hl. Krankheit" verboten 362⁵f
Trauben, als Erstlinge 78²
Trauer, Enthaltung von 15⁴; -kleider
16; vgl. Schwarz, Rot, Violett, 40
Tage, kultische Unreinheit 366³;
-tracht der Frauen 558⁴; -zeit 558
Trauerbräuche, Haarabschneiden 301⁵
Traum, opfern im T. 23³; Auslegung
69² 87f 253²; vgl. Artemidoros alle
Stellen: T. beim Tempelschlaf 80¹;
T. im Vergleich 89⁵; Dioskuren im
T. 417⁴; christliche T. 455; vgl. Fisch-
traum
Trausen, thrakischer Volksstamm 435¹
Trebatius, Kultschriftsteller 307¹
τριακάς, ἡ 317¹
τριακοστά, τά 559³(?)
τριακοστὴ ἡμέρα 221¹
Tribur, Synode von 495¹
τριχία (Fisch) 322²
τρίχρωμος 357¹
triclinium 295⁴
triduum 567⁴
triformis (Hecate) 326²
trigesimus dies 565⁴ 567⁴
Trigla, Platz in Athen 318
Trigle (Meerbarbe), gegen geschlecht-
liche Neigung u. Fruchtbarkeit 65¹ ²
68² 316³ 318 335f; der Artemis heilig
65¹ 316³ 317 325¹ 334²; der Hekate
geopfert 317¹—330 334 336 347⁴ 372
415⁶; Begründung: σαρκοφάγος: „Kot-
barbe" 328—330; bebartete 317f 415⁶;
wertlos 68 320f 325; Namenserklärung 317¹; pythagoreisch unrein 15⁴
332¹ 346⁸f; Totenopfer 68; rotfarbige
T. beim Trophoniosorakel verboten
318² 327; braunfarbige Aixonidische
im Hekateopfer 318² 325f 357; T. bei
den Juden 46³; in Eleusis verboten
15⁴ 331³—340 347 372³; Enthaltung
der Herapriesterin 332¹; Begründung:
T. als Seehasenjägerin 331³—334; der
Artemis-Hekate heilig 334; Lebens-

sinnbild und Totenopfer 335—339;
auf der Bostoner Thronlehne 338;
unschädlich 344⁶; Nahrung der T.
348¹; verboten in „hl. Krankheit"
362⁵f; Grund: Hekateopfer 372—374
376; vgl. *mullus*
τρίγλη (τρίγλα) 15⁴ 46³ 65¹ 338² 339 346⁸
347¹ ⁴ 348¹ 358¹ 362⁵ 363¹; τ. θαλαττία
331⁸; τ. γενειῆτις 353⁶; vgl. die Belege
f. „Trigle", τριγλίς
τρίγληνος 317¹
triglia 338²
τριγλίς 309⁴ 319² 320¹ 325 347² 373 444²
trigonus (Mars) 282¹
Trimalchio 407⁴ 503¹
τρίμορφος ('Εκάτη) 317¹ 318¹; (Βριμώ) 334⁴
Trinität, *fons, flumen, rivus* 489¹
Trinkhorn, auf Darst. d. „Thrakischen
Reiter" 423
Trinksitten, der Thraker 493³; der Bar-
baren 493⁴; der Römer und Griechen
493⁵ ⁶f
τριοδῖτις 317¹
τρίοδος, ἡ 368⁸
Tripolis in Syrien 173⁴ 206³ 239²
τριπόθητος ('Αδῶνις) 246²
τρίπους 11³
τριπρόσωπος 317¹
τριταίου κειμένου 557³
τρίτη (ἡμέρα) 555² 557 558¹ ² 561¹; ἡ τ.
558⁶ 559¹ 561¹; τὰ τρίτα 559² ³ 561¹
τριττυία 321³
Triumphwagen 2⁸
Troezen 346⁷
Trogus, Pompeius Tr. 264²; vgl. Justinus, M. Junianus J.
tropaeum 534¹
τροφή (εὐχαριστηθεῖσα) 497ff 567² 571²;
ἁγία 512³
Trophonioshöhle, Orakel und Fischverbot 327¹
τροπικῶς (λεγόμενος ἰχθύς) 30² 31¹f
Trygon vgl. Stachelrochen
τρυγών (τρυγώνι neugr.: Stachelrochen)
88¹ 94⁴ ⁶ 170¹ 318² 327¹
τρυγών (Turteltaube) 82² 363¹
Tryphon, Grammatiker 69 70¹
Türklopfer, Spruch auf dem T. 98⁴
Türschutzformel 197⁴ 511⁰
tumulus 311³ 386¹ 535⁰
tunica, immortalis 484¹; *candida* 503¹
Tunis 266⁰ 274³ 292⁷ 294² ⁴ 295¹ 408³
turbot 156⁴
turibulum 211⁰
Turin 110⁶ 128¹
Turteltaube s. Taube
Tyche (Eigenname) 521¹
Tyche, ihr Sinnbild die Hand 276³
Τύχη 258⁸ 494³
τύχη, ἐπ' ἀγαθῇ τύχῃ 79⁹
τυχεῖν τῶν θεῶν 112³

Zehn, Tage Enthaltung 51 52[1]
Zehnten-Opfermahl 36[1]; Z.-Opfer an Herkules 36[2]
Zeller E. 340[2]
Zeller F. 44[2]
$\zeta\tilde{\eta}\nu$ 26[1] 487[2]; ζ. $\varepsilon\iota\varsigma$ $\tau o\dot{v}\varsigma$ $\alpha\iota\tilde{\omega}\nu\alpha\varsigma$ 462[3]; $\dot{\alpha}\vartheta\dot{\alpha}\nu\alpha\tau o\nu$ $\beta\iota o\nu$ 568[5]; $\dot{\varepsilon}\nu$ X. 'I. 570[1]; vgl. $\zeta\tilde{\omega}\nu\tau\varepsilon\varsigma$, $\zeta\omega\dot{\eta}$
Zenker J. Th. 115[2]
Zeno von Verona 29[3] 30[1]ff 539[3] 547[4]
Zenobios 283[3] 450[2]
$Z\eta\nu\dot{o}\delta o\tau o\varsigma$ 415[2]
Zenon, Arzt 372[1]
Zeraduscht, persischer Magier 245[0]
Zerynthische Höhle auf Samothrake 416[3]; Z. Hekate-Aphrodite 418[1] [2]
$Z\varepsilon\dot{v}\varsigma$ $(Z\tilde{\eta}\nu)$ 268[1] 305[3] 406[2]; Z. $\dot{\alpha}\varrho o\upsilon\varrho\alpha\tilde{\iota} o\varsigma$ = $\Delta\alpha\gamma\dot{\omega}\nu$ 266[3]; Z. $\dot{\alpha}\varrho\dot{o}\tau\varrho\iota o\varsigma$ = $\Delta\alpha\gamma\dot{\omega}\nu$ 267[1]; Z. $"H\lambda\iota o\varsigma$ $\mu\dot{\varepsilon}\gamma\alpha\varsigma$ $\varkappa\dot{\upsilon}\varrho\iota o\varsigma$ $\Sigma\alpha\beta\dot{\alpha}\zeta\iota o\varsigma$ 431[3]; Z. $B\dot{\alpha}\varkappa\chi o\varsigma$ ($-\Delta\iota\dot{o}\nu\upsilon\sigma o\varsigma$) 478[3]; vgl. Belege zu Zeus
$Z\varepsilon\dot{v}\varsigma$, Sternbild 229[1]
Zeus, Vorrang 24[2] [4] 41[1]; -tempel 24[3] 55[3]; $K\varrho o\nu\dot{\iota}\omega\nu$ 73[3]; Z. Kasios in Pelusium 79[4]; in Elis 162[2]; — v. Olympia 178[3]; -Sabazios 165[1] 423[1] 425[3]; und Fische 174[5] 177[3] [4]; Labrandäischer Z. 177[3] [4] 374[3] 488[2]; u. Nemesis 194[0]; -Hadad 199[5] f 243[2]; $\Delta\iota\dot{o}\varsigma$ $\mu\dot{\alpha}\varkappa\alpha\varrho$ (Adonis) 246[2]; Z. Meilichios 307[2]; dreiäugiger Z. von Argos 317[1]; Z. Lairbenos, Sühnopfer 367[2]; Schlangensymbol 431[3]; und Bendis bei Lukian 441[1] [2]; in der Apostelgeschichte 445
Ziebarth E. 377[3] 407[0]
Ziege, als Opfer 19[1] s. u. chthonischer Charakter; Z.-fleisch verboten: im Zauber 50[1] [2]f; in Ägypten 50—53[3] 366[2]; in „hl. Krankheit" 359f 362[5]ff 365—368; Z.-fellgewand 271 363 367f; Z. des Veiovis 303[3] 366[6]; chthonischer Charakter 303[4] 365ff 368[2]; vgl. $\alpha\tilde{\iota}\xi$, $\alpha\tilde{\iota}\gamma\varepsilon\iota\alpha$, $\alpha\iota\gamma o\tau\dot{o}\mu\iota o\nu$
Ziegenbock, auf assyr. Siegelzylinder 215[3] 216[2] [3]; als Glückszeichen 224[7]; indisches Opfertier 77[7]; und Lebensbaum 227[1]; Z.-skopf auf Beschwörungsrelief 235; vgl. hircus, $\tau\varrho\dot{\alpha}\gamma o\varsigma$
Ziegenfisch 248[1]; und Ea: Lebenssinnbild 225f; auf Postament 227[5]; vgl. $\alpha\iota\gamma\dot{o}\varkappa\varepsilon\varrho\omega\varsigma$, Steinbock
Ziehen J. 421[6] 436[4] 444[1]
Ziehen L. 50[1] 55[3] 366[3] 377[3] 379 383[4]f 384[6] 426[9] 561[7]
Zigeuner 51[1]
Zimbalowa Mogila bei Melitopol 208[3] 209[1]
Zimmermann A. 315[11]
Zimmermann F. 49[2] 53[3] 56[0] 62[3] [4] 78[6] 109[0] 126[4] [6] 136[3] 152[3]

Zimmern H. 186[3] 213[1] 218[2] 221[1] 232[1] [3] 236[8] 267[2]
Zirkus (Rom) 306[1]
Zitterfisch, den Sabiern verboten 74[2] 82 90f; Begründung 91[3]—93; in Ägypten 99; = Zitteraal? 82[3]; = Zitterwels 82f 99ff; vgl. Zitterwels; = Zitterrochen 85f; vgl. Zitterrochen; = Torpedofisch 85[3]; vgl. diesen und silurus electricus
Zitterrochen, der Zitterfisch der Sabier? 83—86; = $\mu o\upsilon\delta\iota\dot{\alpha}\sigma\tau\varrho\alpha$ 85[4] f; und seine Jungen 86[5]; Bild 87[1]; Name 87ff; in der Traumdeutung 87 88[1]; Stachel? 89[4]; in der Dichtung 89[3] [6] 90[1]; und Totenreich 90[2]; Verbreitung 90f 99; gegen Kopfweh 91[4] 92[1] [2] 93[3]; gegen Podagra 91[5]; gegen Mastdarmvorfall 92[1] [2] 93[3]; zu Arzneien verarbeitet 92[3] 93[1] [3]; zu den Knorpelfischen gehörig 93f; den Juden verboten 97[2]f; den Essenern verboten 97; vgl. $\nu\dot{\alpha}\varrho\varkappa\eta$
Zitterwels, der Sabier 82 83[1-7] 99 100f; Namen, ägyptischer? 83; arabischer 83ff; Darstellung 100[3] 101[0] 160[1]; noch heute Scheu der ägypt. Fischer 115[3]
$\zeta\omega\dot{\eta}$ 59[6] 324[3] 458[6] 473[2]; $\dot{\alpha}\varrho\tau o\varsigma$ $\zeta\omega\tilde{\eta}\varsigma$ 569[4]
Zoega 142[5]
Zoilus, corrector prov. 522
$\zeta\tilde{\omega}\nu\tau\varepsilon\varsigma$, $o\dot{\iota}$ 573f (569—574)
$\zeta\tilde{\omega}o\nu$ 15[4] 17[2] 26[3]; ζ. $\dot{\varepsilon}\varrho\omega\tau\iota\varkappa\dot{o}\nu$ 417[5]; $\dot{\upsilon}\pi\varepsilon\varrho\varphi\upsilon\dot{\varepsilon}\varsigma$ 431[5]
$\zeta\omega o\pi o\iota\dot{o}\varsigma$ 488[8]
Zotikos von Otrus 460[3]
Zupanjac-Delminium 391[1-3] 392[1]
Zweiwegelehre, neupythagoreische 43[2]
Zwiebel, vom Segen ausgeschlossen 78[2]; kultisch unrein in Ägypten 78[4] [5] 300[2]; göttliche Verehrung? 78[4] [5] 146[1]; verboten im Lichtgottopfer 79[4] 80[5] 300[3] 301[1]; Enthaltung z. Heilung der „hl. Krankheit" 80[2] 300[4] 362[5]f; Opfergabe in der Blitzsühne 299ff; Beziehung zu Totenreichsgöttern 300[4]; Todes- und Trauerpflanze 300[5] [6]; im Zauber 300[4]; Nahrung des Armen in Griechenland 323[2]; vgl. cepa, caepicium, $\varkappa\varrho\dot{o}\mu\mu\upsilon o\nu$
Zwillinge, „kämpfende Zw." 236[8]
Zwölftafelgesetz 11[4]
Zwölfzahl, der Brote 218[2]; $\delta\dot{\omega}\delta\varepsilon\varkappa\alpha$ $\sigma\tau\varrho o\beta\dot{\iota}\lambda o\upsilon\varsigma$ 406[3]
$Z\upsilon\gamma\dot{\iota}\alpha$ $(B\varepsilon\nu\delta\dot{\iota}\varsigma)$ 418[5]
Zymbel, Z.-spiel zu Ehren der Fischer 412[2]
Zypresse, und thrakische Reiter 423.

1

D   M
ΙΧΘΥC · ZΩΝΤΩΝ
LICINIAEAMIATIBE
AIFAAFRENTI VIXIT

2

1 Grabinschrift des Kindes Irene in der Priszillakatakombe-Rom.   *Originalabklatsch.*
2 Die Amias-Grabinschrift im Museo Kircheriano-Rom.   *Originalaufnahme.*

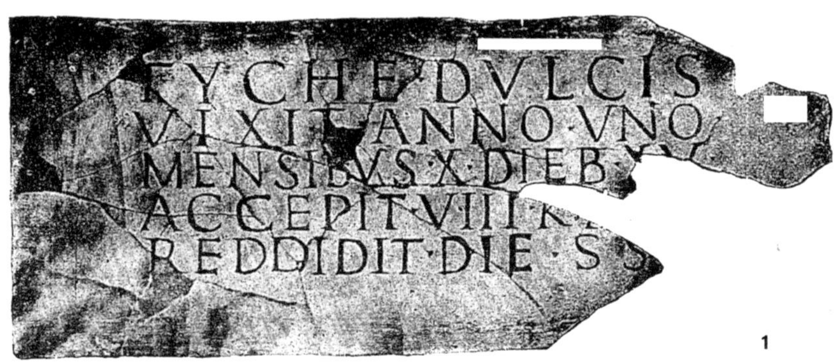

1

2

1 Grabinschrift des Kindes '   Priscillakatakombe. *Originalabklatsch.*
2 Pektoriosinschrift von Autun *(Leclercq).*

Brotvermehrung und Abendmahl auf dem sog. Paleotto im Dom (Sakristei)
von Salerno *(Moscioni)*.